JN101570

MINERVA
はじめて学ぶ教科教育
8

吉田武男

監修

初等家庭科教育

河村美穂

編著

ミネルヴァ書房

監修者のことば

　本書を手に取られた多くのみなさんは，おそらく学校の教師，とくに小学校の教師になること
を考えて，教職課程を履修している方ではないでしょうか。それ以外にも，中等教育の教師の免
許状とともに，小学校教師の免許状も取っておこうとする方，あるいは教育学の一つの教養とし
て本書を読もうとしている方も，わずかながらおられるかもしれません。

　どのようなきっかけであれ，本シリーズ「MINERVA はじめて学ぶ教科教育」は，小学校段階を
中心にした各教科教育について，はじめて学問として学ぶ方に向けて，教科教育の初歩的で基礎
的・基本的な内容を学んでもらおうとして編まれた，教職課程の教科教育向けのテキスト選集です。

　教職課程において，「教職に関する科目と教科に関する専門科目があればよいのであって，教
科教育は必要ない」という声も，教育学者や教育関係者から時々聞かれることがあります。しか
し，その見解は間違いです。教科の基礎としての学問だけを研究した者が，あるいは教育の目的
論や内容論や方法論だけを学んだ者が，小学校の教科を 1 年間にわたって授業を通して学力の向
上と人格の形成を図れるのか，と少し考えれば，それが容易でないことはおのずとわかるでしょ
う。学校において学問と教科と子どもとをつなぐ学問領域は必要不可欠なのです。

　本シリーズの全巻によって，小学校教師に必要なすべての教科教育に関する知識内容を包含し
ています。その意味では，少し大げさにいうなら，本シリーズは，「教職の視点から教科教育学
全体を体系的にわかりやすく整理した選集」となり，このシリーズの各巻は，「教職の視点から
各教科教育学の専門分野を体系的にわかりやすく整理したテキスト」となっています。もちろ
ん，各巻は，各教科教育学の専門分野の特徴と編者・執筆者の意図によって，それぞれ個性的で
特徴的なものになっています。しかし，各巻に共通する本シリーズの特徴は，多面的・多角的な
視点から教職に必要な知識や知見を，従来のテキストより大きい版で見やすく，「用語解説」「法
令」「人物」「出典」などの豊富な側注によってわかりやすさを重視しながら解説されていること
です。また教科教育学を「はじめて学ぶ」人が，「見方・考え方」の資質・能力を養うために，
各章の最後に「Exercise」と「次への一冊」を設けています。なお，別巻は，教科教育学全体と
その関連領域から現代の学力論の検討を通して，現在の学校教育の特徴と今後の改革の方向性を
探ります。

　この難しい時代に子どもとかかわる仕事を志すみなさんにとって，本シリーズのテキストが各
教科教育の大きな一つの道標になることを，先輩の教育関係者のわれわれは心から願っています。

2018年

吉 田 武 男

はじめに

　私たちは激しい変化の時代を生きています。毎日の生活を振り返っても，コンビニエンスストアがあって，いつでも欲しいものが手に入る便利が当たり前であることや，スマートフォンで瞬時に世界中の人とつながることなど，少し前までは想像できない生活を送っています。

　このような変化の激しい社会にあって，私たちのこれまでの生活の様式は不要のものとなってしまうのでしょうか。いえ，おそらく，生活のなかで必要とされる基本的な知識や技能は不変ではないかと思うのです。生活とは便利さの追求ではなく，心地よさの追求を目指すものだと思うからです。

　家庭科教育は戦後一貫して生活を扱う教科であり続けてきました。小学校では1951年以降，男女が共に生活技術に関する学びを蓄積してきました。その教育実践のなかで，多くの教師たちが，子どもたちが自分の生活を見つめなおして自分の暮らしを生きはじめる様子や，生活にかかわる技能を身につけて生き生きとする様子などを目の当たりにしてきました。

　さて，このような家庭科をこれから小学生に教えるみなさんには，本書を参考に次の3点を理解して，家庭科教育の指導を考えてほしいと思います。

(1)　家庭科では課題解決の選択肢を広げるために生活のなかの技能を習得する。

　　家庭科で学ぶことは生活上のこまごまとしたことをうまくやれるようにする技能ではありません。生活にかかわる技能についても単なる習熟ではなく科学的に学びます。さらに最終的には，それらの技能も駆使しながら長い人生のなかで出合う課題にどのように向き合い，どのように課題解決していくか，ということを学びます。

　　人生のなかで出合うさまざまな課題を解決する方法を，スムーズに選択すること，よりよい選択をするために課題解決のための選択肢をふやすように学ぶこと，そのために必要な知識や技能を習得することを目指します。

(2)　課題に対する解決方法は一つではない。

　　生活上の課題は実は複雑に絡み合っています。考えなければならないことが同時に複数あることはよくあります。さらに同じような課題であっても当事者その人が置かれている状況によって，解決方法は異なります。その人にとってよりよい方法を選んでいくということが大切です。ベストな解が一つあるのではなく，ベターな方法をそのときの状況に合わせて，自分のライフスタイルに合わせて選択するのです。そのために生活にかかわる知識や技能を習得して自分の生活に活用することが重要になります。

(3)　今の生活に役立ち，未来の生活にも役に立つ。

　　生活にかかわる技能に習熟するための学びではないと述べました。ただし，生活にかかわる技能を習得することそのものは私たちの生活において，小さな喜びをもたらします。何かを創り出す喜び，自分に自信がついた喜びといってもいいかもしれません。とくに小学校第5学年で初めて家庭

科を学び，料理や縫い物ができるようになった小学生にとっては学んだことがそのまま役に立つという自信になります。一方でその後の長く続く人生においても役に立つような学びであってほしいと思います。そのためには，知識や技能が多様な場面で応用可能なものであることが求められます。さらに自分を信じて未来を考えることが楽しくなるような学びでありたいと思います。

　以上のことは，家庭科を教える際に大切であると同時に，教える側のみなさんにとっても一人の生活者として大切なことです。人生は課題解決の連続です。その課題解決の営みは，毎日の暮らしが長い目でみたときに心地よいものであるかを考え続けることでもあります。また，自分さえよければいいのだと考えるのではなく一緒に暮らす社会の人々とともに幸せを創っていく営みも重要です。みなさん自身も子どもたちとともに生活を見つめなおしながら，家庭科教育をとおして学んでください。

　本書は家庭科教育に精通した方たちによって書かれています。なかでも実践にかかわる指導案，ワークシート等については，現職の先生方に実践をとおしての気づきもふくめて詳細に記述してもらいました。本書で多くのことを学び，学校で家庭科を教える際にも，もう一度手にとって読んでいただければ幸いです。

2020年2月

編著者　河村美穂

第II部　家庭科の授業を創ろう

第 Ⅰ 部

家庭科という教科を知ろう！

第1章
なぜ生活のことを学ぶ必要があるのか

〈この章のポイント〉
　家庭科は生活に関する事象を対象として学ぶ教科である。では，なぜ学校教育のなかであえて児童生徒の生活に関することを対象として学習する必要があるのだろうか。実際に生活上のことは家庭に任せればよいとして家庭科関連科目を学校教育の教科としていない国や，選択教科としているところもあるが，日本の家庭科は小学校から高等学校まで必修教科として学ぶという特徴を有している。本章では生活を学ぶということを改めて考えてみよう。

1　生活を対象とした学び

　家庭科というと料理や裁縫をイメージする人が多い。一方で「生活」という語を使って説明しようとする人もいる。小学校では第5学年ではじまる家庭科は，多くの児童にとってワクワクする授業である。ただし，このワクワクした感じは当然のことながら時間と共に薄れていくものである。家庭科は私たちの生活を対象として，よりよく暮らしていくための学びであるが，真に生活に有用な学びとは何か，子どもたちがワクワクして学び続けるためにどのような内容・方法がふさわしいのかを考えてみたい。

　まず，生活を学習対象とするということについて考えてみよう。一般に生活にかかわることは，瑣末なこと，とりたてて学習対象とするようなものではないこと，プライベートなことと考えられてきた。実際に世界には，家庭科を必修教科としていない国がある。プライバシーにかかわることであるから学ばなくてもよいとか，家庭生活のなかで自然と学んでいくものだと考えられているのである。日本では戦前の女子だけが学ぶ家事科，裁縫科が家庭科の関連科目とされているが，このような生活にかかわるプライベートなことは女性が目立たないようにひっそりやればよいと考えられ，瑣末で個人的なことは学ぶ対象として認められないとう歴史的な経緯があったのである。

2　生活という概念

　ここで，改めて生活について考えてみよう。そもそも，生活という概念は，

大正期に中流階級の市民の都市生活が一般的になってから用いられるように
なったものである。それまでは農業や漁業などの生産業に従事する人が多かっ
たこともあり，毎日の「暮らし」が公的な領域である労働と私的な生活が区分
されにくく，あわせて営まれると認識されていた。ところが，大正期になると
都市部においてサラリーマンが出現し，職業労働と家庭生活が切り離されるよ
うになる。日々の営みは「暮らし」ではなく「生活」と捉えられ，私的な生活
領域（私的領域）と公的な生活領域は分けて認識されるようになった。

　元来，私的領域と公的領域を分けて考えるということは，ローマの時代から
行われており，私的領域にかかわることは公にせず，個人がどうにかやりくり
するものであった。公的領域のことを扱うときに（政治経済において）個人の生
活についてはほとんど考慮されなかったこともあって，学習対象にはなりえな
かったのである。戦前の家事科，裁縫科は生活を対象とする学びとしてより
は，婦徳の涵養を目指し女子が良妻賢母として育つことを目的として設定され
た科目であった。先に述べたように都市部で生活という概念が一般的になった
大正期は，政府が国民の生活に干渉しはじめた時期でもあった。国民生活を国
が管理することによって，強い国をつくることが可能になると認識され，時間
を有効に使うことや生活改善を行うことなどが盛んに推奨されたのである。日
本人の生活時間に対する概念や家族に対する考えについて，この時期に大きな
転換があったと思われる。

　このように，生活は公的領域に対する私的領域として捉えられ，家庭内で処
理するもの，学習内容として扱う必要はないものと長く認識されてきたのである。

3　生活を見つめなおす

　生活は長く個人的なものとして学習対象にはならなかった。しかし，生活は
私たちの毎日や長い人生を考えるとき基本になるものである。人生80年を超す
といわれる時代にあって，働いて収入を得る時期はその半分の時間であり，人
生の残りの半分は毎日の生活をどのように生きるのか，何を食べるのか，何を
着てどのようなところに住むのか，という身のまわりのことを考え実践するこ
とに費やしている。さらに職業労働に従事する際にも，毎日の労働を支えるの
は家庭生活である。近年の働きすぎの問題は私的領域と公的領域のバランスが
崩れていることや人間らしい生活を営むことについての問題に帰結するのでは
ないだろうか。また社会で孤立する人たちの問題や，子どもたちの成長を阻害
するさまざまな問題状況を顧みるにつけ，生活は私たちの毎日の活動を支える
重要な営みであること，子どもが健やかに育つために必要な営みであることを
再認識することになる。公的領域に属する社会の営みを支える役割を担ってい

るのは，私的領域である生活なのであり，この領域を疎かにしてはいけないのである。さらに，生活にかかわる知識や技能を家庭内のみで伝えていくということはもはや不可能である。個々の家庭の生活が社会とつながっていることからすれば，社会全体で生活にかかわる知識や技能，文化について学び伝えていくということが必要とされるのではないだろうか。

　実際に毎日の生活を見つめなおしてみると，とくに意識することもなく流れていくように思われる。科学技術の進歩した現在，毎日の生活は便利であり何不自由ないように思われる。しかし，実は毎日の生活はさまざまな要素が絡み合って成り立っている。そのために気づきにくいがあらゆる問題が存在し，その問題解決も実は容易ではない。毎日の生活を見つめなおすことによって生活を成り立たせている事象に意識的になり，問題を捉えることも容易になるのではないだろうか。

4　生活について学ぶということ

　翻って，日本の学校教育の歴史をさかのぼってみると，児童が自らの家庭生活を学習対象とするということはほとんど行われてこなかった。学校での学習は，知識や技能を身につけてその後の職業生活にすぐに役に立つことを目指して行われるか，もしくは生活とはかけ離れたところにあるアカデミズムと関係のある高尚なものについて学ぶか，いずれかであった。1989年の学習指導要領から設定された小学校の生活科は，児童の生活圏を学習の対象や場とし，それらと直接かかわる活動や体験を重視し，具体的な活動や体験のなかでさまざまな気づきを得て，自立への基礎を養うことをねらいにしてきた。新学習指導要領では，家庭科と生活科の目標は表1-1のとおりに示されている。

　家庭科は第5・6学年，生活科は第1・2学年と学習者の発達段階が違うこともあって家庭科の方がより具体的な生活を扱っていることがわかる。また家庭科では具体的な生活を対象として課題解決的な学びを重視していることもわかる。混迷する社会状況にあって，いまこそ児童一人ひとりが生活について考え，学び，毎日の生活を丁寧に生きること，自らの生活が世界とつながっていることを実感しながら自らの人生を切り拓くような課題解決的な学びを大切にしたいものである。

　なお，ここで注意したいのは，生活という概念が子どもたちにとってどのように捉えられているのかということである。ともすれば家庭科では大人が営む毎日の生活の観点から衣食住のことを扱う恐れがある。おそらく，大人が見ている生活と子どもたちが実感している生活とは異なる部分があるのではないだろうか。子どもたちにとっての生活ということを意識することが，教材をより

表1-1　小学校家庭科と生活科の目標

家庭科	生活科
生活の営みに係る見方・考え方を働かせ，衣食住などに関する実践的・体験的な活動を通して，生活をよりよくしようと工夫する資質・能力を次のとおり育成することを目指す。	具体的な活動や体験を通して，身近な生活に関わる見方・考え方を生かし，自立し生活を豊かにしていくための資質・能力を次のとおり育成することを目指す。
（1）家族や家庭，衣食住，消費や環境などについて，日常生活に必要な基礎的な理解を図るとともに，それらに係る技能を身に付けるようにする。	（1）活動や体験の過程において，自分自身，身近な人々，社会及び自然の特徴やよさ，それらの関わり等に気付くとともに，生活上必要な習慣や技能を身に付けるようにする。
（2）日常生活の中から問題を見いだして課題を設定し，様々な解決方法を考え，実践を評価・改善し，考えたことを表現するなど，課題を解決する力を養う。	（2）身近な人々，社会及び自然を自分との関わりで捉え，自分自身や自分の生活について考え，表現することができるようにする。
（3）家庭生活を大切にする心情を育み，家族や地域の人々との関わりを考え，家族の一員として，生活をよりよくしようと工夫する実践的な態度を養う。	（3）身近な人々，社会及び自然に自ら働きかけ，意欲や自信をもって学んだり生活を豊かにしたりしようとする態度を養う。

出所：学習指導要領（2018年告示）より。

よいものにして，学んだことが子どもたちに納得のいくものになるということに通じると考えられるのである。

5　生活綴り方教育と家庭科教育

　生活を題材にした学びといえば，日本の教育史上において有名でかつ日本独自の教育活動・運動である生活綴り方教育がある。生活綴り方教育は，大正期から取り組まれ，全国の教師のネットワークも盛んにつくられ，教育実践の交流が盛んに行われた日本が誇る教育活動である。

　インターネットもない100年ほど前の時代に，全国の教師（実践家）によって驚くほどの交流が行われていた。生活を見つめ，それを綴り，さらにそこにある問題を描き出すこと，すなわち人々の生活のなかにある困難や課題を，社会的な視点から位置づけなおすという生活認識，社会認識を促す学びであったといってよいであろう。

　生活綴り方教育は問題を捉えなおすという点で重要な学びであったが，同時に大きな問題も抱えていたと考えられる。それは，明らかにした問題が社会的であるがゆえに十分な解決には至らないことがあったのではないかということである。身のまわりの生活レベルのことに気づき，社会構造にかかわる問題としてあぶりだすことまでは可能であったが，解決をするためにはおそらく社会変革に向かうしかない場合もあっただろうし，一方で生活にかかわる多くの知識と技能を必要とする場面もあったのではないだろうか。

表1-2　家庭科教育と生活綴り方教育の特徴

家庭科教育[1]	生活綴り方教育[2]
生活の文化（知識や技術・技能）を学ぶ 生活の諸環境について学び・考える 民主的な家族について学び考える 正しい答えは一つではないことを学ぶ 何が公正なのかを問う	生活表現の中に子どもの真実を読む 生活をありのままに書く 生活の貧しさのなかに人間的生活の回復を 今ある生活の中にあるべき生活を探求し，生活を再構成していく

▷1　伊藤葉子編『授業力UP 家庭科の授業』日本標準，2018年。

▷2　村山士郎『生活綴方実践論』青木書店，1985年。

　生活綴り方教育と家庭科教育は児童の生活を対象としている点で同じ特徴をもっているが，異なる点として家庭科が生活における問題の改善を目指したところにある。とくに科学的な知識と生活にかかわる技能をもとに解決を図ることは家庭科が得意とした分野である。例えば，調理の技能や，縫う技能を用いて何かを生み出したり，以前よりよいものを生み出すなど即時的な解決として実践された。このような家庭科における生活の改善に関する実践は，生活認識を起点としたものであり，社会的な問題を直接改善することは難しかったと思われるが，これらの小さな実践を積み重ねることに意味があったのだと思われる。なぜなら生活に働きかけ，家族を巻き込み，生活への考え方，生き方に対する考え方に対して再考を促すという大きな変化をもたらすことにつながったからである。参考までに表1-2にそれぞれの教育の特徴をまとめた。

6　家庭科の「実践的である」という特徴

　生活上の課題解決は，瑣末な問題や生活上の複合的な問題の解決など実践的（practical）な対応が求められることが多かったことから，家庭科は学問的な価値を認められない実践の教科と認識されることも多かった。実践的ということは，複雑に絡み合った生活上の問題をその状況に合わせて解決を図るということである。つまり，高い問題解決能力が必要とされるということでもある。しかし，生活の事象は瑣末なこと，取るに足りないこと，だれにでもできること，と思われてきた。そのため，生活の事象を扱う問題解決の学びは価値を見出されにくかったといえよう。

　一方で小学校の家庭科は，紆余曲折を経て第5・6学年の男女が共に学ぶ教科になった[3]。その目標を生活技術の習得におくことによって男女が共に学ぶ意味を見出したともいえる。この生活技術を対象としたことが，瑣末なことと誤解される原因にもなったのではないだろうか。一方で，生活技術の習得を学習の中心に据えてはこなかったこともこの問題を難しくしている。

▷3　家庭科の歴史については第2章を参照。

　あえてこのような科学技術の進歩した時代であるからこそ，生活技術を学び，生活者として自立することを目指してはどうだろうか。実践的であるとい

う特徴は，その実践から導かれる目的が明確な場合に，学ぶ価値をもつのではないだろうか。

7　生活の成り立ちと問題の解決
——何をどのように学ぶのか

　生活はあらゆる事象が混沌としており，そこで起こる問題も単純に解決できる問題ではない。多面的に多様な情報や技能を駆使して，各自が自分のライフスタイルにあわせた解決方法を選択することが望まれる。そのためには，各自が自分の生き方を考え，多様ななかから自分らしいライフスタイルを選び取ることが必要となる。つまり解決方法や選択した結果に正解はないのである。私の状況で私の困りごとを私のために解決するという営みである。そのためbetter はあっても best はありえない。さらに解決する前提として，私は何を大切に生きていくのか，そもそも何が好きなのか，どんなときに心地よいと思うのかなど，自分のことをよく知らなければならない。このことはどんな人生を送っていきたいのかという人生設計にもつながる重要な視点となる。

　大人がこうしたらよい，この道に進むと安心だと勧めるのではなく，児童自らが人生を選び取るために悩み考える授業，それが生活について学び人生について学ぶということである。

8　現在の子どもたちが生活について学ぶ意味

　では，さまざまな社会問題が認められる現在の社会において小学校第5学年から家庭科で生活について学ぶということにどのような意味があるのだろうか。以下に3つの観点から説明する。

1　よりよく暮らす

　毎日の生活は，当然のこととして平凡に流れていく。また代わり映えはしない。しかし，実は毎日の生活は自分のこれからの生活を選び取るために意識的に営む必要がある。単純に好きなものを選ぶというのでは学習の意味がない。好きなもの，好きなことは大切にしながらも，生活の何をどのように選ぶことができるのか，選び方にはどのような方法があるのかなど，基本的に学んでほしいことがある。

　例えば，豆腐と油揚げを実としたみそ汁をつくるとする。油揚げはお湯をかけて油を抜く(A)だろうか，そのまま刻んで使う(B)だろうか（図1-1）。おそらく，多くの児童は生まれ育った家庭で行われている方を好みと考えるであろう。自分の家とは異なる油揚げの使い方を知らないかもしれない。ここで学ぶ

べきはどちらが好きかではなく，油を抜いた場合，抜かなかった場合にどのような違いとなるのか，それはどのような科学的根拠によるものなのかを理解することである。(A)の場合は，油を抜くためにあっさりとした仕上がりになる。一方の(B)は油がそのまま汁に移行するためこってりとした仕上がりになる。この油を抜く作業(A)は熱湯で行う方がよい。なぜなら油は高温の湯によって流されやすいからである。

　この違いと理由を知ったうえで食べ比べを行うと，あっさりとこってりの違いを実感できるようになる。同時に自分の好みがその理由とともにはっきりする。さらにこれは「豆腐と油揚げを実としたみそ汁をつくる」だけの学びにとどまらない。油揚げのように表面に油のある食品を用いる料理の際に，油分を落としたいとき熱湯をかけて落とす方法が応用できるのではないだろうか。また，同じ食材でも調理のプロセスによって異なる仕上がりになるということを理解できれば，調理のプロセスを比較したり，味見をして試すという方法を考えたり試したりすることができるようになるのではないだろうか。

　よりよく暮らすために学ぶということは，一つの学びが応用できるように広がりをもつこと，汎用性のある部分を意識するということである。

図1-1　2タイプのみそ汁
(A)　湯ぬきした油あげ　　　　(B)　そのままつかった油あげ

2　ライフスタイルの選択

　家庭科では，ライフスタイルを選び取るための学びも重視している。生活を対象とした学びでは，自分の生活を見つめなおし自分自身の生き方を問い，感覚だけではなく論理的に自分の人生，生活を選び取るすべを主体的に獲得するように学ぶ。

　小学校第5学年の児童は，ようやく物事を客観的に捉え，自分を他者と比べることができるようになる年齢である。自分の家庭と友だちの家庭を比べて違いを認識するようにもなる。家庭科の学習のはじまりにガイダンスが設定されているが，小学校第5学年の児童の発達段階にあわせて，生活を対象とする学びをはじめるに際して児童がどのような生活を送っているのか，どのように成

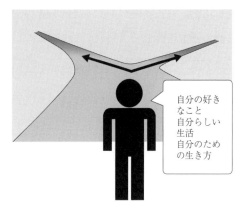

自分の好きなこと
自分らしい生活
自分のための生き方

図1-2　ライフスタイルの選択
出所：筆者作成。

長してきたのか，生活がどのような要素で成り立っているのか，などに気づき，生活を対象とした学びの範囲を理解するためのものである。小学校の家庭科では自分の生活を見つめなおすこと，よりよい暮らしを営むための知識や技能を身につけることが主な学びとなるが，最終的には自分らしい，自分のためのライフスタイルを選択できるようになることが目標である（図1-2）。

③　ものごとの成り立ちを理解する

　家庭科では生活にかかわる技能を習得する学びもある。調理に関する技能や針を使って縫う技能，ミシンを使って製作をする技能などである。これらは技能の習得を目指して行われるが，実際には私たちの生活ではこれらの技能は必ずしも必要としない。なくてもどうにかなるものである。ではなぜ学校教育において学ぶ内容として位置づけられているのだろうか。

　例えば，布で身のまわりの小物を製作する場合，学校の授業時間内のみで技能が熟達することは期待できない。しかし小物を作る過程でその構成や縫い方の特徴を理解することはできる。技能は熟達しないとしても，作られたものを見分けることはできるようになってほしい。これは製作するもの，調理するものに限らず，生活上のものごとについても同様である。一度生活にかかわる技能を駆使した経験があること，生活についてじっくり考えたことがあること，というこれらの経験は，児童が生活のなかで使うモノのよしあしを見分ける力になり，生活上のものごとがどのようにして成り立っているのかを理解することにもつながるのである。

図1-3　家庭科で扱う生活にかかわる内容
出所：筆者作成。

9　家庭科の授業で生活にかかわる内容を扱うときの注意

　では，家庭科の授業でどのように生活にかかわる内容（図1-3）を扱えばよいのか，具体的に5点に整理した。以下に詳述する。

① 子どもたちの流行を知る

　学校生活を送る児童には彼らの理屈があり，皆が興味を寄せるもの，流行とされているものがある。一世代違うとまったく違う生活世界を生きているということがよくある。教師は子ど

もたちの流行や生きている生活世界についてリサーチする必要がある。子ども
たちのなかで人気のキャラクターは何だろうか。よく観ているテレビ番組は何
だろうか。一度のぞいてみると意外と教材になりそうなものもあるかもしれない。

② 　生活のなかのリアルを題材にする

　子どもたちが興味をもっているものや，流行のものを理解すれば，教材を選
ぶ範囲が格段に広がる。とくに衣食住にかかわる教材は現在の生活のなかから
リアルに取り出すことができれば子どもたちも関心を寄せることになるだろ
う。教師は常にアンテナをはって教材を探す努力をする必要がある。

③ 　20歳になった子どもたちをイメージする

　家庭科は小学校第5学年をはじめとして高等学校まで学ぶ。最終的なゴール
は自立し主体的に生きる生活人・社会人の育成であるが，小学校第6学年の卒
業時にはそのゴールには程遠い状態であろう。その後の学びも含めてゴールを
目指すのである。では小学校の終了段階はどのようなゴールを設定すればよい
のだろうか。小学生は，生活にかかわることの多くを親や大人に頼ってきてい
る。その子どもたちが学校で家庭科を学びながら一つずつできることを増やし
ていくことが大切なのであり，その営みをいくつか経験することをゴールとし
てはどうだろうか。その際に，教師は子どもたちが20歳になったときにどのよ
うな大人になってほしいかをイメージしてみるとよい。なぜなら多くの学習内
容のなかで小学校段階でとくに大切にしたいことを考えるには，子どもたちが
成長した像から立ち戻って考えるとわかりやすいからである。

④ 　見えないものを見えるように工夫する

　小学生の児童は，生活に関することが十分には見えていない。自分で生活を
して初めて見えることがあるということからすれば，中学生高校生も，また家
事を誰かに頼りきっている大人も，同様に見えていないと言ってよいだろう。
家庭科の授業では，この見えないものを見せるような工夫が必要とされる。気
づかなければ注意を払うこともなく毎日過ごしてしまう生活を対象とするので
ある。見えないものに気づき，自分と社会のつながりを理解し，私たちの生活
が世界とつながっていることを考える。この営みが私だけではなく社会全体で
そこに生きる人たちの幸せを考えていくことになるのである。

⑤ 　家庭との連携を図る

　ここまで述べてきたような学びは，教師自身も生活に意識的になることが必
須である。同時に子どもたちの家庭と上手に連携を図り，子どもたちの生活を
対象とすることや，必要に応じて協力を仰ぐことについて理解を求めるとよ
い。困難な状況にあり問題を抱えた家庭もあるだろうが，それぞれの事情を考
慮しながら個別の児童に支援するということも含めて家族も教師も共に学ぶこ
とができるとよいだろう。

Exercise

① 身のまわりの生活上の疑問を探してみよう。その答えを考えうる様々な場面に分けて複数考えてみよう。

② 小学生の生活実態を各種調査報告書から探してみよう。

📖次への一冊

一番ケ瀬康子『生活福祉の成立』ドメス出版，1998年。

　　生活を総合的に捉えるということを現実場面や研究的視点から平易に解説している。生活を再考するために有用な良書である。

引用・参考文献

伊藤葉子編著『新版　授業力UP　家庭科の授業』日本標準，2018年。
村山士郎『生活綴方実践論』青木書店，1985年。

第2章
家庭科という教科のはじまり

〈この章のポイント〉

　小学校の家庭科は戦後教育改革により新たに設けられた教科である。それ以前の初等教育では，女子のみが「家事」「裁縫」など家庭生活における技能習得を目的とした教科を履修したが，家庭科はそれらを前身としつつも，技能だけでなく民主的な家庭のあり方を男女共に学ぶ教科として出発した。以後，存続の危機を乗り越え，現代の学校教育における地歩を固めつつある。本章では，家庭科成立前史から現在に至る変遷を制度と実践の両面から学び，それらを日々の授業づくりにどのように活かすことができるかを考えてみよう。

1　家庭科はいつ誕生したのか

1　新教科「家庭」の出発

　1945年8月の日本の無条件降伏によって太平洋戦争が終結したあと，連合国軍最高司令官総司令部（GHQ／SCAP）の民間情報教育局（CIE）の強い指導と助言のもとで教育改革が行われた。新教科「家庭」は戦後教育改革の流れのなかで形づくられていったのである。

　CIEは当初から，学校教育を変革することが日本の家庭の民主化に必須だと考えていた。家庭の民主化とは，封建的な家制度から脱却し，新たな体制のもとで男女が互いに人格や個性を重んじ，責任を果たして家庭生活を営むようにするということである。したがって，学校における男女の教育機会の均等を実現することは，CIEにとって重要な課題であった。

　このような方針のもと，CIEで女子教育を担当したドノヴァンと文部省（当時）の重松伊八郎らが中心となり，1946年から翌年にかけて家庭科設置の準備が進められた。家庭科の成立までに2つの壁が行く手をはばんだといわれている。時間数確保と男女共修の問題である。家庭科は，それまで女子のみに課せられていた「家事」と「裁縫」の両教科を統合・再編した教科として構想されたが，統合にともなう時間数の削減について家事・裁縫教育の関係者からの反発を受けた。さらに，これまでのように女子が家庭科を学ぶ時間に男子には他の教科を課すという案も考えられていたが，男女の教育機会均等を求める

▷1　CIE（Civil Information and Education Section，民間情報教育局）
連合国軍最高司令官総司令部（GHQ／SCAP）の幕僚部の部局の一つ。教育・宗教・情報に関する対日占領政策を担当し，戦後の学校教育改革にも多大な影響を与えた。

▷2　ドノヴァン（E. R. Donovan）
1915年アメリカ・マサチューセッツ州生まれ。陸軍軍政学校の卒業生であり，アメリカ陸軍婦人部隊の将校として1945年に来日。CIEでは女子教育を担当し，退役後は国務省で外交官を務めた。家庭科教育のほかにも国語教育の改革に重要な役割を果たした。

▷3　重松伊八郎
文部省教科書局図書監修官。太平洋戦争中に文部省に入り，裁縫科の国定教科書の編集作業に従事。戦後は家庭科を担当し，学習指導要領の作成に携わった。

1949年に文部省を退官した後は雑誌『家庭科教育』の編集長，全国家庭科教育協会の初代理事長などを歴任した。主著に『新らしい導き方　家庭科概説』三省堂出版，1948年。

CIE にはとても受け入れられるものではなかった。協議の結果，家事・裁縫を統合した家庭科を小学校第5・6学年で週あたりそれぞれ3時間学ぶこと，基本的には男女が同じ家庭科を学ぶが，男子向きの内容として「家庭工作」を含めるということで決着した。最終的にドノヴァンが，いわゆる「三否定の原則」，すなわち家庭科は家事・裁縫を単に合わせたものではないこと，技能の習熟を主目的としないこと，そして女子だけに履修を強制しないこと，を条件に承認したと伝えられている。

　さて，家庭科という名称は『学習指導要領　一般編（試案）昭和二十二年度』で公にされた。1947年に新たな教育基本法のもとで生まれた小学校の新学期がはじまる直前の3月に発表されたこの『一般編』において，家庭科は社会科，自由研究と並ぶ新しい教科として以下のように紹介されている（資料2-1）。

資料2-1　『学習指導要領　一般編（試案）昭和二十二年度』（1947年）
二　小学校の教科課程と時間数
（中略）
（一）こゝに見られる教科で，これまでと違っているのは，（中略）
２．家庭科が，新しい名まえとともに，内容を異にして加えられていること。
（中略）
（三）家庭科は，これまでの家事科と違って，男女ともにこれを課することをたてまえとする。たゞ，料理や裁縫のような，内容が女子にだけ必要だと認められる場合には，男子にはこれに代えて，家庭工作を課することに考えられている。

　『一般編』では，新たな教育基本法に示された教育の目標に基づく構想が述べられており，家庭科についてもその新しさが強調されている。しかし「料理や裁縫」などの内容をかつてのように「女子にだけ」課す余地を残すなど，男女の教育機会均等という観点からみた限界もある。『一般編』に続いて同年5月に発行された『学習指導要領　家庭科編（試案）昭和二十二年度』をみると，その目標こそ従来にない革新的なものだが（資料2-2），題材は戦前に使われた教科書を引き継いだと思われるものが多い。実は，新しい教科として戦後生まれた家庭科には，戦前の女子用教科である家事・裁縫の影響が色濃く残っているのである。それでは，家庭科が誕生するまでの初等教育における家事・裁縫はどのように行われていたのであろうか。明治以降の学校制度における変遷を振り返ってみよう。

資料2-2　『学習指導要領　家庭科編（試案）昭和二十二年度』（1947年）
第一章　家庭科の指導目標
一　総目標
（中略）
１．家庭において（家族関係によって）自己を生長させ，また家庭及び社会の活動に対し自分の受け持つ責任のあることを理解すること。

　2．家庭生活を幸福にし，その充実向上を図って行く常識と技能とを身につけること。
　3．家庭人としての生活上の能率と教養とをたかめて，いっそう広い活動や奉仕の機
　　会を得るようにすること。

［2］　戦前の家事・裁縫教育の変遷

　裁縫科と家事科のうち，裁縫科は文字どおり裁縫，すなわち衣服の製作につ
いて学ぶ教科，家事科は住居，食物，育児といった家事にかかわる事柄を全般
的に扱う教科（衣服の補修も家事科に含まれる）であり，どちらも女子向きであ
ることは共通している。今日では，すべて家庭科という一つの教科の範囲であ
るが，裁縫科と家事科はまったく別の道を歩んできた。図2-1は，戦前の初
等教育における家事・裁縫教育に関連する教科の変遷を表したものである。

　近代学校の発足当初から，女子に対する教育で重視されてきたのは裁縫であ
る。学制が発布された1872年には，すでに女子に「手芸」を教えることが規定
され，1879年には教育令において「裁縫」という名称が示された。政府は，女
子が裁縫を学ぶことを奨励したが，その背景には女子の就学率の向上という目
的があった。近世以前から家族の衣服を調えることは女性にとって重要な務め
であり，保護者は女児が一定の年齢に達すると針師匠のもとに通わせるなどし
て裁縫の技能とともに基本的な道徳を身につけさせようとした。そのため学校
に通う女子の割合は男子に比べ著しく低く，解決を迫られていたのである。女
子を学校に導くという役割を担った裁縫は，1886年から必修となり，1947年ま
で60年以上にわたり小学校で女子が必ず学ぶ教科であり続けた。

　いっぽう，小学校における裁縫以外の家事に関する教育の位置づけは安定せ
ず，はじめ「読本読方」という教科のなかで家庭生活についての書物を使用し
た授業が行われ，次いで1881年に「家事経済」という教科が置かれたがわずか
4年で廃止された。国語の教科書に家事に関する文章が加えられた時期もあ
る。ようやく1911年に「理科家事」として理科の一部で扱われ，1919年に独立
して「家事」となり1926年に必修化されるに至った。

　戦時体制下の1941年に小学校が「国民学校」に改められると，裁縫と家事は
「芸能科」という教科のなかに音楽，習字，図画，工作とともに組み込まれて
「芸能科裁縫」「芸能科家事」となり，新制の小学校が発足する1947年まで続い
た。資料2-3は，国民学校の芸能科裁縫・家事の目標の一部を引用したもの
であるが，女性としての美徳（婦徳）を養い，技能を身につけるという伝統的
な女子教育観が特徴的に表れている。

（表中の年齢欄について：6歳〜11歳＝「現在の小学校での学年」（1年〜6年）、12歳〜14歳＝「現在の中学校での学年」（1年〜3年））

年次	法令	6歳 1年	7歳 2年	8歳 3年	9歳 4年	10歳 5年	11歳 6年	12歳 1年	13歳 2年	14歳 3年
1872	小学教則	下等小学				上等小学				
		手芸								
1881	小学教則綱領	小学校初等科			中等科			高等科		
		―			裁縫					
					3注1)	3	3	3	3	家事 経済 4
1886	小学校ノ学科及其程度	尋常小学校注2)					高等小学校			
		―					裁縫			
							2〜6	2〜6	2〜6	2〜6
1891	小学校教則大綱	尋常小学校						高等小学校		
		裁縫（加）注3)						裁縫		
1900	小学校令施行規則	尋常小学校					高等小学校			
		―		裁縫			裁縫			
							3	3	3	3注4)
1907	小学校令施行規則改正	尋常小学校						高等小学校		
		―		裁縫				裁縫		
				1	2	3	3	4	4	6
1911	小学校令施行規則改正	尋常小学校						高等小学校		
		―		裁縫				裁縫		
				1	2	3	3	5	5	7
		―						理科家事		
1919	小学校令施行規則改正	尋常小学校						高等小学校		
		―			裁縫			裁縫		
					2	3	3	4	4	4
		―						家事（随）（選）注5)		
1926	小学校令施行規則改正	尋常小学校						高等小学校		
		―			裁縫			裁縫		
					2	3	3	4	4	5
		―						家事		
								4	4	5
1941	国民学校令施行規則	国民学校初等科						高等科		
		―		芸能科裁縫				芸能科 裁縫・家事		
				2	2	2	2	5	5	

図2−1　戦前の初等教育における家事・裁縫教育に関連する教科の変遷

注1）数字は各学年の週あたり時間数を表す。修業年限が複数ある場合は最も長い場合を示した。
注2）「小学校ノ学科及其程度」は1887年に改正され，尋常小学校にも裁縫が加えられた。
注3）「加」は加設科目を，「随」は随意科目を，「選」は選択科目をそれぞれ表す。
注4）1903年の改正により修業年限4年の高等小学校第4学年の裁縫は，週あたり4時間に変更された。
出所：筆者作成。

資料 2 - 3 　『国民学校令施行規則』（1941年）

第二節　教科及科目　（中略）

第十八条　芸能科裁縫ハ普通ノ衣類ノ裁縫ニ習熟セシメ衣類ニ関スル常識ヲ養ヒ婦徳ノ涵養ニ資スルモノトス（以下略）

第十九条　芸能科家事ハ我ガ国家庭生活ニ於ケル女子ノ任務ヲ知ラシメ実務ヲ習得セシメ婦徳ノ涵養ニ資スルモノトス（以下略）

3　家庭科廃止論と新たな家庭科の再出発

　伝統的な家事・裁縫教育からの影響を残しつつも，民主的な家庭の建設を目指して新たに開始された戦後の家庭科教育であるが，すぐに教科としての必要性をめぐって議論を呼び，存亡の危機に立たされた。

　例えば，当時隆盛を誇っていたコア・カリキュラム[4]の立場からは，家庭生活における経験は家庭科のみならずあらゆる教育活動のなかで展開されるべきだという主張がなされた。理科や社会科といった教科の関係者も，自らの教科と家庭科の内容は重複しているので，家庭科を縮小すべきだと考えた。また CIE の担当者も，裁縫の占める割合が大きく題材も高度すぎること，男女で学習内容が異なることなどに不満をもっていた。さらに保護者も男子が家庭科を必修教科として学ぶことに必ずしも肯定的ではなかった。

　このような批判を受け家庭科の存続が危ぶまれる状況に陥ったため，家庭科関係者は CIE の担当者や，その存廃を審議していた教育課程審議会[5]の委員らに，家庭科を教科として存置することを要望した。しかし，家庭科の必要性を説得的に示すことはできなかったようである。家庭生活の民主化という目標を掲げ誕生した家庭科であったが，かつて裁縫を教えた教師がそのまま家庭科を担当することが多かったことや施設・設備が不十分だったことなどにより，目標の実現にほど遠かったのも事実である。一方，CIE の不興を買った女子に高度な裁縫技能を習得させることについては，保護者や教師には将来の生活上の必要から当然のことだと考えられており，すぐに改めることは困難であった。

　結局，1950年の教育課程審議会の答申において，小学校の家庭科は各学校の判断で教科として置いても置かなくてもよいという結論が出された。翌1951年にはほとんどの教科で学習指導要領の改訂が行われたが，家庭科の改訂はなく『小学校における家庭生活指導の手びき』が発行され，全学年の児童を対象にそれまでの家庭科の内容を含む「家庭生活指導」を行うこととなった。『手びき』には家庭生活指導の参考例として「家族の一員，身なり，食事，すまい，時間・労力・金銭・物の使い方，植物や動物の世話，不時のできごとに対する予防と処置，レクリエーション」の8つの領域があげられている。家庭科は必修ではなくなったが，次第に多くの学校が第5・6学年に2時間程度を課すよ

▷4　コア・カリキュラム
『現代教育方法学事典』によれば，「カリキュラムにコア（中心，中核）をもうけ，そこで生活（経験，活動）を広げ・深めることを目的とする課程に，その手段（道具，用具）として必要となった教科の知識・技能を教える課程を，有機的に関連させた総合的なカリキュラム」である。戦後初期には，社会科の登場を契機として「コア・カリキュラム運動」が推進され，広く展開した。コア・カリキュラムの考え方に基づくカリキュラム理論として，日常生活の実践，問題解決学習，基礎的知識，技能の3層，身体，自然，社会，表現の4領域にわたってカリキュラムを構成する「3層4領域論」が有名である。

▷5　教育課程審議会
「文部省設置法」に規定された文部大臣の諮問機関であり，「教育課程に関する事項を調査研究し，及び審議する」とされている。1949～1950年にかけては，小学校の教育課程における家庭科の存廃，毛筆習字の取り扱い，自由研究の存廃，総時間数の改正，さらに中学校の職業・家庭科の問題，高等学校の図画工作の選択・必修の問題などを審議した。

うになった。その後，1956年に10年ぶりの『小学校学習指導要領　家庭科編　昭和31年度』が発行され，再び家庭科の目標・内容が学習指導要領で規定された。1958年には，文部省告示という形式で『小学校学習指導要領』が発表され，以後六度の改訂を経て2017年告示の新学習指導要領へ続くのである。

　なお，1958年告示の学習指導要領では家庭科の週あたり時間数は第5・6学年で2時間ずつであり，目標は資料2-4に掲げたとおりである。今日では，小学校家庭科は，存置か廃止かという議論が巻き起こってから1958年の学習指導要領告示までの間に，技能習得こそ他の教科にない特徴だとする方向に舵を切ったと評されている。しかし顧みれば，1947年に家庭科が成立するまでの経緯にすでにその萌芽があったとみることができるのではないだろうか。

資料2-4　『小学校学習指導要領』（1958年告示）

第7節　家庭

第1　目標

1　被服・食物・すまいなどに関する初歩的，基礎的な知識・技能を習得させ，日常生活に役だつようにする。

2　被服・食物・すまいなどに関する仕事を通して，時間や労力，物資や金銭を計画的，経済的に使用し，生活をいっそう合理的に処理することができるようにする。

3　健康でうるおいのある楽しい家庭生活にするように，被服・食物・すまいなどについて創意くふうする態度や能力を養う。

4　家庭生活の意義を理解させ，家族の一員として家庭生活をよりよくしようとする実践的態度を養う。

2　家庭科教育はどのように発展してきたのか

1　家庭科を担当する教師の変化

　戦前の初等教育では，家事・裁縫の授業は専科の免許をもつ教師が指導するのが常で，そのほとんどは女性であった。戦後の家庭科においても女性教師が担うという慣例が受け継がれ，男女が共に学ぶ教科であるにもかかわらず，学級担任が男性の場合は他学級・他学年の女性教師が担当する場合も多く，そうでなくても男子向けの題材を男性教師が，女子向けの題材を女性教師が，それぞれ同時並行で指導するといった方法がとられていた。

　1951年からは全学年を通じて家庭生活指導が行われるようになり，また家庭科を学級担任が指導するという原則が示されたため，男性教師が学級担任であっても単独で指導する形態が広まった。とはいえ，女性教師が家庭科を担当すべきだという考えは根強く，例えば1970年代の調査では，低学年の女性教師などが家庭科だけ高学年の授業を行う形式（いわゆる奉仕授業）が最も多く

表2-1　小学校家庭科教科書（開隆堂）における調理実習題材例の変化

食材・料理名[注2]	I[注1]				II			III			IV			V			VI	
	昭和										平成							
使用開始年度	36	37	40	43	46	49	52	55	58	61	1	4	8	12	14	17	23	27
終了年度	39	39	42	45	48	51	54	57	60	63	3	7	11	13	16	22	26	—
ごはん ごはん	●	●	●	●	●	●	●	●	●	●	●	●	●	●	●	●	●	●
にぎりめし								●	●			●			●	●	●	
おにぎり弁当																	●	
たまご ゆでたまご	●	●	●	●	●	●	●	●	●	●								●
目玉焼き	●	●	●	●	●	●	●	●	●									
いりたまご								●	●	●					●			
野菜入りいりたまご								●	●									
たまご焼き									●	●	●							
オムレツ													●	●				
スクランブルエッグ																●	●	●
じゃがいも こふきいも	●	●	●	●	●	●	●	●	●	●			●			●		
ポテトサラダ								●	●	●	●	●	●		●			
じゃがいもの油いため								●	●	●								
ジャーマンポテト																●		●
ツナポテトサラダ																	●	●
野菜 野菜サラダ	●	●	●	●	●	●	●	●	●	●	●	●	●		●	●		
青菜の油いため	●	●	●	●	●	●	●	●	●	●	●	●	●					
三色野菜の油いため								●	●	●	●	●	●	●	●	●	●	●
カレーいため													●					
リヨン風バターいため													●					
野菜のベーコン巻き焼き													●	●	●	●		
ゆで野菜と卵のサラダ															●	●		
春雨サラダ															●			
野菜の煮物															●			●
三色野菜入り焼きそば弁当															●			
小松菜のごま和え																		●
ねぎの酢味噌和え																		●
塩焼きそば																		●
いろどり弁当																		●
その他 サンドイッチ	●	●	●	●	●	●	●	●	●	●	●		●	●		●		
クラッカーサンド								●	●			●			●			
オープンサンド								●	●				●			●		
味噌汁	●	●	●	●	●	●	●	●	●	●	●	●	●	●	●	●	●	●
マヨネーズソース	●																	
フレンチソース		●	●	●	●	●	●	●	●	●	●		●		●	●	●	
白玉団子								●	●	●	●		●	●			●	
フルーツヨーグルト											●	●	●	●				
お好み焼き													●	●				
焼きちくわの油いため													●					
フルーツ盛り合わせ															●			
炊飯器を使ったケーキ															●			

注1）どの学習指導要領に基づいているのかにより，I～VIの6つの時期に分けている。
注2）料理は，作り方が明示されているもののみをあげた。
出所：高木（2013）をもとに，筆者が平成27年度発行の教科書の題材例を加え，一部を修正して作成。

36.3％，次いで学級担任が行うのが29.0％，教科を分担するのが12.6％，専科の教師が担当するのが12.3％などとなっている（内藤，1974）。現在では，男性であろうと女性であろうと高学年の担任ならば家庭科を指導するのは当然であるが，「誰が家庭科を教えるか」ということが長らく問題とされてきたということは心に留めておきたい。

2　家庭科教科書の歴史

　現在の学校教育では，どの教科においても教科書は欠くことのできないものである。しかし，かつての家事・裁縫科と家庭科は「教科書」との関係が薄い教科であった。家事科には国定教科書はあったが必ずしも用いる義務はなく，実際に教科書を使用させていない府県もあった。また裁縫科については児童用教科書が新規に発行されない期間が長く，1942年の国民学校発足後にようやく国定教科書が出版された。

　戦後は教科書検定制度がとられたが，1960年まで小学校家庭科の検定教科書は出版されていなかった。かわりに，自治体によっては教科書に準ずる形式の手引書やワークブックの類が使用されていた。1958年に新たな学習指導要領が告示され，1961年から検定教科書が使用されるようになったが，1971年以降は毎年度2種類しか発行されておらず，他教科に比べて最も少ない。表2-1は，1961年から現在まで継続して発行をしている2社のうち1社（開隆堂出版）の教科書における調理実習題材例の変化を示したものである（高木（2013）を加筆・修正して作成した）。家庭科の教科書は，学習指導要領の改訂や学校をめぐる状況の変化だけでなく，家庭における生活習慣の移り変わりにも影響を受けて編集されているということがみてとれる。

3　時代を表す家庭科教師の実践をみてみよう

1　赤井チサトによる実践

　赤井（旧姓平山）チサトは，東京教育大学附属小学校（現・筑波大学附属小学校）で家庭科を専門とした教諭である。その実践の変遷は，吉原（1988）の研究に詳しい。資料2-5は，赤井が新たな家庭科の幕開けとともに雑誌『教育研究』（1949年4月号）に発表した第5学年1学期の学習計画である。

資料2-5　第5学年1学期の「家庭科学習計画」（1949年）
（一）新学期の学用品の手入れ　（二）名前の書き方―附針の使い方（1）
（三）母の一日―附家庭の生活　（四）ころもがえ附―針の使い方（2）
　着物のたゝみ方と整とんのし方

> （五）はきものゝ手入―附針の使い方（3）
> （六）ハンカチについて。（七）学期末の学用品の手入―附大掃除

　赤井は，「家庭の一員としてよい生活を営む上の助けとして」男女関係なく家庭科を学ぶにあたり，男子も女子も共に興味深く学べるような指導を目指していた。この学習計画には，技能の習得だけでなく「衣替え」や「大掃除」といった児童の身近な生活と学習内容を結びつける工夫がみられる。

［2］　小笠原スモによる実践

　1958年の学習指導要領では，家庭科の特質として技能習得に重点が置かれたことはすでに述べたとおりである。しかし，この時期の家庭科教師のなかには，技能の習得だけではない教科としての固有性を見出そうとした者もいた。岩手県「稗貫家庭科サークル」の一員であった小笠原スモもその一人である。

　小笠原は教職員組合などにおける交流を通じて，「ごはんづくり」の単元でも，ただ「家の仕事」としての炊飯を覚えるだけでなく，自然科学・社会科学を含む科学的認識の獲得にまで達することが必要だと考えた。資料2-6（福原（1995）の資料を要約）に示した1962年の実践は，3つの「柱」からなる。はじめ「第1の柱」でヨウ素デンプン反応，デンプンの糊化の実験，次に「第2の柱」で吸水の実験を行い，最終的に「第3の柱」である社会科学的な認識まで導くというのである。福原（1995）によれば，この実践は「ビーカーによる炊飯実験」へと発展し，後の家庭科教育理論に影響を与えたということである。

資料2-6　「ごはんづくり」の実践の構造（1962年）
第1の柱―ご飯を炊くという仕事を科学的にとらえる＝でんぷんの糊化をおさえる。
第2の柱―食べる（糊化と消化の原理，カロリー源としてのごはんをおさえ，熱機関としての人体を理解させる）
第3の柱―ごはんづくりのねうち（生産労働と家事労働は，ともに大事な仕事である）

　これまで，家庭科の誕生から現在に至る制度と実践の変遷を振り返ってきた。過去に学びながら「家庭科という教科の固有性は何か」を常に問い返していくことこそ，未来のよりよい実践に必要不可欠なことではないだろうか。

Exercise

① 　家庭科の教科書に示されてきた題材・内容は，本文で述べたこと以外にどのように変化してきただろうか。視点を決めてまとめてみよう。

② 　過去の教育雑誌（『家庭科教育』『教育研究』など）に掲載された家事・裁縫と家庭科の学習指導案や実践の記録を読んでみよう。児童の実態，施設・設

備をめぐる状況，学習指導要領の違いに注意しながら，現在の授業にどのように活かせるのかを考えてみよう。

📖次への1冊

表真美『食卓と家族──家族団らんの歴史的変遷』世界思想社，2012年。
　　戦前の教科書や雑誌をひもとき，「家族の団らん」がどのように描かれているのかを検討している。家庭科の教科書はその時代の家族の形，家庭の風俗を反映しているということを再認識させられる。
木村元『学校の戦後史』岩波書店，2015年。
　　戦後70年という節目にこれまでの「学校」を振り返り，今後の課題を提示する岩波新書の一冊。制度的な側面だけではなく，社会の変化とのかかわりという視角から，学校教育の展開を整理している。
水原克敏『学習指導要領は国民形成の設計書──その能力観と人間像の歴史的変遷　増補改訂版』東北大学出版会，2017年。
　　学校制度におけるカリキュラム（教育課程や学習指導要領）の変遷を豊富な図版とともにたどる。時代により異なる理想的な人間像が，どのように教育政策に影響しているのかに着目して読みたい。

引用・参考文献

牛込ちゑ『被服教育の変遷と発達』家政教育社，1971年。
佐々木享編『普通教育と職業教育』東京法令出版，1995年。
高木幸子「小学校家庭科教科書の内容構成と実習題材の変遷」『新潟大学教育学部研究紀要　人文・社会科学編』5（2），2013年，181～188ページ。
田結庄順子編『戦後家庭科教育実践史研究』梓出版社，1996年。
内藤道子「小学校の教科担当方式に関する調査研究（1）──家庭科を中心として」『日本家庭科教育学会誌』15，1974年，7～12ページ。
日本家庭科教育学会編『家庭科教育50年──新たなる軌跡に向けて』建帛社，2000年。
野田満智子『日本近代学校教育における「家事」教育成立史研究』ドメス出版，1999年。
福原美江『家庭科の理論と授業研究』光生館，1990年。
福原美江「1960年代における家庭科教育研究（3）──『岩手・技術教育を語る会』の場合」『宮崎大学教育学部紀要　教育科学』78，1995年，141～170ページ。
朴木佳緒留・鈴木敏子編『資料からみる戦後家庭科のあゆみ──これからの家庭科を考えるために』学術図書，1990年。
横山文野『家庭科教育政策の変遷──教育課程における女性観の視角から』平文社，1996年。
吉原崇恵「家庭科授業実践の歴史的様相──東京教育大学附属小学校にみる」『静岡大学教育学部研究報告　教科教育学篇』20，1988年，125～136ページ。

第3章
家庭科は何を目標としているのか

〈この章のポイント〉

　小学校，中学校，高等学校をとおして，家庭科では生活の自立を育むことが目標となっているが，小学校段階はその基礎を養うという重要な役割を担う。初等家庭科では，生活に活きる基礎的な知識・技能を身につけるとともに，身近な生活の課題を捉え，問題解決する力を養う。本章では，子どもたち自身が主体的に自身の生活にかかわり，持続可能なよりよい生活の実現につなげることができるように，初等家庭科の目標を捉えなおしてみよう。

1　初等家庭科の目標

１　初等家庭科の位置づけ

　家庭科では，小学校，中学校，高等学校をとおして，子どもたちの生活の自立を育むことが目標である。小学校段階はその基礎となる部分を養うという位置づけである。小学校の家庭科では，家族・家庭生活，衣食住の生活，消費生活を通じて，子どもたちに自立の基礎となる日常生活に活きる知識や技能を身につけさせる。

　生活の自立を育むためには，自分自身を知り，身近な家族・家庭生活に目を向け，生きていくうえで最も基本となる衣食住の生活について学ぶことが大切となる。さらに視点を広げて，これらの身近な生活と，社会や環境とのかかわりについても学ぶ。その際，楽しく，実践的に学ぶことがポイントとなる。

　家庭科の楽しさは数多くあるが，そのうちの一つは，やはり，実践や体験を通じて見る，聞く，においをかぐ，味わう，さわるなどして自身の感覚を働かせ，学ぶことができることであろう。自分自身の感覚をともなうことで，子どもたちはさまざまな発見をする。「なんでだろう」「どうしたらよいのだろう」などの疑問も生まれ，知識や技能を得たいという気持ちも出てくる。また，家庭科は，複雑な人間の生活を対象としており，答えが一つではない課題が多い。そのため，一人ひとりの意見を尊重し，自分はどのような意見なのか，他の子どもはどう感じているのか，どんな工夫があるのかなど，意見を表現したり，交流することを大切にしたい。

▷1　人間の感覚
人間の感覚にはさまざまなものがあるが，その中で視覚，聴覚，嗅覚，味覚，触覚は，特に五感と呼ばれている。

生活は人々の文化，歴史に根ざしたものであり，多様である。生活にかかわる基礎的な知識や技能を身につけつつ，それらの多様性にふれ，互いを理解していく機会にもなる。

2　身近な生活の課題を捉え問題を解決する力をつける

家庭科は，自分自身の身近な生活課題に気づき，問題を解決する力をつける教科である。また，学校教育のなかで家庭科を学び，身近な生活にかかわる知識・技能を習得することにより，「自分（もしくは自分たち）の力で生活を豊かにすることができる」という実感や機会を増やすことにつながっている。

現代社会は，商品やサービスを購入し消費するという消費生活が発達し，さまざまな商品やサービスを選びながら生活することが当たり前のようになっている。消費生活が発達したなかでは，子どもたちも，既存のものを選び消費する生活が中心となっており，衣食住などの身近な生活において，消費以外の多様な課題解決方法にふれる機会が多いとはいえない。家庭科では，よりよい消費生活について学ぶとともに，自ら主体的にかかわりながら生活を整え，工夫し，つくり出すことを大切にしている。

生活を豊かにする物や事柄，ネットワークを，自分自身でつくり出すことができるという実感を得ることで，学びが実際の生活にフィードバックされ，問題解決を図る力となる。身近な生活課題のなかには，少しの工夫や違いで，大きく改善されるようなことがたくさんある。生活に主体的にかかわり工夫することができるということは，変化がますます大きくなる社会において，しなやかに対応できる力となっていくだろう。

3　よりよい生活とは何かを考え主体的に実践する

よりよい生活とは何であろうか。「よりよい生活」を考えるために，まずは，自分自身の生活，あるいは家庭生活を見なおし，困っていること，課題となっていることを見つけ，問題解決を図ってみよう。生活のなかで困っていること，課題となっていることの多くは，安全性，健康性，快適性，利便性などが，一部損なわれているケースである。とくに安全，健康については，生活の最も基本となるところであり，最優先に解決を図る必要がある。なお，快適性や利便性を重視するあまり，安全性，健康性が損なわれるなどの例もあるので，総合的に考えて問題解決を図るという視点も重要だ。

次に，社会や環境にも目を向けると，私たちの生活が，社会における公正さ，生活における多様性，他者との協働・共生，地球環境問題などとも，密接にかかわり影響を与えていることがわかり，家庭科のイメージがさらに広がるだろう。例えば，気候変動が地球規模の課題として大きく取り上げられている

▷2　消費生活
現代の私たちの生活は，商品やサービスを購入し消費するという消費行動が不可欠になっている。自立した消費者として，どのように消費行動を行っていくのかを考える必要がある。便利で快適な生活を追求し続けた結果，大量生産，大量消費が当たり前のようになってきているが，一方で，環境面や経済面などで，さまざまな問題が深刻化している。消費生活を送るうえで，責任をもつことができるような力をつけていく必要がある。

▷3　健康
世界保健機構（WHO）憲章において，健康とは，「病気でないとか，弱っていないということではなく，肉体的にも，精神的にも，そして社会的にも，すべてが満たされた状態にあること」（日本WHO協会訳）と定義されている。

が，その原因となっているのは，主に人間の活動による二酸化炭素をはじめとした地球温暖化ガスの排出であるといわれている。身近な生活から排出される二酸化炭素量を抑えるために，私たちの生活のなかでできる省エネルギーについて考えるのもよいだろう。社会や環境に目を向けてよりよい生活とは何かを考える一歩となる。

　以上のように，「よりよい生活とは何か」を扱う家庭科では，教師は，子どもの生活実態をよく知り，子どもたちがかかえる生活課題にあわせた教材研究をするとともに，社会情勢や地球規模の課題にも目を向け，常に情報を収集し，理解を深めていくことが求められる。

2　家族・家庭生活に関する目標

［1］　身近な家族・家庭生活を捉えなおす

　初等家庭科の「家族・家庭生活」の内容は，「自分の成長と家族・家庭生活」「家庭生活と仕事」「家族や地域の人々との関わり」「家族・家庭生活についての課題と実践」の4項目から構成されている。これらの内容を通じて，自分自身の成長を自覚するとともに，家庭生活への関心を高めること，生活の営みの大切さに気づくこと，家庭生活と仕事についての理解を深めること，家族や地域の人々とのかかわりについて知ることなどが目標である。

　小学校第1・2学年で学ぶ「生活科」などにおいても，自分自身の成長や家庭とのかかわりについて取り扱うが，家庭科を学びはじめる小学校第5・6学年において，改めて成長を捉え，できることが多くなったことを実感することができるだろう。さらに自分も家族や家庭生活をつくる大切な一人であることに気づくことで，主体性をもって家族・家庭生活を捉えていく。

［2］　家庭生活に主体的にかかわる

　家庭生活は，衣食住や消費を中心として生活が営まれる場であり，私たちの健康や安全，快適性を確保するために重要な役割をもっている。その家庭生活を，子どもたち自身が家族とともにつくり，工夫していくにはどうしたらよいかを具体的に学ぶ。

　家庭生活は学校教育の期間が終わった後も続いていく。子どもたち自身のその時点の生活を改善することに加えて，家庭科の授業を通じて培われた知識，技術，経験が生活の基礎力となり，将来，自身が大人になって新たな家庭を築く際にも役立っていくことが期待される。

［3］　家庭・地域社会とつながる

　子どもたちの生活実態や課題を把握し，家庭科の授業を組み立てるためには，家庭や地域社会とのつながりを意識していくことが大切である。学校で学ぶだけではなく，家庭，地域での生活と結びついて，学びが広がり活かされていくところに家庭科の面白さがある。

　家庭とのつながりにおいては，(1)子どもたちの生活実態を把握すること，(2)保護者等の理解を得ること，(3)学びを家庭生活での実践として活かすことなどがあげられる。「子どもの生活実態を把握すること」により，子どもたちの生活実態にあった学習内容に取り組むことができる。家庭生活や家族のあり方は多様化しており，家庭での実践においては，子どもたちの生活実態や家庭環境に十分な配慮が必要となっている。教師は日頃から保護者とのコミュニケーションを図り，子どもたちの生活に関する知識やスキルや関心，家庭や学校で課題となっていることをお互いに把握することが望ましい。「保護者等の理解を得ること」については，学年だよりや授業参観等の機会を活かして，家庭科の目標や学習内容を知らせたり，事前準備などの連絡を行ったりすることがあげられる。これにより，家庭の協力が得られやすくなり，日常生活での実践もスムーズとなる。「学びを家庭生活の実践として活かすこと」については，家庭での実践の様子について感想やコメントを寄せてもらう，保護者にかかわりをもってもらうなど，工夫するとよいだろう。子どもたちが学習後に家庭において実践し，自信をもって発展することが期待できる。

　家庭生活は地域と深いかかわりがある。その生活文化や気候等の特徴を踏まえながら考えることで，子どもたちの生活実感にあった学習につながる。家庭との連携とともに，地域の生活の実態を知り，連携を深めていこう。なお，少子高齢化[◁4]が進展している社会のなかで，地域のさまざまな世代の人々（高齢者，幼児などを含む，異なる世代の人々）とかかわることがますます大切になっている。子どもたちが地域と主体的にかかわることで，地域の生活文化の伝承の機会にもなるだろう。さらに，地域・保護者の協力を得て，専門的な知識をもつゲストティーチャーや，授業の補助などのボランティアにきていただくなど，さまざまな形のかかわりが考えられる。

　家庭，地域との連携にあたっては，お互いの理解や，安全対策，事前や事後の指導，校内の了解などが必要となる。教師の負担が大きい面もあるが，子どもたちの実態を把握し家庭や地域と連携することで，より深い学びの実現に寄与するといえるだろう。

▷4　少子高齢化
少子高齢化とは，出生率が低下し子どもの数が減る一方で，平均寿命が伸び，結果として人口全体に占める子どもの割合が低下し，高齢者の割合が高まることをいう。日本の高齢化率（総人口に占める65歳以上人口の割合）は，昭和45（1970）年に7％を超え，平成6（1994）年には14％に達し「高齢社会」に入った。『令和元（2019）年版高齢社会白書』によると，平成30（2018）年現在では，少子化の影響もあり，高齢化率は28.1％となっている。

3　衣食住の生活に関する目標

⌈1⌉　健康・安全・快適で楽しい生活をつくる

　健康性，安全性は人間の生活を支える最も基本的な部分である（図3-1参照）。健康性，安全性の実現をまず優先し，衣食住の生活の質を確保していくことが大切である。そのうえで，不快のない快適な生活，生活の活動に適した環境へと整えていく。私たちの衣食住の生活は，家庭，地域，またそのベースとなる生活文化に支えられており，さらに社会や自然環境とも密接にかかわっている。

　安全，健康を保つために具体的な解決法を見出すには，衣食住と人間の生活とのかかわりを知ることが重要である。さらに，快適かつ生活文化を大切に楽しく生活していく工夫を行うことで，新たなライフスタイルが築かれていく。

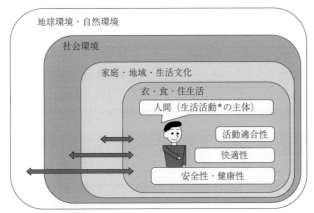

*生活活動：生理的に必要な活動(睡眠,食事,身のまわりの用事など)。社会生活の中心となる活動：仕事や家事,学業など,余暇活動などのこと。現代社会ではこれらの生活活動に消費行動が深く関連している。

図3-1　健康・安全・快適を保つ衣食住の生活
出所：筆者作成。

⌈2⌉　衣食住と人間とのかかわりについて知る

　小学校で扱う「衣食住の生活」の学習内容は，「食事の役割」「調理の基礎」「栄養を考えた食事」「衣服の着用と手入れ」「生活を豊かにするための布を用いた製作」「快適な住まい方」の計6項目で構成されている。実践的に学び，楽しく，基礎的・基本的な知識及び技能を身につけることで，衣食住の生活への関心を育て，自立の基本を身につける。

　授業では，具体的に日々の衣食住の生活を振り返り，自らの生活経験と関連させるように配慮する。例えば，食に関する内容であれば，家庭での食事や学

校給食など，さまざまな食にかかわる場での実際の経験や課題を題材にするのもよいだろう。小学校では，ゆでたり炒めたりする基本的な調理方法を学ぶが，これらの基礎的な調理方法を習得すれば，組み合わせによってさまざまな料理を作ることが可能となる。おいしく，健康的に食べる工夫を自分で考えることもできる。「自分でできる」「楽しい」という気持ちを大切にすることで，中学校以降で，より発展した内容へスムーズにつなげることができるだろう。

　以上，食生活分野の例をあげたが，その他の衣生活，住生活の分野でも同様に，基礎的，基本的な知識や技能として，子どもたちにおさえてもらいたい内容が，小学校の家庭科の内容に多く含まれている。衣食住に関する内容が，必ずしも家庭内で十分に教えられているわけではないという状況において，学校教育のなかで家庭科を通じ，生活にかかわる知識や技能の基礎基本を体系的に学んだり，ライフスタイルや価値観の多様化▷5について知ったりすることの意義は大きいと考えられる。

［3］　科学的なものの見方を育みよりよい生活をつくる

　衣食住の内容には，科学的な見方により理解が進む内容も多い。科学的な見方とは，科学的に確かな証拠に基づいて，合理的，体系的に物事を捉える見方である。一般的に，仮説には，実験や観察などによって検証できるという実証性，同じ条件ではくり返し同じ結果が得られるという再現性，事実に基づき客観的に認められるという客観性があることが求められる。小学校では，観察，測定，分類，数量化，比較，仮説検証などの方法により，その基礎的な見方を育てることができる。

　実際の生活は複雑であり，必ずしも仮説を検証することが容易ではないことも多いが，生活のなかの課題を捉え把握し，その要因を分析し，必要な解決方法を模索し検証するという科学的なものの見方を用いることで，より応用範囲の広い，再現性の高い解決方法を見出す力となっていく。またさまざまな学問分野で科学的な方法により得られた知見を知識として学ぶが，それらの知識を生活と関連づけて理解し，生活に活かす力を育てることにもつながる。衣食住の生活を，単に個人の経験だけで捉えるのではなく，科学的な見方で捉える力をつけ，また論理的に，図表なども活用しながら表現できるようになるよう，その基礎力をつけていきたい。

　小学校の家庭科に関し，例をあげて説明する。例えば，衣生活の分野で学ぶ，「日常着の手入れの仕方」においては，身近な衣服の手洗いを取り上げて，洗剤の量，水の温度，洗い方などによる比較により効率的な洗い方について実験等を通じることで，科学的な見方を養う機会となる。衣生活領域だけでなく，食生活や住生活領域においても，実習や実験を取り入れて，科学的なも

▷5　多様化
高齢者から乳幼児にわたる年齢差，男女差，障がいの有無，地域差，国籍の違い，文化の違いなど，人々の生活は多様である。グローバル化が進み，この多様化の傾向はこれからますます進んでいくだろう。ライフスタイルや価値観の違いは，ときに互いの理解不足により，格差が広がったり，互いの価値観が折り合わずに断絶が起きたりする場合もある。多様化する社会において，多様性を認め，公平性の高い社会を実現するためには，互いのライフスタイルや価値観を理解し尊重することが重要となってくる。

のの見方を育もう。実験計画を子どもたち自身が立て，仮説を立てて検証するプロセスを体験し，報告しあう活動も効果的だろう。なお，実際の生活は，複雑なため，実験条件をよく見極めて，適切に設定する必要性がある。教師自身は，児童の学びを適切にサポートできるよう，常に生活を科学的に見る力を養っていくことが望ましいといえる。

また，例えば食生活の分野の五大栄養素と食品の体内での主な働きに関する内容などは，子どもたちが直接的に実証することは難しいが，これまで学術的に蓄積されてきた科学的な知見に基づいて知識を学ぶことも多い。その場合，栄養に関する名称や働きに関する知識の修得だけに重点を置くのではなく，家庭や学校給食などの実際の献立との関連を図って，子どもたちの食生活の経験などと関連づけ，栄養を考えてバランスよく食事をとることの大切さを理解し，それらの科学的知識を日常生活に活かすことができるように配慮する。

4　消費生活・環境に関する目標

［1］　消費者としての責任と行動について考える

小学校で扱う「消費生活・環境」に関する学習内容は，「物や金銭の使い方と買物」「環境に配慮した生活」の2項目からなる。

「物や金銭の使い方と買物」では，買物の仕組みや消費者の役割に着目し，物や金銭の大切さと計画的な使い方について学ぶ。また，身近な物を題材として，購入のために必要な情報収集や整理ができるようにするのが目的である。単に「無駄遣いしないようにしよう」「商品やサービスを賢く選ぼう」という内容だけにとどまらずに，より主体的な消費者の育成に寄与できるような学びを期待したい。消費者がどのような商品やサービスを購入するのか，あるいは購入しないのか，ということを意思決定していくことが，自らの生活に直接的にかかわるだけでなく，社会や環境に対しても影響を与えていく。小学校の家庭科の授業でも，消費者が意思決定をする主体的な立場であると捉え，その責任・役割を果たしていくことができるように，消費者教育を位置づけていくことが求められる。そのために，売買契約の基礎を含めた消費生活の仕組みや課題を明確にし，情報収集や吟味を自らできるようにし，自身が決めたことについて責任をもつということが必要になってくる。

［2］　環境と自分の生活とのかかわりを知る

「環境に配慮した生活」については，自分の生活と身近な環境とのかかわりについて学び，環境に配慮した物の使い方などについて理解することが目的で

▷6　意思決定
いくつかの選択肢から自分の意思で選ぶことを意思決定という。適切な意思決定を行うために，目標や問題点を明らかにし，情報を集め，複数の解決方法から選択し実行するというプロセスが重要だ。また意思決定し実行したあと，結果の評価を行いフィードバックしていくことも大切である。意思決定がうまくいくことばかりではないが，自分の生活を自分の意思として決め，責任をとっていくことが，自立した生活をつくる基盤となる。

ある。私たちの生活は，衣食住の生活を含めて，多くの物やサービスを利用して成り立っている。私たちの身近な生活は，環境からも影響を受けると同時に，環境へも影響を及ぼす。どのように環境に負荷をかけずに生活をしていくのか，どのように限られた資源を使っていくのか，ごみを減らしていくのかなど，身近な衣食住の生活や消費生活の立場から見なおすことが大切である。

　例えば，「環境に配慮した生活」の見方・考え方と関連させ，冷暖房機器の利用の仕方を工夫し省エネルギー化につなげたり，整理・整頓の内容を工夫し不用品の活用等につなげたりするなどが考えられる。また，季節の変化に合わせて自然を活かして生活することの大切さについて考えるのもよいだろう。暑さ・寒さへの対処の仕方や通風・換気とのかかわり，適切な採光および音と生活とのかかわりについて，自然エネルギーを上手に活かした暮らしを考える機会となる。

③ 持続可能な社会を構築するための基礎を養う

　持続可能な社会とは，現在だけでなく，将来の世代にわたって，公正で豊かな生活を築き，また発展することが可能な社会のことである。初等家庭科では，衣食住，消費生活などの身近な生活の立場から，経済，社会，自然環境との調和をとりながら持続可能な社会を求めていくうえでの基礎を取り扱う。

　私たちの生活は持続可能性にかかわる課題と密接にかかわっている。環境に配慮した生活だけでなく，多様なライフスタイル，互いにかかわりあうという相互性，資源などの有限性，社会の公平性，地域等との連携性，さらに主体的な生活者としての責任性など，幅広い意味での持続可能性を検討することができる。例えば，衣食住の3R（リデュース，リユース，リサイクル），消費行動と意思決定，エシカル・ファッション，共生，防災・防犯，環境に配慮した具体的な生活の仕方など，家庭科ではこの持続可能な社会を実現するライフスタイルについて，小学校，中学校，高等学校を通して，発展させながら繰り返し学習する。私たちの生活が持続可能性に大きくかかわっていることを，教師が十分に意識して，単なる繰り返しにならないように，小・中・高をとおした体系的なカリキュラムのなかで学習内容を捉えることが求められる。

▷7　持続可能性（sustainability）は，国連の環境と開発に関する世界委員会の最終報告書「Our Common Future」（ブルントラント報告）において，1987年に示された概念である。「持続可能な開発」とは「将来の世代のニーズを充たしつつ，現在の世代のニーズをも満足させるような開発」であると定義されている。

Exercise

① 小学校における家庭科の目標について，最も重要だと思うことを自分の言葉でまとめてみよう。

② 「よりよい生活」の基盤になるのは何だと思うか説明してみよう。

③ 家庭や地域との連携が大切なのはなぜか説明してみよう。

📖次への一冊

伊藤葉子編著『新版　授業力 UP　家庭科の授業』日本標準，2018年。
　　幅広い観点から家庭科教育の理念や目標，教科内容を取り扱っており，またその指
　　導方法について，具体的に示されている。授業をつくるうえでの悩みや疑問，工夫
　　をともに考えてくれるようなテキストである。
勝田映子『スペシャリスト直伝！　小学校家庭科授業成功の極意』明治図書，2016年。
　　小学校の家庭科において，実際にどのように授業実践しているのか，アクティブ・
　　ラーニングを意識した指導例とともに基本的な考え方が豊富に示されている。
長澤由喜子編著『平成29年版　小学校新学習指導要領の展開　家庭編』明治図書，2017
　　年。
　　平成29年に告示された新学習指導要領の改訂のポイントを解説している。授業プラ
　　ンや授業改善例なども示されている。
牧野カツ子監修『アクティブ・ラーニングが育てるこれからの家庭科』地域教材社，
　　2017年。
　　社会的な公正さや持続可能性などを視野に入れ，主体的・対話的で深い学びを目指
　　した授業実践や工夫が豊富である。

引用・参考文献

文部科学省『小学校学習指導要領（平成29年告示）解説　家庭編』東洋館出版社，2018
　　年。

第4章
家庭科で教えるべき内容

〈この章のポイント〉

　本章では，学習指導要領の「A　家族・家庭生活」「B　衣食住の生活」「C　消費生活・環境」の三つの内容を基に，具体的な指導内容について学ぶ。「B　衣食住の生活」については，一部の指定教材も含め，各章で詳しく理解できるようにしている。

　本章により，各内容のねらい，指導項目と具体的内容，指導上の配慮事項について学び，どのようにしたら児童の興味・関心を高め，「主体的・対話的で深い学び」を実現する授業をつくることができるかを考えてみよう。

1　家族・家庭生活の内容

1　自分の成長と家族・家庭生活，家庭の仕事

　小学校家庭科の内容は，学習指導要領では以下の三つが指定されている。

A　家族・家庭生活　　　B　衣食住の生活　　　C　消費生活・環境

　これらは，中学校の技術・家庭科の家庭分野でも同じ名称で示されており，高等学校についても「小・中・高等学校の各内容の接続が見えるように」内容が示されている（文部科学省，2018，7ページ）。

　そのうち，「A　家族・家庭生活」の内容は次の四つである。

A(1)自分の成長と家族・家庭生活　　　A(2)家庭生活と仕事　　　A(3)家族や地域の人々との関わり　　　A(4)家族・家庭生活についての課題と実践

　ここでは主に「協力」の視点から家庭生活をみつめる。そして，「課題をもって，家族や地域の人々と協力し，よりよい家庭生活に向けて考え，工夫する活動を通して，自分の成長を自覚し，衣食住などを中心とした生活の営みの大切さに気付くとともに，家族・家庭生活に関する知識及び技能を身に付け，日常生活の課題を解決する力を養い，家庭生活をよりよくしようと工夫する実践的な態度」（文部科学省『小学校学習指導要領（平成29年告示）解説　家庭編』東洋館出版社，2018年，20ページ。以下『解説』と略す）を育てることをねらいとして

いる。

　内容の指導にあたっては，第5学年の最初に家庭科の学習についてのガイダンスを行うことが指定されている。これは，家庭科を初めて学ぶ児童に，家庭科とはどのような教科であるのかを理解させる時間となっている。そこでは，第4学年までの学習や生活経験を振り返り，それらが家庭科学習の土台になっていることを押さえる。そして，できるようになりたいことや目指す家庭生活についての話し合いなどを通して，2年間の学習への見通しもたせる。第5学年までに「できるようになったこと」の確認は，成長を自覚するよい機会となる。よって，学期末や学年末など学習の区切りの度に行うようにするとよい。

　家庭生活と仕事に関する学習では，一日の生活のなかで，時間を追って仕事とその担い手とを記録し，家庭内の仕事が多岐にわたること，それらを滞りなく毎日行うためには，家族の「協力」が不可欠であることを理解できるようにする。そして，「協力」という見方・考え方で家庭での自分の仕事を振り返り，「自立」の視点からも取り組むべき仕事をみつけ，計画し実践する学習を展開する。ここで押さえるべきことは，家庭の仕事は生きる限りすべての人に必要なことであり，もてる力に応じて全員が担うべき仕事であるということである。ここで「家庭の仕事とお手伝いの違い」を話し合う活動を取り入れると，仕事に不可欠な主体性や計画性，責任感や実行力等の要素に気づき，家庭の仕事が社会で行われているすべての仕事に結びつくものであることを理解させることができる。

　指導にあたっては，家庭のプライバシーに十分に配慮するようにする。

2　家庭や地域の人々との関わり

　ここでは，団らんの場を工夫したり，協力できる地域の活動に取り組んだりするなど，家族や地域の人々との関わりを深める学習を展開する。今日，人と関わる機会が児童に急速に失われていることが指摘されている（図4-1，図4-2）。

　とくに幼児や高齢者など異世代の人々との関わりが薄くなっている。そこで，学習指導要領A(4)「家族・家庭生活についての課題と実践」の内容では，地域や学校行事等の機会を活用して，低学年や幼児，高齢者等と関わる内容を学習に取り入れるよう示されている。敬老の日の贈り物を製作したり，下級生に掃除の仕方を教えたりするなど，家庭科の学習はこうした機会に活用できるものが多く，子どもの有用感や自己肯定感を高めることに役立っている。

3　家庭生活についての課題と実践

　新学習指導要領（2017年告示）から，新たに「家族・家庭生活についての課題と実践」の内容が加わった。これは，中学校家庭科での「生活の課題と実践」，高等学校家庭科での「ホームプロジェクト」につながる課題解決的な学

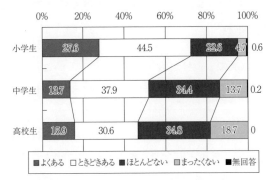

図4−1　家族以外の異なる世代の人々との交流
出所：文部科学省（2009）。

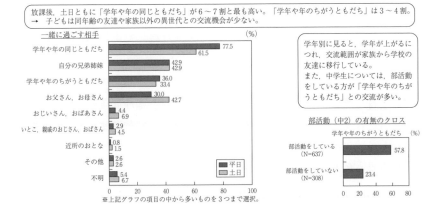

図4−2　放課後・休日に一緒に過ごす相手
出所：文部科学省（2009）。

習である。自分の生活のなかから課題を見出し，家庭科で学んだことを活用して解決を図る。活動は，2年間のなかで1〜2回行うこととされている。

　学習は，夏休みや冬休みに家庭で取り組んだり，卒業を祝う会などの学校行事を利用して行ったりする。家庭実践として行う際には，学校で計画の立案や実践後の発表会，相互評価などを行う。いずれも子どもが自信をもって取り組み，達成感や有用感をもてるように家庭との連携を図ることが必要である。

2　食生活についての学習内容

1　食生活の役割

食生活の内容には次の3項目が示されている。

> B(1)食事の役割　　B(2)調理の基礎　　B(3)栄養を考えた食事

ここでは主に「健康・快適・安全」と生活文化のよさの視点から生活を見なおし，「課題をもって，健康・安全で豊かな食生活に向けて考え，工夫する活動を通して，食事の役割，調理の基礎，栄養を考えた食事に関する知識及び技能を身に付け，食生活の課題を解決する力を養い，食生活をよりよくしようと工夫する実践的な態度を育成すること」（『解説』，34ページ）を目標としている。

B(1)「食事の役割」では，日々の健康の保持や成長に欠かせない「食事の役割」や「日常の食事の大切さと食事の仕方」を理解して「楽しく食べるために」日常の食事の仕方を振り返り工夫する。B(2)「調理の基礎」では，青菜やじゃがいもなどの食品を用いたゆでる，いため調理や，伝統的な主食である米飯やみそ汁の調理を学び，「おいしく食べるために」調理計画や調理の仕方を工夫する。B(3)「栄養を考えた食事」では，これらの学習を基に単品の副菜から米飯とみそ汁を中心とした1食分の食事へと関心を広げ，課題意識をもって食生活の課題解決力を育むことができるようにすることが示されている。

指導にあたっては，B(1)「食事の役割」，(2)「調理の基礎」，(3)「栄養を考えた食事」を相互に関連させて扱うほか，食材の選び方・買い方などを扱うことで「A家族・家庭生活」「C消費生活・環境」の内容とも関連を図るようにする。

また，理科や体育科での学習や学校給食との関連もふまえ，第4学年までの食育とつなげながら，食事の「食べ手」だけでなく「作り手」としても学ぶ家庭科の特質を活かした食育の学習を展開するようにする。

食事の役割については，体の成長や健康の保持という栄養面だけでなく，ひとりで食事をした時の気持ちを話し合うことによって，心の安定や楽しみ，人とのコミュニケーションなどの役割にも気づくことができるようにする。

2　調理の基礎

ここでは，ゆでたり，いためたりする調理と米飯およびみそ汁の調理について学ぶ。子どもが「課題をもって，調理に関する基礎的・基本的な知識及び技能を身に付け，おいしく食べるために調理計画を考え，調理の仕方を工夫する

ことができるようにすること」（『解説』，37ページ）がねらいである。

　食材は，米，野菜，いも類，卵など入手しやすさや地域の特産，季節，成長期にある児童の栄養などを考えて選択するようにする。また，食物アレルギーによる事故を防止するために，児童の健康状態については保護者や関連機関等と密に情報を共有し，調理実習で扱う材料に食物アレルギーの原因になる物質が含まれていないか調味料に至るまでしっかりと事前に確認するようにする。

　調理の基礎で押さえるべき知識・技能の内容項目は以下の五項目である。

(ア)　調理に必要な材料の分量や手順，調理計画についての理解。

(イ)　調理用具や食器の安全で衛生的な取り扱い，及び加熱用調理器具の安全な取り扱いについての理解と技能（適切にできること）。

(ウ)　材料に応じた洗い方，調理に適した切り方，味の付け方，盛り付け方，配膳及び後片付けの理解と技能。

(エ)　材料に適したゆで方，いため方の理解と技能。

(オ)　伝統的な日常食である米飯及びみそ汁の調理の仕方の理解と技能。

　「ゆでる調理」の材料には青菜やじゃがいもなどを扱うこととされている。これは，青菜をゆでるとかさが大きく減り，調理の効果が観察しやすいことによる。かさが減れば，多くの量を食べることができ健康にも資する。また，じゃがいもや根菜は，水からゆでる食材の例として示されたものである。なお，じゃがいもの芽や緑化した部分には，食中毒を起こす成分（ソラニン等）が含まれている。これらは加熱しても壊れないことから，しっかりと取り除く必要があることを指導するようにする。

　いためる調理では，フライパンなどを用いて油でいためる。ここでは，調理の目的に応じた火加減や加熱時間があることを理解できるようにする。さらに，にんじん，ピーマン，キャベツなど複数の材料を組み合わせて調理し，材料に合わせて切り方や加熱の順序を工夫するとよいことなどにも気づけるようにする。ここで押さえるべき内容は，「食材の中まで火を通す」ということである。そのためには，どのように切り，どう加熱するとおいしく出来上がるのか，そこを子どもに考えさせる。そして，以下のねらいを達成できるようにする。

　イ　おいしく食べるために調理計画を考え，調理の仕方を工夫すること

　さらに米飯とみそ汁の調理では，米飯とみそ汁が日本の伝統的な日常食であることや，みそは大豆の優れた加工食品であり，各地方独自の物が作られていることや，米とみそを同時に食べることによって，必須アミノ酸が補足される効果が生まれ，栄養的に優れたものになることについても触れるようにする。

　また，和食が2013年にユネスコ無形文化遺産に登録されたこと，和食の基本となるだしは，煮干しや昆布，かつお節などさまざまな材料からとれること，

みそ汁にだしを用いると風味が増すことなどを理解できるようにする。

　指導にあたっては，手順や方法の伝達に終わらせず，なぜそうするのか作業を支える原理を理解したり，観察して気づいたことなどを実感をもって言葉で記録したり表現したりする学習活動を取り入れ，理解を深めるようにする。

③ 　栄養を考えた食事

　ここでは，以下の知識・技能(ア)とその活用(イ)とを学ぶ。

ア(ア)　体に必要な栄養素の種類と主な働き。
　(イ)　食品の栄養的な特徴，料理や食品を組み合わせてとる必要性。
　(ウ)　献立を構成する要素，１食分の献立作成の方法。
イ　　１食分の献立について栄養のバランスを考え，工夫すること。

　体に必要な栄養素については，「五大栄養素と食品の体内での主な働きを中心に扱い，中学校での日本食品標準成分表や食事摂取基準，食品群別摂取量の目安などの学習につなげるよう配慮する」（『解説』，44ページ）。

　五大栄養素には，炭水化物，脂質，たんぱく質，無機質，ビタミンがある。それらは相互に関連しながら機能している。例えば，炭水化物がエネルギーとなるにはビタミン B_1 の作用が必要である。またたんぱく質は，主として体をつくるのに役立つが，エネルギーとしても利用される。無機質であるカルシウムも骨や歯の成分となるだけでなく，体の調子を整える働きも担っている。

　栄養素の学習にあたっては，名称や働きの覚え込みに重点を置くのではなく，バラエティ豊かな食品をバランスよく整えて食べることが，「栄養を考えた食事」であり，１点ですべて賄う食品や栄養素はないことが理解できるようにする。

　食品の栄養的な特徴としては「主にエネルギーになるもの」「主に体をつくるもの」「主に体の調子を整えるもとになるもの」の三つのグループがあり，学校給食や日々の食事で使われている食品をグループに分類できるようにする。ここでも，食品には複数の栄養素が含まれていることを伝え，分類にこだわるのではなく，三つのグループの食品を組み合わせたり，主食，主菜，副菜等の料理を組み合わせて豊かな食事が整えられることに重きを置くようにする。

　１食分の献立については，これまでに学んだ基礎的な知識を活用して，児童の日常生活のなかから１食分の食事内容について問題を見出して献立の改善案を考えたり，健康等の視点から，栄養バランスのとれた献立を工夫したりする。なお，食事調べなど児童の家庭の食事を取り上げる場合は，家庭の状況やプライバシーに十分配慮する。課題のある食事例などは，「〇さんのある日の朝食」等と架空のモデル例で示すようにする。

3　衣生活の学習

1　衣服の着用と手入れ

衣生活の内容は，次の二項目である。

B(4)衣服の着用と手入れ　　B(5)生活を豊かにするための布を用いた製作

ここでのねらいは，「課題をもって，健康・快適・安全で豊かな衣生活に向けて考え，工夫する活動を通して，衣服の着用と手入れ，生活を豊かにするための布を用いた製作に関する知識及び技能を身に付け，衣生活の課題を解決する力を養い，衣生活をよりよくしようと工夫する実践的な態度を育成すること」である（『解説』，49ページ）。

B(4)「衣服の着用と手入れ」では次の知識・技能(ア)と活用(イ)とを学ぶ。

ア(ア)衣服の主な働き，季節や状況に応じた日常着の快適な着方。
　(イ)日常着の手入れ，ボタンのつけ方及び洗濯の仕方。
イ　日常着の快適な着方や手入れの仕方を考え，工夫すること。

「衣服の主な働き」については，主に保健衛生上の働きと生活活動上の働きについて扱い，社会的な働き等については中学校で扱う。

保健衛生上の働きについては，寒暖時の体温保持や外部からの汚れを防いだり，害虫，けがなどから身体を守ったりする働きについて理解できるようにする。

生活活動上の働きについては，身体の働きを妨げず活動しやすくする働きについて運動着や作業着などから理解できるようにする。また，安全の確保や危険回避のために目立つ色の上着や帽子を被ることなどにも触れる。

季節や状況に応じた快適な着方の学習については，生活の場面に応じてどのように着方を工夫しているかを話し合わせたり，夏涼しく冬暖かい着方を実験や体験的な活動を行ったりすることで理解できるようにする。

「日常の手入れ」については，衣替えの時期に家庭で行っている作業を観察させるとともに，夏の生活の工夫と関連させ，汗ばむ季節に健康的でかつ快適に衣生活を整える手立てとして洗濯に取り組ませるようにする。小学校では手洗いの仕方を学び，電気洗濯機による洗濯については中学校で学習する。

2　生活を豊かにするための布を用いた製作

B(5)「生活を豊かにするための布を用いた製作」での内容項目は以下である。

> ア(ア)製作に必要な材料や手順，製作計画。
> 　(イ)手縫いやミシン縫いによる縫い方，用具の安全な取り扱い方。
> イ　生活を豊かにするための布を用いた物の製作計画及び製作の工夫。

　ここでは，「日常生活で使用する物を入れるための袋などの製作を扱うこと」（『解説』，53ページ）とされている。これは，布（平面）を用いて物（立体）を包むという被服構成の原理に気づかせるうえでも，ゆとりやぬいしろの必要性などについて理解させるうえでも，また，製作した物を児童が日常生活で活用して評価・改善するうえでも教材として用いやすいことから例示された物である。

　ここでは，製作に必要な材料や手順を理解して製作計画を立てること，手縫いやミシン縫いによる目的に応じた縫い方ができること，また用具を安全に取り扱って，自分の生活を豊かにする布製品を考えて製作できるようにする。

4　住生活の内容

　住生活の内容は，次の1項目である。

> B(6)快適な住まい方

　ここでのねらいは，「課題をもって，健康，快適，安全で豊かな住生活に向けて考え，工夫する活動を通して，快適な住まい方に関する知識及び技能を身に付け，住生活の課題を解決する力を養い，住生活をよりよくしようと工夫する実践的な態度を育成すること」（『解説』，58ページ）である。

　具体的には以下の知識・技能(ア)について学び，活用(イ)する。

> ア(ア)住まいの主な働き，季節の変化に合わせた生活の大切さや住まい方。
> 　(イ)住まいの整理・整頓や清掃の仕方。
> イ　季節の変化に合わせた住まい方，整理・整頓や清掃の仕方の工夫。

1　住まいの主な働き・季節の変化に合わせた住まい方

　ここでは，「季節の変化に合わせた住まい方」と関連させ，風雨や暑さ・寒さなどの「過酷な自然から人々を守る生活の器としての働き」（『解説』，59ページ）を理解させる。その他の住まいの働きについては中学校で学習する。

　「季節の変化に合わせた住まい方」については，健康・快適の視点や四季の変化に富む日本の気候風土への対応から，自然の力を効果的に活用した生活のよさや大切さについて理解できるようにする。ここで押さえるべき点は，「季節の変化に合わせて室内の温度や湿度，空気の流れを調節したり，適度な明るさを取り入れたりすること」（『解説』，60ページ）の大切さである。とくに効果

的な通風（風通し）や換気（空気の入れ換え）によって室内の湿度を調節することは，結露やダニ・カビなどの発生や空気の汚染を防ぐうえで重要であること，夏季には，通風とあわせて太陽の熱をさえぎることや，冬季には太陽の暖かさを取り込むことなどを理解し，その際，樹木や植物などを活用するとよいことや冷暖房器具の効果的な利用などについても触れるようにする。

採光については，体育科第3学年の目の健康の学習とも関連させ，適度な明るさを確保する必要性や方法について理解し，自然光を補うものとして照明器具等にも触れる。

音については，学校や家庭での身近な生活音を取り上げ，音には快適な音や不快なものがあり，不快な音は生活問題ともなることを押さえ，家族や地域の人々との関わりを考えて，生活音の発生に配慮する必要性に気づくことができるようにする。また，虫の音など生活を豊かにする季節の音を大切にしてきた日本の生活文化にも気づくことができるようにする。

［2］ 住まいの整理・整頓や清掃の仕方

住まいの整理・整頓では，児童の身のまわりの物を取り上げ，効率よく快適に生活するためには整理・整頓が必要であることや，使う人や場所，目的や頻度などによって工夫できることを理解し，適切に行うことができるようにする。その際，家庭でのさまざまな工夫を交流する活動を通して多様な方法を知り，自分の家庭での実践に活用できるようにする。また，A(2)「家庭生活と仕事」の学習との関連を図り，家族との関わりを感じながら学習を進められるよう配慮する。家庭内の事故防止などの安全な住まい方については，中学校で学習する。

5 消費生活・環境の学習

［1］ 物や金銭の使い方と買い物

消費生活・環境の内容は，次の2項目である。

C(1)物や金銭の使い方と買物　　　C(2)環境に配慮した生活

ここでのねらいは，「課題をもって，持続可能な社会の構築に向けて身近な消費生活と環境を考え，工夫する活動を通して，消費生活・環境に関する知識及び技能を身に付けるとともに，それらの課題を解決する力を養い，身近な消費生活と環境をよりよくしようと工夫する実践的な態度を育成すること」（『解説』，64ページ）である。

　　　　C(1)「物や金銭の使い方と買物」では以下の内容項目を学ぶ。

> ア(ア)買い物の仕組みや消費者の役割，物や金銭の大切さ，計画的な使い方。
> 　(イ)身近な物の選び方，買い方，情報の収集・整理。
> イ　身近な物の選び方，買い方の工夫。

　ここでは，「A家族・家庭生活」の(3)，「B衣食住の生活」の(2)(5)(6)で扱う調理実習や布製品製作の材料などを取り上げて学習間の関連を図る。

　「買物の仕組みや消費者の役割」では，主に現金による店頭での買物（二者間取引）を扱い，日常行っている買物が売買契約であることを教える。売買契約の基礎としては，売買契約とは買い手（消費者）の申し出と売り手の承諾とによって成立すること，買い手は代金を支払い，売り手は商品を渡す義務があること，商品を受け取った後は買い手側の一方的な理由で商品を返却することはできないことなどを理解できるようにする。この点については，ピザ等の電話注文などを想定すると理解させやすい。注文は口約束で成立し，商品を受け取った後，買い手の一方的な理由での返品はできない。それは，契約が法律（民法）で守られた社会的な約束だからである。児童にもその点を理解させる。

　消費者被害の防止については中学校で学習するが，小学校でも買物に関するトラブルの相談機関として，消費生活センターがあること，そこでは商品や買物に関する信頼できる情報が入手できることなどを理解できるようにする。

　売買契約の基礎を小学生が学ぶことになった背景には，2022年から実施される成人年齢の18歳引き下げがある。高校卒業と同時に主体者として契約を結ぶ可能性があることから，小学校では二者間取引について，中学校ではクレジットカードなどによる三者間取引について学ぶようになっている。

　「消費者の役割」については，環境に配慮した商品を選んだり，必要な物を無駄なく購入して使い切るといった消費者として責任ある態度の育成を図り，中学校での持続可能な社会の構築に向けたライフスタイルについての学習へとつなぐようにする。これは，消費者が主体的によりよい商品を選択することによって消費生活の向上を図る消費者市民社会の実現に資する学習である。

　身近な物の選び方，買い方では，目的に合った品質のよい物を選ぶ際の観点や簡単な表示ならびにマークの読み方，適切な購入の仕方，必要な情報の収集や整理の仕方について学ぶ。その際，持続可能な社会の構築の視点から，詰め替えやリサイクルができるかなど資源の有効利用を考えて選ぶことの大切さにも気づくことができるようにする。

2　環境に配慮した生活

　ここでは，「自分の生活が身近な環境から影響を受けたり，与えたりしていることがわかり，環境に配慮した物の使い方などを理解」（『解説』，69ページ）

して実践できるようにすることをねらいとして，以下の知識・技能㋐とその活用㋑とを学ぶ。

> ア　身近な環境との関わり，物の使い方。
> イ　環境に配慮した物の使い方の工夫。

　環境に配慮した物の使い方については，修理をしたりして物を長く大切に活用したり，無駄なく使い切ったり，使い終わった物を別の用途に再利用したりリメイクしたり，ほかに必要とする人に譲ったりするなど物を活かす使い方についてさまざまな工夫を考えさせる。また，調理実習における材料や水，電気，ガスなどの使い方を話し合わせるなど「B衣食住の生活」との関連を図り，実践的に学習できるようにする。総合的な学習の時間と関連を図り，SDGs▷1や環境に関する現代的な諸課題に結びつけて学習を展開させることも有効である。

Exercise

① 「A　家族・家庭生活」の学習でのねらいと内容項目，指導にあたっての配慮事項を表にまとめてみよう。

② 「B　衣食住の生活」の学習でのねらいと内容項目，指導にあたっての配慮事項を表にまとめてみよう。

③ 「C　消費生活・環境」の学習でのねらいと内容項目，指導にあたっての配慮事項を表にまとめてみよう。

📖次への一冊

鈴木明子編著『小学校新学習指導要領ポイント総整理』東洋館出版社，2017年。
　　平成29年版小学校家庭科学習指導要領の内容について詳しく解説している。平成20年版の学習指導要領との違いなども理解しやすい。
長澤由喜子編著『平成29年版　小学校新学習指導要領の展開　家庭編』明治図書，2017年。
　　平成29年版小学校学習指導要領の内容について，目指す資質・能力をどのような授業によって育成するのかを授業案などを通して具体的に示しており，授業を構想するうえで参考になる。
日本家庭科教育学会編『未来の生活をつくる──家庭科で育む生活リテラシー』明治図書，2019年。
　　家庭科誕生70周年を記念して出版された書。高校生，社会人への質問紙調査によって1994年からの男女共修家庭科の成果を示し，今後の家庭科教育を4つの視点（「生活の科学的認識」「生活に関わる技能・技術の習得」「他者との協力・協同，共生」

▷1　SDGs（持続可能な開発目標）
2015年9月の国連サミットで全会一致で採択。「誰一人取り残さない」持続可能で多様性と包摂性のある社会の実現のため，2030年を年限とする17の国際目標（その下に，169のターゲット，232の指標が決められている）。特徴は，以下の5つ。①普遍性→先進国を含め，全ての国が行動，②包摂性→人間の安全保障の理念を反映し「誰一人取り残さない」，③参画性→全てのステークホルダーが役割を（担う），④統合性→社会・経済・環境に統合的に取り組む，⑤透明性→定期的にフォローアップ（出所：外務省「持続可能な開発目標（（SDGs）について）」（平成31年1月）。https://www.mofa.go.jp/mofaj/gaiko/oda/sdgs/pdf/about_sdgs_summary.pdf（2019年12月5日閲覧））。

■SDGs（SUSTAINABLE DEVELOPMENT GOALS）の17の目標
目標1　あらゆる場所で，あらゆる形態の貧困に終止符を打つ／目標2　飢餓をゼロに／目標3　あらゆる年齢のすべての人々の健康的な生活を確保し，福祉を推進する／目標4　すべての人々に包摂的かつ公平で質の高い教育を提供し，生涯学習の機会を促進する／目標5　ジェンダーの平等を達成し，すべての女性と女児のエンパワーメントを図る／目標6　すべての人々に水と衛生へのアクセスを確保する／目標7　手ごろで信頼でき，持続可能かつ近代的なエネルギーへのアクセスを確保する／目標8すべての人々のための包摂的かつ持続可能な経済成

長，雇用およびディーセント・ワークを推進する／目標9　レジリエントなインフラを整備し，持続可能な産業化を推進するとともに，イノベーションの拡大を図る／目標10　国内および国家間の不平等を是正する／目標11　都市を包摂的，安全，レジリエントかつ持続可能にする／目標12持続可能な消費と生産のパターンを確保する／目標13気候変動とその影響に立ち向かうため，緊急対策を取る／目標14　海洋と海洋資源を保全し，持続可能な形で利用する／目標15　森林の持続可能な管理，砂漠化への対処，土地劣化の阻止および逆転，ならびに生物多様性損失の阻止を図る／目標16　公正，平和かつ包摂的な社会を推進する／目標17　持続可能な開発に向けてグローバル・パートナーシップを活性化する（出所：国際連合広報センター。https://www.unic.or.jo/news_press/features_backgrounders/31737/（2019年12月5日閲覧））。

「未来を見通した設計」）から再考し展望している。

引用・参考文献

文部科学省『高等学校学習指導要領解説　家庭編』東洋館出版社，2018年。

文部科学省「子どもの育ちをめぐる現状等に関するデータ集」2009年。

　　http://www.mext.go.jp/b_menu/shingi/chosa/shotov/053/shiryo/icsFiles/afieldfile/2009/03/09/1236114_3.pdf

第5章
小学校の学習指導要領（家庭）を読んでみよう

〈この章のポイント〉

　日本では，小学校は義務教育であり，学習指導要領という世界でも珍しい制度をもっている。各科目の学習指導要領に則って教科書がつくられているし，文部科学省による教科書検定制度がある。そのため，日本では，小学校家庭科の教科書を使うことは小学校家庭科の学習指導要領に則っていることになる。家庭科は第二次世界大戦後に新しくつくられた科目である。どのような変遷をたどってきたのか，振り返ってみよう。そのうえで，2017年3月告示の小学校家庭科指導要領の目標や内容を考えてみよう。

1　これまでの学習指導要領について知ろう

1　家庭科の学習指導要領とは何か

　学習指導要領には「試案」という文言が付されていた。例えば，1947（昭和22）年度に出された「学習指導要領　家庭科編（試案）」が例としてあげられる。これは，国家統制による教育の反省の下に，教師が家庭科の自主的な教育内容の編成を促すという意味が込められていた。ただし，1958（昭和33）年からは大臣告示になり，試案の文字が消失した。

　学習指導要領を定めている文部科学省によると「全国のどの地域で教育を受けても，一定の水準の教育を受けられるようにするため，文部科学省では，学校教育法等に基づき，各学校で教育課程（カリキュラム）を編成する際の基準を定めています。これを『学習指導要領』といいます」（文部科学省HP学習指導要領「生きる力」）と記されている。

　つまり，学習指導要領とは，法律ではなく教育課程を編成する際の基準だと捉えられる。具体的には文部科学省が任命した研究者で構成された中央教育審議会が答申を出し，家庭科の場合は2名の教科調査官と文部科学省が任命した学識経験者とが各教科の内容について話し合い作成される。この制度をもっている日本は特殊であり，教科書検定制度をもっているのも珍しい。

　第二次世界大戦後に家庭科という科目がつくられたが，1947（昭和22）年には「家庭科は，従来女子だけに課していた裁縫や家事と異なり，男女共に課

し，望ましい家族関係の理解と家族の一員としての自覚の下に，家庭生活に必要な技術を修めて生活の向上を図る態度や能力を養うことを目標とした」（『小学校学習指導要領（平成29年告示）解説　総則編』，146ページ）と述べられている。

2　小学校学習指導要領（家庭）のたどってきた道

　ここでは，1958（昭和33）年以降の学習指導要領の変遷をたどってみる。

　1958（昭和33）年をみると，「家庭」は第5・6学年各70時間置かれ，目標として次の4点があげられている。

・被服・食物・すまいなどに関する初歩的，基礎的な知識・技能を習得させ，日常生活に役だつようにする。
・被服・食物・すまいなどに関する仕事を通して，時間や労力，物資や金銭を計画的，経済的に使用し，生活をいっそう合理的に処理することができるようにする。
・健康でうるおいのある楽しい家庭生活にするように，被服・食物・すまいなどについて創意くふうする態度や能力を養う。
・家庭生活の意義を理解させ，家族の一員として家庭生活をよりよくしようとする実践的態度を養う。
　内容は学年ごとに「被服」「食物」「すまい」「家庭」に分けられている。

　1968（昭和43）年でも同じ時間が置かれ，文言は微妙に違うが，目標は4点であり，4内容である。

　1977（昭和52）年の告示では，目標は「日常生活に必要な衣食住などに関する実践的な活動を通して，基礎的な知識と技能を習得させるとともに家庭生活についての理解を深め，家族の一員として家庭生活をよりよくしようとする実践的な態度を育てる」となり，内容も「A　被服」「B　食物」「C　住居と家族」と3つで構成されている。

　1989（平成元）年に告示された小学校家庭科では，目標の文言も大体同じである。「C　住居と家族」が「家族の生活と住居」と改められたが，3内容であった。ただし，この年から中学校・高等学校では男女共学家庭科がはじまった。

　1998（平成10）年に告示されたのをみると，第5学年で60時間，第6学年で55時間になり，目標が「衣食住などに関する実践的・体験的な活動を通して，家庭生活への関心を高めるとともに日常生活に必要な基礎的な知識と技能を身に付け，家族の一員として生活を工夫しようとする実践的な態度を育てる」と述べられ，ここから第5・6学年で，(1)家庭の生活と家族，(2)衣服への関心，(3)生活に役立つ物の製作，(4)食事への関心，(5)簡単な調理，(6)住まい方への関心，(7)物や金銭の使い方，(8)家庭生活の工夫の8項目へ改訂された。

　2008（平成20）年の学習指導要領の告示では，第5・6学年に同じ時間が置かれ，目標に「家庭生活を大切にする心情をはぐくみ」という用語が入り，内容は4項目となり，「A　家庭生活と家族」として，(1)自分の成長と家族，(2)家

庭生活と仕事，(3)家族や近隣の人々とのかかわり，「B　日常の食事と調理の基礎」として，(1)食事の役割，(2)栄養を考えた食事，(3)調理の基礎，「C　快適な衣服と住まい」として，(1)衣服の着用と手入れ，(2)快適な住まい方，(3)生活に役立つ物の製作，「D　身近な消費生活と環境」として，(1)物や金銭の使い方と買物，(2)環境に配慮した生活の工夫が示されている。

③　小学校と中学・高等学校の学習指導要領の関係

　家庭科という教科は，小学校から中学校・高等学校と続いているので，児童生徒の成長のプロセスから考えると，各学校段階の学習指導要領は相互に関連している。例えば，つい最近では，小学校の学習指導要領では，「技能」という表現であったが，中学校では「技術」という表現が使われていた。これは小学生と中学生の発達段階を考慮し，「技能」の発展を「技術」と捉えたうえでの区別だと考えられる。ただし，関連の学問分野では必ずしも「技術」が「技能」の上位概念であるとはいえず，それが学習指導要領のなかでも反映されてきている。ここでは，小学校と中学・高等学校の学習指導要領の関係として3つの視点から述べている。

　一つ目は，小学校と違い中学校・高等学校で男女共学が実現できなかったことである。中学校では，1958年に「技術・家庭」となり，内容は「女子向き」として記されている。1969（昭和44）年でも同様で，1977年では，女子は，被服（3領域）・食物（3領域）・住居・保育の8領域のなかから5領域とその他に1領域を選ぶようになり，相互乗り入れとなった。高等学校では，1958年には，教科「家庭」として「家庭一般」は普通科女子の必修となり，1970（昭和45）年の学習指導要領をみると，同じく「家庭」のなかの「家庭一般」は女子必修となっている。1978（昭和53）年でも同じであるが，男子選択に関しては配慮事項が記されている。つまり，1989年までは，家庭科は女子の教科という印象が強かったといえる。この1989年告示の学習指導要領は，小学校1992（平成4）年施行，中学校1993（平成5）年施行，高等学校1994（平成6）年施行であり，高等学校では，男子は女子が家庭科をやっている際に，体育をやっていた。

　二つ目として，中学校では，1956年の学習指導要領では「職業・家庭科編」だったが，1958年には「技術・家庭」となり，それ以降，家庭科としては，真ん中でかつ義務教育である中学校で違う教科となり，その影響は大きい。例えば，1958年の学習指導要領では，技術取得を中心にした内容となっている。

　三つ目は，最近の学習指導要領をみると，小学校・中学校の内容を揃える形で書かれていることである。例えば，2008年の告示された中学校家庭科の学習指導要領では，小学校と同様に4内容になり，「A　家族・家庭と子どもの成

長」「B　食生活と自立」「C　衣生活・住生活と自立」「D　身近な消費生活と環境」となっている。

2　学習指導要領の特徴を学ぼう

1　学習指導要領（2017年3月告示）の変更点

　2017年3月に学習指導要領が告示され，小学校では2020年から全面実施となる。この改訂では，どの教科も形式が揃えられて示されていることが特徴だといえる。2016年12月に中央教育審議会の答申が公表され，そのなかの学習指導要領改訂の基本的な考え方として，「社会に開かれた教育課程」の理念のもと，「学びの地図」としての枠組みづくりと各学校における創意工夫の活性化，学校教育の改善・充実の好循環を生み出す「カリキュラム・マネジメント」の実現，「主体的・対話的で深い学び」の実現（「アクティブ・ラーニング」の視点）が示された。

　家庭科での変更点の主なものを次に記す。

・目標の最初に「生活の営みに係る見方・考え方」という文言が見られる。
・4内容が3内容に改訂された。
・資質・能力が最上位に位置し，「知識・技能」「思考力・判断力・表現力等」「学びに向かう力や人間性等」の3つの柱が支えている構造が示されている。

　この資質・能力ベースの学びは，内容ベースからの転換だと捉えられ，「何を教えるのか」ではなく，「何ができるようになるか」を指導しなければならないと考える。小学校では「生活をよりよくしようと工夫する資質・能力」とし，中学校では「生活を工夫し創造する資質・能力」と書かれている。

　また，アクティブ・ラーニングの重要性が唱えられており，主体的・対話的な深い学びが実現するためには，指導方法の見なおしが必要である。つまり，従来の知識や技能を身につけさせる授業ではなく，「本質的な問い」「パフォーマンス課題」からはじまって，課題解決の授業をどうつくっていくのか，新しい授業をつくっていくことが求められる。この学習指導要領では，思考力・判断力・表現力等を伸ばすために，課題設定→解決方法→実践→評価・改善→表現のプロセスが示されている。小学校では，「問題を見いだして課題を設定し，様々な解決方法を考え，実践を評価・改善し，考えたことを表現するなど，課題を解決する力を養う」と明記されている。

2 学習指導要領における目標

2017年3月に告示された小学校家庭科の目標は次のように書かれている。

> 生活の営みに係る見方・考え方を働かせ，衣食住などに関する実践的・体験的な活動を通して，生活をよりよくしようと工夫する資質・能力を次のとおり育成することを目指す。
> (1)家族や家庭，衣食住，消費や環境などについて，日常生活に必要な基礎的な理解を図るとともに，それらに係る技能を身に付けるようにする。
> (2)日常生活の中から問題を見いだして課題を設定し，様々な解決方法を考え，実践を評価・改善し，考えたことを表現するなど，課題を解決する力を養う。
> (3)家庭生活を大切にする心情を育み，家族や地域の人々との関わりを考え，家族の一員として，生活をよりよくしようと工夫する実践的な態度を養う。

この目標をみると，(2)の課題解決の力が盛り込まれたことがわかる。

3 学習指導要領における各学年の内容

第5学年および第6学年の内容は以下のとおり，「A　家族・家庭生活」「B　衣食住の生活」「C　消費生活・環境」の3つに分かれている。

A　家族・家庭生活

> (1)自分の成長と家族・家庭生活
> 　ア　自分の成長を自覚し，家庭生活と家族の大切さや家庭生活が家族の協力によって営まれていることに気付くこと。
> (2)家庭生活と仕事
> 　ア　家庭には，家庭生活を支える仕事があり，互いに協力し分担する必要があることや生活時間の有効な使い方について理解すること。
> 　イ　家庭の仕事の計画を考え，工夫すること。
> (3)家族や地域の人々との関わり
> 　ア　次のような知識を身に付けること。(略)
> 　イ　家族や地域の人々とのよりよい関わりについて考え，工夫すること。
> (4)家族・家庭生活についての課題と実践
> 　ア　日常生活の中から問題を見いだして課題を設定し，よりよい生活を考え，計画を立てて実践できること。

ここでは，家族や地域の人々とのかかわりでは「触れ合いや団らん」「地域の人々との協力」の大切さの理解のための知識が必要であると述べられている。

B　衣食住の生活

> (1)食事の役割
> 　ア　食事の役割が分かり，日常の食事の大切さと食事の仕方について理解すること。
> 　イ　楽しく食べるために日常の食事の仕方を考え，工夫すること。
> (2)調理の基礎

> ア　次のような知識及び技能を身に付けること。（略）
>
> イ　おいしく食べるために調理計画を考え，調理の仕方を工夫すること。
>
> (3)栄養を考えた食事
>
> ア　次のような知識を身に付けること。（略）
>
> イ　1食分の献立について栄養のバランスを考え，工夫すること。
>
> (4)衣服の着用と手入れ
>
> ア　次のような知識及び技能を身に付けること。（略）
>
> イ　日常着の快適な着方や手入れの仕方を考え，工夫すること。
>
> (5)生活を豊かにするための布を用いた製作
>
> ア　次のような知識及び技能を身に付けること。（略）
>
> イ　生活を豊かにするために布を用いた物の製作計画を考え，製作を工夫すること。
>
> (6)快適な住まい方
>
> ア　次のような知識及び技能を身に付けること。（略）
>
> イ　季節の変化に合わせた住まい方，整理・整頓や清掃の仕方を考え，快適な住まい方を工夫すること。

　この内容は盛りだくさんで，とくに調理の基礎に必要な知識及び技能として「材料の分量・手順や調理計画」「用具・食器や加熱用調理器具」「洗い方・切り方・味の付け方・盛り付け・配膳及び後片付け」「ゆで方・いため方」「米飯及びみそ汁」などがあげられている。栄養を考えた食事として「栄養素の種類と主な働き」「食品の栄養的な特徴」「1食分の献立」などの知識や技能が明記されている。衣服の着用と手入れでは，「季節や状況に応じた日常着の快適な着方」「ボタンの付け方及び洗濯」が，生活を豊かにするための布を用いた製作として，「手縫いやミシン縫い」「布を用いた物の製作計画」があげられ，これらに関する知識・技能が必要だと述べられている。快適な住まい方として，季節に合わせることや整理・整頓や清掃の仕方の理解が記されている。

C　消費生活・環境

> (1)物や金銭の使い方と買物
>
> ア　次のような知識及び技能を身に付けること。（略）
>
> イ　購入に必要な情報を活用し，身近な物の選び方，買い方を考え，工夫すること。
>
> (2)環境に配慮した生活
>
> ア　自分の生活と身近な環境との関わりや環境に配慮した物の使い方などについて理解すること。
>
> イ　環境に配慮した生活について物の使い方などを考え，工夫すること。

　この内容では，物や金銭の使い方と買物として，「買物の仕組みや消費者の役割」「物や金銭の計画的な使い方」の理解や，「購入のための情報の収集・整理」のための知識・技能を身につけることが明記されている。

┌4┐　学習指導要領における内容の取り扱い

主なものを述べる。

・家族・家庭生活の「自分の成長と家族・家庭生活」は，全体との関連性を考えること。

・家族・家庭生活の「家族や地域の人々との関わり」については，幼児又は低学年の児童や高齢者など異なる世代を対象にした取り組みも含むこと。

・衣食住の生活においては，「日本の伝統的な生活」「生活文化」も入れること。

・衣食住の生活の「調理の基礎」のところでは，青菜やじゃがいもなどをゆで，和食の基本となるだしの役割についても触れること。

・衣食住の生活の「栄養を考えた食事」では，五大栄養素と食品の働き，献立の主食・主菜・副菜についても取り上げること。

・食に関する指導については，食育を充実させること。

・衣食住の生活の「生活を豊かにするための布を用いた製作」として，日常生活で使用する物を入れる袋などを製作すること。

・衣食住の生活の「快適な住まい方」では，暑さ・寒さ，通風・換気，採光，及び音を取り上げること。

・消費生活・環境の「物や金銭の使い方と買物」については，家庭科のなかで扱う用具や実習材料などの身近な物を取り上げ，売買契約にも触れること。

・消費生活・環境の「環境に配慮した生活」では，衣食住の生活との関連を図り，実践的に学習できるようにすること。

3　学習指導要領にそって指導計画を立ててみよう

┌1┐　題材と育む資質・能力

　学習指導要領では，「題材など内容や時間のまとまりを見通して，その中で育む資質・能力の育成に向けて，児童の主体的・対話的で深い学びの実現を図るようにすること。その際，生活の営みに係る見方・考え方を働かせ，知識を生活体験等と関連付けてより深く理解するとともに，日常生活の中から問題を見いだして様々な解決方法を考え，他者と意見交流し，実践を評価・改善して，新たな課題を見いだす過程を重視した学習の充実を図ること」と述べられている。

　小学校では，この資質・能力を「生活をよりよくしようと工夫する資質・能

力」と定義されているので，題材の取り扱い方でも，この資質・能力の育成を指標として考えるとよい。

　また，題材を考えるとき，児童や学校，地域の実態を的確に捉えることも大切だといえる。経済的な問題を抱えている児童や，外国籍の児童（親が外国籍の場合もある）や，家庭環境が複雑な児童がいるかで，実践も違ったものになるだろう。よくアンケートをとってから題材の取り組み方を決めることがあるが，これらは児童の生活経験や興味・関心を知ったうえで，実践の方向性を決めるからであろう。例えば，片親が外国籍である場合は，家庭での生活環境が劇的に異なっているからである。消費の実践でも，インターネットで何かを購入したことがある児童と，現金でしか何かを購入したことがない児童が混在するクラスでは，どのような題材を開発していけばいいのか迷うからである。

　学校目標との関連性も大切になってくる。題材配列と学校行事は密接な関連性がある。学校が置かれている地域の実態を把握することも必要である。他教科との関連も大事になってくる。学習指導要領をみると「道徳教育の目標に基づき，道徳科などとの関連を考慮」と書かれている。

　教科道徳の内容として，「A　主として自分自身に関すること」「B　主として人との関わりに関すること」「C　主として集団や社会との関わりに関すること」「D　主として生命や自然，崇高なものとの関わりに関すること」があげられている。

　東京・大阪・名古屋のように都市圏かそれ以外の地方圏か，地方圏でも札幌・仙台・福岡などの地方中枢都市か人口5万人程度の地方中小都市かなどの地域の実態の把握も大切である。

２　各内容と課題設定の関連性

　生活の営みに係る見方・考え方として，協力・協働，健康・快適・安全，生活文化の継承・創造，持続可能な社会の構築がある（図5-1）。

　図5-1の見方として，ある生活場面では捉える視点や重さが決まっているわけではなく，健康・快適・安全で全内容を考える方が適していることもある。

　課題設定については，課題解決学習のプロセスを授業に取り入れていくことである。教師側からみると，何かを教えるのではなく何ができるようになるかという転換を，児童の側からみれば，受け身から能動的な学びへの転換であり，児童の生活の課題をみつけ，それを解決できるようにすることである。

　例えば，今までは，だしのとり方・みそ汁のつくり方を教える授業であったのが，自分の家族の好みをきいてみそ汁をつくることであったり，宿泊学習にあわせて衣服を選び，実際に確かめてみる実践などが考えられる。そのため，評価もパフォーマンス評価も取り入れていく必要がある。

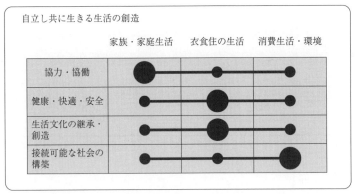

**図5-1　家庭科，技術・家庭科（家庭分野）における生活の営みに係る見方・
　　　　考え方**
　注：主として捉える視点については，大きい丸で示している。
　　　取り上げる内容や題材構成等により，どの視点を重視するのかは異なる。
　出所：生活やものづくりの学びネットワークの2017年シンポジウム，鈴木明子氏の
　　　　資料。

③　障害のある児童への指導

　学習指導要領には，総則に，障害のある児童への指導として，「自立活動へ
の取り組み」「各教科の目標や内容の変更」「通級による指導」「家庭，地域及
び医療や福祉，保健，労働等の業務を行う関係機関との連携」などが明示され
ている。障害のある児童が精神的および身体的な能力等を発達させ，社会参加
を可能にするために家庭科でも配慮が必要である。例えば，席を教師のそばに
設けることや，仲間に気軽にきける雰囲気をつくるなどである。また，作業の
予定や手順がわかることなど環境を整えることも大切である。
　インクルーシブ教育が進められている。インクルーシブ教育とは，包含する
教育であり，「障害のない人が障害のある人をインクルードする」，つまり障害
がある児童だけが対象ではなく，「誰もがお互いをインクルードする」とい
う，すべての子どもたちが対象となる。人間の多様性の尊重等を強化し，マ
ジョリティとマイノリティが，共に学ぶ仕組みのことである。

Exercise

① 学習指導要領とは何か考えてみよう。学習指導要領は Course of Study と
　英訳されるが，諸外国と比べてもよい。また，教科書との関連もみてみよ
　う。
② 小学校家庭科の学習指導要領の変遷をたどってみよう。戦後できた家庭科
　という教科の学習指導要領の改訂が，どのような学校教育への要望と関連し
　ているのか考えてみよう。

③　2017年3月告示の小学校家庭科の学習指導要領では何が変わったのか考え
てみよう。目標や内容をみて，何が変わったのか考えてみよう。

④　さらに小学校家庭科の学習指導要領について調べてみよう。

学習指導要領データベース

http://www.nier.go.jp/guideline/index.htm

📖次への一冊

伊藤葉子編著『新版　授業力UP　家庭科の授業』日本標準，2018年。

　　家庭科教師を目指す学生や現職の教師などを対象に，家庭科教育の理念・目標・教
育内容・指導方法をわかりやすく書き表している。

鈴木明子編著『小学校新学習指導要領ポイント総整理』東洋館出版社，2017年。

　　全体的に見やすく，2017年3月告示の小学校学習指導要領が全文掲載してあること
が特徴だといえる。特別インタビューや特別寄稿など，内容的にも工夫がみられる。

長澤由喜子編著『平成29年版　小学校新学習指導要領の展開　家庭編』明治図書，2017
年。

　　家庭科で育成を目指す資質・能力を実現するための授業のポイントを明示してあ
り，2年間を見通した指導計画を作成している。新設の「家族・家庭生活」につい
ての課題と実践を具体化した授業プランを掲載しており，参考になる。

引用・参考文献

伊藤葉子「家庭科の学習指導要領改訂（2017年告示）に向けて」『日本家庭科教育学会
誌』60（4），2018年，207～210ページ。

岡陽子「資質・能力ベースとは何か」「2017年度第30回日本教育大学協会　全国家庭科
部門大会報告書」2017年，36～44ページ。

鈴木明子「新学習指導要領と『家庭』『技術・家庭』　生活やものづくりの学びネット
ワーク第8回大会資料」2017年。

文部科学省『小学校学習指導要領解説　家庭編』2017年。

文部科学省『小学校学習指導要領解説　総則編』2017年。

第6章
家庭科では評価をどうしているのか

〈この章のポイント〉
　家庭科の授業の評価はどのように行うのだろうか。評価の目的は何だろうか。さまざまな評価の種類を知り，具体的な評価の事例から，家庭科の評価について考えてみよう。

1　評価の目的は何だろうか

　一般的な評価として，「あの人は評価が高い」とか「あの店の評価はＡランクである」という評価がされる。一般的な評価の場合は，その人に価値があることを定めること，あるいはその店を値踏みするという意味合いがある。それでは教育における評価とはどのようなものだろうか。一般的な評価と同じように，子どもの価値を定めること，子どもを値踏みすることだろうか。ここでは，教育における評価を一般的な評価と区別して教育の評価とする。これまで学校教育を受けてきた経験から，あなたは教育の評価とはどのようなものだと捉えているだろうか。

① 　教育の評価の捉え方
・評価が高いとうれしい。
・評価が低いと自分の何が悪いか，何が足りないかがわかる。
・自分のがんばりが測定されるもの。
・教師が生徒を評価する。
・教師による評価に納得できないことがあった。

　このように，さまざまな教育の評価の捉え方がある。評価されることの意味を捉えている場合もあるが，評価されることの負の部分を指摘する人もいるだろう。教育評価とは何か，教育の評価の目的と方法を考えるために具体的に家庭科の作品を使って教育の評価をすることからはじめてみよう。

② 　教師の立場からの評価・評定
〔用意するもの〕　評価の対象……布で作った小物・指導案・レポートなど
〔グループ構成〕　4名程度
〔方　　法〕　　　それぞれが教師役となり，ほかの人の提出物を評価する。
　評価の観点は「知識・技能」「思考・判断・表現」「主体的に学習に取り組む

表6-1　教師の立場の評価

評価する教師役	「知識・技能」	「思考・判断・表現」	「主体的に学習に取り組む態度」	評定				
先生	Ａ　Ｂ　Ｃ	Ａ　Ｂ　Ｃ	Ａ　Ｂ　Ｃ	5	4	3	2	1
先生	Ａ　Ｂ　Ｃ	Ａ　Ｂ　Ｃ	Ａ　Ｂ　Ｃ	5	4	3	2	1
先生	Ａ　Ｂ　Ｃ	Ａ　Ｂ　Ｃ	Ａ　Ｂ　Ｃ	5	4	3	2	1
先生	Ａ　Ｂ　Ｃ	Ａ　Ｂ　Ｃ	Ａ　Ｂ　Ｃ	5	4	3	2	1

出所：筆者作成。

態度」である。3つの観点をＡＢＣの3段階で評価する（表6-1）。

　○教師役として評価をしてどのようなことに気づいただろうか。

　○生徒役として評価されてどのような気持ちがしただろうか。

　○複数の教師役からの評価は同じだっただろうか。

　評価は，規準や基準がないと主観的になる可能性がある。

　　評価規準：教育の目標　何を教育の目標とするか。

　　評価基準：評価の尺度　教育目標を達成するとはどのようなことか。

　評価の客観性を保持するために，観点別評価項目[1]の評価基準を示したルーブリック[2]が作成される。

③　評価と評定

　評価と評定[3]は教育現場で使い方が混用されていることが多い。本来の意味での評価（教育したことを点検，反省，改善）をしないで評定をつけることは，教育の評価としてありえないことである。

　　評価（evaluation）

　　　子どもの学力を保障するための授業の改善や学習の援助を行う。

　　評定　（valuation）

　　　値踏みした対象に値段（数値的表示，得点等）をつけること。

④　友だちの立場からの評価

　②の教師の立場からの評価・評定と同じグループで，同じ評価対象を使って違う立場から違う方法で評価する。評価の立場は友だちで，評価の方法は，数値ではなくことばを使って評価する。ことばでの評価は，よいところは具体的に記述し，必ず課題を示すこととする。

　○友だちの立場からことばで評価をしてみて何が難しかっただろうか。

　○具体的な内容を記述することができただろうか。

　○友だちに課題を示すことができただろうか。

　○友だちにことばで評価されることは，教師役に数値で評価されたときと何が違っただろうか。

　友だちからの評価（相互評価）は，教師という立場からの評価とは違った意味をもってくる。相互評価では，教師が見落としている視点からの評価がされ

▷1　観点別評価項目
これまで4観点であった観点別評価項目は，2017年の改訂で3観点に見直された。改訂前の4観点は，「知識」「技能」「思考・判断・表現」「関心・意欲・態度」である。改訂後の3観点は「知識・技能」「思考・判断・表現」「主体的に学習に取り組む態度」である。

▷2　ルーブリック
主観的な評価に陥りがちなパフォーマンス（レポートやプレゼンテーション）を客観的に評価するために作成される評価基準のこと。ルーブリックの項目を一覧表にしたものを「ルーブリック表」という。

▷3　評価と評定
評定は観点別評価をもとにつけられる。観点別評価項目をＡ＝3点，Ｂ＝2点，Ｃ＝1点（例）と点数化して合計点を算出する方法で評定に結びつけられている。観点別の満点は9点となるので，9点を評定5とし，8点と7点を評定4とする方法（以下略）がとられることが多い。

表6-2　友だちの立場の評価

評価する友だち	ことばによる評価（具体的な内容を記述する・必ず課題を示す）
さん	
さん	
さん	

出所：筆者作成。

ることがある。評価の規準・基準は教師だけが設定するものではない。学びのなかで新たな規準が見出されることがあり，違った視点からの基準が示されることがある。評価の主体を教師から子どもへ移すことで，新たな学びの意味が見出され，新たな学びが必要になる。教育の評価の主体を問いなおすことで新たな学びがはじまる。

　客観的な評価を実施するために，評価基準を明確に示すルーブリックが作成される。ルーブリックを使った教師によるＡＢＣ，１２３４５といった評価は，客観的でわかりやすい評価である。一方，ことばによる評価は具体的であり，自分が評価者に見てもらえていることが実感できる評価である。ことばで評価するには対象をよく見ることが必要になる。教育の評価で大切なのは子どもを見ることであり，子どもをよく見ることで次の課題が見えてくる。子どもに課題を示すことで，次の学びにつながることが教育の評価では重要である。

2　評価の種類を知ろう

　評価にはさまざまな種類がある。評価の種類は，①評価の時期，②評価の基準，③評価の主体，④真正な評価の４つに分けられる。
①　評価の時期
　診断的評価　授業の前に実施する評価。
　　　　　　　子どもの興味や関心，知識を確認して授業づくりに結びつける。
　形成的評価　授業を展開しているなかで実施する評価。
　　　　　　　子どもがわからないことは何か，何ができないかをみる。
　　　　　　　形成的評価は指導と評価の一体化に結びつく（第４節参照）。
　総括的評価　授業が終了したあとに実施する評価。
　　　　　　　指導や学習を結果として評価する。総括的評価は評定と結びつく評価であるが，次の指導につながることが必要である。
②　評価の基準
　相対評価　　集団のなかでの位置を相対的にみる評価。
　　　　　　　何がわかったかではなく，集団のなかの位置を確認する。

▷4　目標に準拠した評価（絶対評価）

2001年に改訂された指導要録では，1948年度版指導要録以来，一貫して採用されてきた「相対評価」が「目標に準拠した評価」に転換された。「目標に準拠した評価」は，学習指導要領の示す内容を確実に習得し，目標を実現しているかどうかを把握すること，一人ひとりの指導生徒のよい点や可能性，進歩の状況を把握することを目標に導入された。

▷5　観点別評価

観点別が示されたことの意味は，これまで知識・理解が偏重されていた評定に，知識・理解以外の観点が加味されるようになったことにある。評価（evaluation）は，教育を値踏み，点検，反省，改善することだとすると，観点別評価が教育を反省改善することと結びつかない限り，厳密には評価ではなく観点別に評定をしていることとなる。

▷6　パフォーマンス評価

「見えやすい学力」だけでなく，「見えにくい学力」を評価する。子どものことば・図・絵など多様な表現のパフォーマンスを評価する。松下（2007，7～11ページ）は，学力をパフォーマンスへと可視化し，「ルーブリック」などを使ってパフォーマンスから学力を解釈する評価法を示している。

▷7　ポートフォリオ

紙ばさみの略。ただファイルするのではなく，子どもの作品，自己評価，教師の指導，評価の記録などを系統的に蓄積する。西岡（2003，52ページ）は，

絶対評価　　目標に準拠した評価[4]。

目標を達成するために評価規準を明確にして観点別に評価する[5]。

到達度評価　到達度目標を明確にし，子どもの学力を保障する評価。

学力を保障するために教育実践を改善する。

③　評価の主体

教師評価　　教師が生徒を評価する。

教師による評価は，評定に結びつけることが多い。

相互評価　　子どもどうしで評価する。

教師がもつ評価規準にはない新たな視点からの評価がなされる。

評価する主体になることで学びを確認することとなる。

自己評価　　子どもが自分自身を評価する（第5節参照）。

自分の学びを客観的に振り返ることで自分の学びを確認し，次の学びに結びつけることができる。

授業評価　　子どもが授業を評価する。

子どもにとって授業の意味から授業改善の視点を得る。

④　真正な評価

真正な評価とは，ペーパーテストによる点数の評価ではなく，パフォーマンスで評価する[6]。教育の評価は，テストのみの評価からより自然で真正な文脈における評価へ移行しつつある。真正な評価は，子どもたちの学習の成果を作問法，概念地図法，描画法，ポートフォリオ[7]などの多様な方法で評価することで子どもの表現を保障する。

3　授業の目標によって評価は変わる

評価は授業の目標を達成することを目的に実施するものである。同じ教材でも授業の目標が異なれば[8]，授業の展開も評価の観点も違ってくる。ここでは，「ゆで卵」という教材を使って，授業の目標の違いによってどのように授業の展開と評価が変わるのかを具体的に検討してみよう。

指導案Aの授業の目的：正しい卵のゆで方を知る。

指導案Bの授業の目的：卵をゆでる方法を知る。

Aの授業は「正しい卵のゆで方を知る」ことが授業の目標である。実験をとおして卵をゆでるときの水の量，火加減，ゆでるときの注意点・ゆで時間・ゆでた後の処理を正しく伝えることができる。Aの授業後には固ゆで卵を正しくつくることができるようになる。

〈指導案Ａ〉 ゆで卵をゆでよう

展開	時間	教師の活動	生徒の活動	留意点・評価
導入	5	「ゆで卵のゆで方を知っていますか」	「知らない」「やったことない」	★自分の生活からゆで卵について思い出しているか。
			「簡単だよ。お水を入れて火にかければできるよ」 「ゆで卵がうまくむけないことがある」	・うまくいかなかったことはないですか。
展開	30	「今日はゆで卵を作ってみましょう」 〔説明：ゆで卵の作り方〕		
		・かぶるくらいの水を入れて強火にかける。	正しいゆで卵の作り方を知る。	★正しいゆで卵の作り方が理解できたか。
		・ふっとうしたら，ふっとうが続くくらいに火を弱めて，ときどきかき混ぜながらゆでる。		
		10分したら穴じゃくしで卵を取り出し，水で冷やしてからをむく。	各グループで正しい方法でゆで卵を調理する。	★正しい方法で調理しているか。
				安全に留意して調理しているか。
			試食	味わって試食しているか。
			あとかたづけ	きちんとかたづけられているか。
まとめ	5	「今日の実習でどんなことを学びましたか」	・ゆで卵を作るときに，いろいろなことに気をつけることがわかった。	★わからなかったこと，疑問に思ったことはないか。
			・いつもからがうまくむけなかったけど，水につけたらうまくむけた。	★正しいゆで卵の作り方が理解できたか。
			・火を加減するのが難しかった。	

〈指導案Ｂ〉 卵をゆでる方法を考えよう

展開	時間	教師の活動	生徒の活動	留意点・評価
導入	5	「卵を使った料理にはどんなものがあるだろう」	目玉焼き・サンドイッチの卵・親子丼・ゆで卵・卵焼き……。	★身のまわりにある卵を使った料理を思い出すことができているか。
			たくさん卵を使った料理があることを知る。	
		「ゆで卵の作り方を知っている人はいますか」	水に入れて火にかければできる。簡単だよ。	・たくさんある卵料理の中で，基本的なゆで卵を作る方法を調べてみよう。
			中が半熟でまだできていなかったことがある。	・うまくいかなかったことはないですか。
			ゆで卵のからがうまくむけなかったことがある。	
		「それではグループごとにいろいろな方法でゆで卵を作る実験をしてみましょう」	自分たちのグループがどの方法で実験するかを選ぶ。	・実験の方法を考えさせることもできる。（前時を使って）
			①ゆで時間を変えるグループ。	★実験の方法を確認できたか。

展開	25	実験によって，ゆで卵がどのように違うかを観察させる。	②ゆでる間かき混ぜる場合とかき混ぜない場合の比較をするグループ。	・安全に留意して実験しているか。
			③ゆであがったあとにむき方を変えるグループ。 （すぐむく・しばらくさます・水につける）	★実験の結果から何を学んでいるか。
			④火加減を変えるグループ。（強火・中火・弱火）	
まとめ	10	「次週は，実験の結果をまとめて発表しましょう」	実験結果をワークシートにまとめる。試食	★実験結果をまとめているか。 ・実験結果の違いを味わって試食しているか。
			あとかたづけ	・きちんとかたづけができているか。
次時		「実験の結果からどのようなことがわかりましたか」	実験の結果を発表する。	★自分たちの実験の結果を伝えることができるか。
			他の班の発表に質問して，発表の内容を深める。	★他のグループの実験結果から学んでいるか。

ポートフォリオづくりをとおして，自己評価を促すとともに教師も自らの教育活動を評価するとしている。

▷8　授業の目標
授業は目標をもった活動であり，何を学習させようとするのかが授業の目標となる。目標は，学習指導要領等に基づいて用意されることが多い。具体的な目標を設定するのは教師の重要な役目であるとされる。児童と授業を展開するなかで授業の目標を問いなおすことも必要となる。

▷9　評価の技術論
評価において教育測定する観察法，テスト法，心理診断法などの測定技術を重視する立場。従来の試験が主観的な判断に頼る傾向があるのに対し，より科学的な方法として，客観的，標準的な検査の必要が自覚され，標準テストなどによる一層正確な測定を目指した。

　Bの授業は「卵をゆでる方法を知る」ことが授業の目標である。実験方法は，ゆで時間・ゆでるときの注意点・ゆでた後の処理・火加減の4つに分担される。Bの授業後は，卵をゆでるときにどんなことを考えるかがわかる。Bの授業後は固ゆで卵だけでなく，半熟卵をつくる方法も考えることができる。

　長尾・浜田（2000，8～10ページ）は，教えるべきことがあるという，この前提を疑わないかぎり，評価の行為には確たる意味があり，あとは評価の技術論[9]のみが問題だということになるとしている。子どもに教えることは，あらかじめ決まっているわけではない。授業づくりでは，その教材で子どもと何を学ぶのかを問うことが必要である。

4　評価が変わると授業が変わる

　ここでは，授業の活動のなかでの評価（形成的評価）によって，どのように授業が変わっていくかをみてみよう。指導と評価の一体化には形成的評価[10]が重要である。

① 完成作品の評価
　麻ひもでコースターを織った作品を評価してみよう。
　作業に入る前の織り方の説明では，示範のなかでとくに縦糸の間隔を均等にすることを強調した。また，横糸を強く引きすぎるとゆがんでしまうので，ゆがんでしまった見本も用意した。
　Aの作品は，織り目が揃っており，平織とあや織が組み合わされている。

作品A

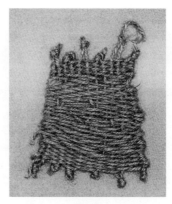

作品B

▷10　指導と評価の一体化
「指導と評価の一体化」とは，指導と評価を別物としないことである。指導の過程や成果を評価し，指導の改善を行い学習意欲の向上に活かすようにする。評価の結果によって後の指導を改善することで評価を指導に活かすことを目指す。

糸の始末もしっかりしており，耐久性のあるコースターが完成している。評価は「5」となる。

　Bの作品は，織り目がゆがんでいて，平織はできているが，あや織はできていない。全体に織り方が甘く，コースターとして使用することができない。評価は「2」となる。

　評価の基準は次の5点である。

・布の織り方がわかる。

・平織ができる。

・あや織ができる。

・仕上がり　布目が揃っているか　ゆがんでいないか

・完成度　糸の始末ができているか　コースターとして使用できるか

　完成した作品を評価して，5つの観点を満たしている作品が5で，観点を満たしていない作品は2という評価となる。しかし，子どもの作品に判定を下すことで評価が終わるのではない。伊深（伊深・野田，2013，6ページ）は，評価の目的はどうすればできるようになるのか，授業という場において考え，授業をつくり変える授業づくりであるとしている。

② 評価で授業を変える

　子どもたちの作業の様子と完成作品を見ていると，子どもたちが失敗する理由が見えてくる。まず，縦糸の張り具合が弱い。縦糸の強度が足りないので横糸が安定しない。縦糸の間隔が不揃いのため，織り進むうちにゆがんでしまう。また，横糸を強く引かないこともゆがまないためには重要であるが，子どもはしっかり織りたいのでどうしても横糸を強く引っ張ってしまうのである。失敗する理由が見えてきたので，授業のなかでの形成的評価を重視することにした。まず，縦糸が張れたら必ず教師に見せることにした。一人ひとりの張った縦糸を実際に手で触って縦糸の張り具合と間隔を確認してから次の作業に進ませた。さらに，机間指導で，横糸を引きすぎていないかを見て回ることにし

▷11　授業づくり
評価は，その授業が子どもにとってどのようなものであったかをみることで授業を変えていくことである。その意味で評価は授業づくりである。指導と評価の一体化とは，評価基準・評価規準に沿って授業後の子どもを測定することではなく，子どもを見ることで確かな学力をつけるために授業をつくりなおす授業づくりである。

作品Ｃ：あや織の向き

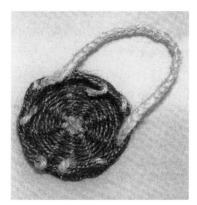

作品Ｄ：籠

た。このように形成的評価を重視することで完成度は格段に高くなった。しかし，相手は40人である。話を聞いていない子もいるし，教師が見落としてしまう子もいる。形成的評価を重視するだけでは全員が満足するコースターを完成させることはできなかった。

　そこでコースター２作目に挑戦することにした。１作目が少しゆがんだので平織だけでゆがまないように織りたい人，１作目でできなかったあや織に挑戦する人，１作目がうまくいった人は，いろいろな色の麻糸を用意して大きさ，織り方，色を自由にした。それぞれが違った課題で２作目に取り組んだ。すると１作目では２時間もかかったのに，40分ぐらいで仕上げている。もうゆがむ子はいない。あや織の向きを途中で変化させた作品Ｃや，作品Ｄのように籠を完成させる子が現れた。

　授業のなかでの形成的評価を重視することで子どもの作品の完成度を高めることができる。さらに，形成的評価を実施しても作品に満足していない子どもの姿から，授業のカリキュラムを変えて２作目に挑戦することで，２作目の評価はみんな「５」になった。評価の基本は子どもをよく見ることにある。

5　自己評価の意味を考えよう

▷12　自己反省と自己評価
自己反省は，自分のよくなかった点を認めて，改めようと考えることである。教師の基準に照らして，自分は何ができなかったかを測定して自己反省する。自己評価は，一歩離れた位置から自分がやったことの意味や意義を捉え，自分の学びを客観的に振り返る。

　自己評価は，自分の活動をある基準で振り返り，点検するだけのものではない。自己評価は自己反省[12]とは違うものである。それでは，自己評価にはどんな意味があり，どのように自己評価を実施することが必要なのだろうか。具体例として，住居の授業の自己評価のＡ・Ｂを比べてみよう（図6-1）。

　Ａは，評価基準（評価の尺度）が教師から「○○できた」という形で明確に示されている。設定されている基準が達成されているかどうかを学習者自身がＡＢＣで評価する。Ｂは，評価規準（学ぶべきこと）は示されているが，評価

〈自己評価Ａ〉

住居学習②　自己評価表

出席番号	
氏名	

本時の目標：ジグソーグループで学んだことを発表しよう			
	A	B	C
発表の準備をしっかりできた。			
発表内容を理解することができた。			
発表をよく聞き，質問することができた。			
※きょうの反省と課題			

〈自己評価Ｂ〉

住居学習②　自己評価表

出席番号	
氏名	

本時の目標：ジグソーグループで学んだことを発表しよう			
	A	B	C
自分の担当の住居について学ぶ。			
友だちの発表に質問して学びを深める。			
発表・質問をよく聞き，住居について考える。			
※ジグソーグループの発表で学んだこと			

図6-1　住居の授業の自己評価

出所：筆者作成。

基準は明確に示されていない。学習者がどんなことができたか，自分で基準を決めて評価する。このように評価項目のわずかな表現の違いで，評価する主体のあり方が違ってくる。

　教師には学習者に身につけてほしい力がある。学んでほしい内容がある。Aの自己評価では，基準を示すことで，授業の目標を達成できたかどうかを明確にできる。しかし，教師から与えられた基準だけで自己評価すると自己評価は授業の反省になる可能性がある。安彦（1987，259ページ）は，「自己評価」は，その知識の自分ないし，自分たちにとっての価値や意味，そして，それらと結びつく知識の生かし方などについての吟味へと一段深める必要があるとしている。また，田中（2010，43ページ）は，「メタ認知」[13]や「自己評価」を促しつつ，「学び直し（知の洗練化）」や「まとめ直し（知の総合化）」が必要であるとしている。学習者自身がその授業で何を学んだか，何が課題かを自分の規準・基準で，自分のことばで述べることが次の学びにつながる。

　評価は子どもを値踏みすることではないことを示してきた。評価は子どもを見ることがはじまりであり，評価によって授業がつくりなおされて子どもがわかる，子どもができる授業が目指される。評価は数値によって子どもの学びを点検することで終わるものではない。詳細なルーブリックが作成され，真正な評価が注目されて評価の方法が模索されている。しかし評価の方法は評価技術の問題だけではない。教師のまなざしや，うなずき，表情が子どもの学びを促す。教室における友だちの発言や，質問や，どよめき，待ってあげる間が子どもの学びを勇気づける。数値やことばによる評価だけでなく教室ではさまざまな評価が起きている。多様な評価が教室で起きることが子どもの学びにつながる。とくにこれからの家庭科の授業では，評価の主体が教師だけでなく，子どもにかわることが求められる。田中（2008，128ページ）は，子どもたちは，そ

▷13　メタ認知
メタ認知の「メタ」とは「高次の」という意味である。認知（知覚，記憶，学習，言語，思考など）することを，より高い視点から認知することがメタ認知である。自分の思考や行動そのものを対象として客観的に把握し認識する自己評価活動は次の学びへ結びつく。

の評価方法に参加するなかで，自ら「学び」を自己点検するとともに，より深く多層的な理解を得ることができるようになるとしている。学びの主体である子ども自身がメタ認知する自己評価の方法と意味を探ることが，主体的・対話的で深い学びの家庭科の授業では重要になる。

Exercise

① 評価の負の部分とはどんなものか考えてみよう。

② 観点別評価のＡＢＣをもとに評定してみよう。

③ 相互評価には，どのような意味があるだろうか。

④ 指導案Ａ・Ｂの授業では評価の観点がどのように変わるだろうか。

⑤ Ａ「住居学習の反省と課題」とＢ「住居学習で学んだこと」の自由記述には，どのような違いが現れるだろうか。

📖次への一冊

伊深祥子・野田知子編著『評価が変わると授業が変わる——子どもとつくる家庭科』開隆堂出版，2013年。

　　４名のベテランの家庭科教師による実践記録である。評価をとおして教室のなかのズレを捉えることから，授業が変わっていった具体例が示されている。「評価とは，家庭科で学ぶことは何かを問うことである」とはどういうことか考えてみよう。

長尾彰夫・浜田寿美男編『教育評価を考える——抜本的改革への提言』ミネルヴァ書房，2000年。

　　評価とはどう評価するかの技術論に陥ってはならないとし，評価の原点を，教師と子どもたちのコミュニケーションのなかに求めることを提言している。教師のリフレクションとしての評価，学びを支える評価のあり方を知ろう。

若き認知心理学者の会『認知心理学者教育評価を語る』北大路書房，1996年。

　　知識獲得，思考力，理解力・表現力，学習意欲，自己形成の５項目について，新しい学力観が取り上げられた時の新進気鋭の認知心理学者たちとともに教育評価を考えてみよう。

田中耕治『新しい「評価のあり方」を拓く——「目標に準拠した評価」のこれまでとこれから』日本標準，2010年。

　　「相対的評価」から「目標に準拠した評価」への転換にはどんな意味があったのか，評価基準・評価規準など基本的な知識を学ぶことができる。子どもたちのなかにどのような「葛藤」を引き起こしているかを具体的に把握することとはどういうことかを考えてみよう。

松下佳代『パフォーマンス評価——子どもの思考と表現を評価する』日本標準，2007年。

　　「見えやすい学力」だけでなく，「見えにくい学力」も評価できるようにするには，

どんなパフォーマンスを組み合わせればよいか，そのパフォーマンスをどのように
評価するかを考えてみよう。

引用・参考文献

伊深祥子・野田知子編著『評価が変わると授業が変わる——子どもとつくる家庭科』開
　　隆堂出版，2013年。

田中耕治『教育評価』岩波書店，2008年。

田中耕治『新しい「評価のあり方」を拓く——「目標に準拠した評価」のこれまでとこ
　　れから』日本標準，2010年。

長尾彰夫・浜田寿美男編『教育評価を考える——抜本的改革への提言』ミネルヴァ書
　　房，2000年。

西岡加名恵『ポートフォリオ評価法——新たな評価基準の創出に向けて』図書文化，
　　2003年。

松下佳代『パフォーマンス評価——子どもの思考と表現を評価する』日本標準，2007年。

安彦忠彦『自己評価——自己評価論を超えて』図書文化，1987年。

<h1>第7章
実習はどうして必要なのか</h1>

〈この章のポイント〉
　家庭科の授業の特徴として体験的に学ぶ実習がある。調理実習や布を使った小物づくりの実習など子どもたちが意欲的に取り組む姿がみられる。しかし，生活にかかわる技能はある程度の熟達を必要とする。限られた時間のなかで行う実習の意味をよく考え，効果的に計画・実施することが大切である。本章では小学校の家庭科という教科のなかで行う実習の意味を改めて考えてみよう。

1　実習は家庭科の特徴

［1］　実践的・体験的な活動

　家庭科の思い出は調理実習やミシンを使って作品を作った実習など，体験して学んだ記憶をもとにして多く語られる。実際に家庭科の新学習指導要領にも実践的・体験的に学ぶことを重視することが明記されている（資料7-1参照）。また，家庭科の授業づくりでは生活にかかわる実践的・体験的な活動が推奨されている（資料7-2）。とくに生活から問題を見出して実践的に学ぶことのできる題材を設定することが重要とされている。なぜなら実践を評価し改善することが課題解決能力の育成につながると考えられているからである。ただし，現実の生活においては，課題解決はそれほど単純なものではない。毎日の私たちの生活はさまざまな要因によって成り立っており，これらが絡み合ったなかで課題の解決を図るということはある程度の知識と技能そして経験が必要である。

　さらに，家庭科が生活をよりよくするための知識・技能を身につけ，その後の人生を自分らしく選択するすべを身につけるための学びであることからすれば，実践的な態度を養うという目標は態度形成ということに矮小化されているとも考えられる。

資料7-1
第1　目　標
生活の営みに係る見方・考え方を働かせ，衣食住などに関する<u>実践的・体験的な活動</u>を通して，生活をよりよくしようと工夫する資質・能力を次のとおり育成することを目指す。

---

(1)家族や家庭，衣食住，消費や環境などについて，日常生活に必要な基礎的な理解を図るとともに，それらに係る技能を身に付けるようにする。

(2)日常生活の中から問題を見いだして課題を設定し，様々な解決方法を考え，**実践を評価・改善し**，考えたことを表現するなど，課題を解決する力を養う。

(3)家庭生活を大切にする心情を育み，家族や地域の人々との関わりを考え，家族の一員として，生活をよりよくしようと工夫する**実践的な態度**を養う。

（下線，太字は引用者）

資料7-2

第3　指導計画の作成と内容の取扱い

1　指導計画の作成に当たっては，次の事項に配慮するものとする。

(1)題材など内容や時間のまとまりを見通して，その中で育む資質・能力の育成に向けて，児童の主体的・対話的で深い学びの実現を図るようにすること。その際，生活の営みに係る見方・考え方を働かせ，**知識を生活体験等と関連付けてより深く理解するとともに**，日常生活の中から問題を見いだして様々な解決方法を考え，他者と意見交流し，実践を評価・改善して，新たな課題を見いだす過程を重視した学習の充実を図ること。((2)略)

(3)第2の内容の「A家族・家庭生活」の(4)については，**実践的な活動を家庭や地域などで行うことができるよう配慮し**，2学年間で一つ又は二つの課題を設定して履修させること。その際，「A家族・家庭生活」の(2)又は(3)，「B衣食住の生活」，「C消費生活・環境」で学習した内容との関連を図り，課題を設定できるようにすること。

2　第2の内容の取扱いについては，次の事項に配慮するものとする。((1)(2)略)

(3)生活の自立の基礎を培う基礎的・基本的な知識及び技能を習得するために，**調理や製作等の手順の根拠について考えたり，実践する喜びを味わったりするなどの実践的・体験的な活動を充実すること。**

(4)学習内容の定着を図り，一人一人の個性を生かし伸ばすよう，児童の特性や**生活体験などを把握し**，技能の習得状況に応じた少人数指導や教材・教具の工夫など個に応じた指導の充実に努めること。

（下線，太字は引用者）

２　生活にかかわる課題解決と体験的な学習の関連

　では，小学校段階では，生活にかかわる課題解決と体験的な学習の関連をどのように考えればよいのだろうか。小学校の新学習指導要領（家庭）の「3指導計画の作成と内容の取扱い」には，大きく4つのことが示されている（資料2）。

　①知識を生活体験等と関連付けてより深く理解すること。

　②実践的な活動を家庭や地域などで行うことができるよう配慮すること。

　③調理や製作等の手順の根拠について考えたり，実践する喜びを味わったりするなどの実践的・体験的な活動を充実すること。

　④児童の特性や生活体験などを把握し，技能の習得状況に応じて指導の充実に努めること。

　ここにあるように縫う技能を使って作品をつくる実習や調理実習は，家庭科で多く取り組まれているが，これだけが家庭科の目標にある「体験的・実践的な」学びではないことがわかる。家庭や地域のなかでの取り組みにも目を向け

ること，また単に作品をつくる，料理をするということではなく手順の根拠を
考えるなどの思考をともなうような体験であることが求められている。さらに
学校で学ぶ内容と児童の生活体験が関連づけられることによって深く理解でき
るとも述べてある。

　つまり，活動が含まれていれば実践的・体験的なのかというと，家庭科の場
合はとくに学んだことが実際の生活につながることが重要であることが確認さ
れているといってよいだろう。学習と実際の生活をつなげるために児童の生活
体験を有効に利用するということが述べられているのである。ただし，小学校
第5・6学年の児童にとっての生活体験は必ずしも十分ではない。多くの児童
は家族に生活上のあらゆることを担ってもらっている。一方で十分に機能して
いない家庭にあっては，学ぶ機会もないままに暮らしているという児童もいる。

③　毎日の生活に注意を払うような取り組みを

　このような生活者としては未熟な児童を前に，生活体験と学習内容を結びつ
けるためには，どうすればよいのだろうか。

　例えば，献立作成の学習において，小学校第5学年の児童が立てる昼食の献
立と高等学校第2学年の生徒が立てる献立では，その内容のバリエーションに
大きな差がある。学習内容，目標も違うので単純な比較はできないが，一般に
小学生は献立数が少なく用いる食材も限定的である。このことはおそらく生活
体験の少なさ，つまり食に関する経験が高校生よりも少ないことが関係してい
る。では，生活体験の少ない小学生には十分な献立が作成できないかと思われ
るが，実際の授業ではさまざまな工夫がされている。

　ビジュアルな料理カードを用いたり，料理本を多数用意したり，食材の組み
合わせによる料理例の資料を用いたりして献立を考えるなどである。さらに，特
定の食材や調理方法を使った献立の例を家族に聴き取りする課題を出して，その
結果をクラスで共有するということも行われている。つまり，何気なく食べている
食事に注意を払い，資料を用い，作り手である親から学び，さらにそれらを友だ
ちと共有するというプロセスを通して，生活のなかに目を向け，気づきにくいも
のに目を向けるということをしているのだと考えられる。このような児童の生活体

```
　　　　　　　　　　私の家のジャガイモ料理
★ジャガイモ料理の材料・作り方を家族にきく
　　　　　　　きいた日　　2020年　月　日（　　）
①答えてくれた家族（　　　　　　　　　）
②ジャガイモ料理名（　　　　　　　　　　　　　）
③材料
④作り方
⑤どんなときに食べるか？
```

験を十分に活用する手立てをとおして，初めて体験的学習が意味をもつのである。

2　調理実習で学んでいること

1　学校で行う実習の意義

　これまで家庭科で多く取り組まれてきた実習に，調理実習がある。調理を体験的に学び技能の習得を目指すものである。ただし，家庭科の時間数が限られるなかにあって，年間3回程度の調理実習で技能が身につくのか，ともいわれてきた。また調理や裁縫は学校でわざわざ学ばなくとも自宅で親から教わったり，専門の先生に教わればよいではないかという意見もある。一方で調理の技能がなくとも食品や調理品を購入し暮らせる時代にあって，学校で学ぶ必要はもはやないという考え方も提示されている。

　以上のような意見に対して，学校で調理を実習という形で学ぶ意味を改めて考えてみたい。

　生活を対象にした学びの必要性はすでに第1章で述べたとおりであるが，とくに調理技能のように体験をとおして学ぶことが，学校教育のなかで行われることの意味は以下に述べる4点から説明できる。

2　身体を使って学ぶ

　科学技術が発展し生活にかかわる技能がなくとも，暮らしに困らない状況が生まれている。そのため生活にかかわる技能の習得を学習目標とすることも，子どもたちに対しては十分な説得力をもつには至らないのが現実である。

　しかし，学校という場で技能の習得を完全には目指すことができない現状であっても，身体を使って学ぶということに意味を見出すことはできる。それは，「身体を使って感じる，考える」ということである。身体機能を使って五感を使いながら体験するということは，「その技能や知識の成り立ちを身をもって体験する」ことを可能にする。たとえ習得には至らないとしても「やったことがある，そのときに○○のように感じた」という体験の記憶をもっていることが，その後の人生で同様の場面に出くわしたときに有用になると考えるのである。ただし，やってわかるということは，やってさえいればよいということではない。やって感じたことを自分の言葉で表現し，記憶にとどめる学習活動を必要とするのはいうまでもない。

▷1　産業教育連盟が目標にしている「生活技術を歴史的な産物として扱い加工・生産との関連を明らかにして人類の技術の利用について考える」ことに近い。

3　自分と他者を比べる

　学校で行う実習では，グループで行うことが多い。一人調理のように個々の

活動は一人で行うような実習であっても，一つの調理台を囲んで複数の児童が共に取り組むことになる。通常，わざの学びは熟達者が新参者に自分のふるまいを見せて教えるということが多く行われてきた。新参者からすれば熟達者の様子を見て学ぶということに意味がある。

　ところが，小学校の調理実習では子どもたちは同じグループの友だちの様子を見ている（河村，2010）。教師は安全と衛生への配慮に追われていることから手を取って指導するという場面はほとんどないということも理由だが，同じグループの友だちの様子は自然と目に入る場所にいるということが大きな要因なのだと思われる。同じ調理台を使う友だちは自分よりも技能が優れている場合もあれば，自分より劣るという場合もある。ということは上手なわざを見て学ぶというよりも，自分とその友だちとを比較して自分の技能の実態を客観的に理解するということになっているのである。

　その証拠に，友だちよりもあとの順番で調理する児童は，自分より前の友だちの調理を手伝ったりしっかり見て自分の順番を待つということがほとんどなのである。

4　自分を振り返る

　友だちと自分を比較し，自分のできる程度を理解するというときに，児童は何をしているのだろうか。単純に上手下手を比べているだけではない。友だちは自分と比べてどこが上手なのか，自分はなにが下手なのかなどと自分を振り返るということを行っている。かつて観察したなかには，友だちが料理を作る様子をずっと見て，自分の番が回ってきたときのシミュレーションをしている児童がいた。この児童は次に何をするのかをまるで自分のこととして考えていたために，空で手が動いてみたり，調理の各段階で必要な調味料を友だちにさっと手渡しするなど，常に頭を使いながら見ている様子であった。

　一方で，まったく自分の世界に入って調理をする児童もいる。このような児童は，おいしい料理ができなかったとき，その失敗を修正するすべをもっていないことが多い。なぜなら比べるべき友だちの料理の様子を見ていなかったために自分を振り返るデータが十分にないからである。学校で行う調理実習のねらいの一つは，このように他者を見て自分を振り返る，自分自身のできなさ加減やできることを認識することである。

5　自信をもつ

　身体的な技能を駆使して何かを生み出すことができること，これは児童のみならず大人も含めたすべての人の喜びとなりうる。とくに人生経験がまだ豊富ではない児童にとって，思考を深め，自分に向き合いながら，一つの料理や作

品を完成させることは大きな喜びである。できないことができるようになるとき，試行錯誤して学ぶことが大きな意味をもつ。包丁を使ってジャガイモの皮をむくという単純な技能でさえも，自分の技能の実態を友だちと比較しながら理解し，上手にできるようにと手の使い方や，包丁の握り方，向きなどを試行錯誤することによって，その技能はよりよく定着する。このプロセスが自分の身体的な技能に対する自信となり，あわせて試行錯誤して習得したという自分の努力への自信にもなると考えられる。

　実は，このように自分はできるのだと思うこと，もっと丁寧にいえば，技能の習得は十分でなくとも努力したプロセスから「できそうだと思うこと」，これがその後の生活で技能や知識を使ってみようという前向きな気持ちを導くことになる。どれだけ優れた技能があったとしても，それを日常の生活で使わなければ何の意味もない。さらに「できそうだと思うこと」によって実際に使ってみることになり，これを繰り返すことで結果的に技能は上達していくというプラスのスパイラルを生むことになる。

3　見えないゴールに向かって努力することの意味

　生活にかかわる技能のなかでも食は毎日の生活で必要とされることから，必要性が見えやすいもので「できたらいいな」と有用性が実感しやすいものである。それに比べて衣服にかかわる技能は日常生活においては見えにくいもの，すでに日常では不要と思われている技能である。

　では，家庭科の授業で扱う縫う技能にかかわる内容は不要なのであろうか。家庭科の時間数が少ないということや現在の子どもたちの手指の巧緻性が乏しいことからすれば，縫う技能を習得するということを目標にするのは現実には厳しいだろう。しかし基礎的な縫う技能を学び，日常に役立つ小物を縫うという活動は現代の子どもたちにこそ必要とされる学習であると思われる。なぜなら，完成までに一定程度の時間を要することや，自分では到底作ることなどできないと思われる作品をあきらめずに作り上げること，買った方が安くて簡単だと思われるものをあえて自分で作り上げることに重要な意味があると考えるからである。

　できるかどうかわからない，という不安のなかで一つずつステップを踏んで完成までたどりつくプロセスは，子どもたちにとって大きな試練であり，現在の生活のなかでは得難い経験である。あきらめないこと，丁寧に一つずつすすめること，自分よりも上手な人に教えてもらって自分の技能を上達させることなど，作品を完成させる過程で学ぶこともたくさんあると考えられるのである。

4　実習で技能の習得は可能なのか

1　学校で習得する技能とは

　生活にかかわる技能は，家族や自分のために使う私的なものではあるが，一定程度の訓練を経てようやく身につくものである。家庭において児童が責任をもって家事ができるようになるまでには，親が導き教えることが必須であるように，技能の習得は時間がかかり子ども本人もまわりの大人も根気を必要とする。また生活上でのあらゆる場面で使うためには，技能を用いる場面や状況を理解し柔軟に使うことができるように，いくつもの経験をとおして失敗や成功を経て知識や技能を身につけていくことが必要とされる。

　過去の女子必修時代の中学校・高等学校の家庭科では，技能の熟達を目指し基礎から応用へと時間をかけて取り組むカリキュラムが組まれていた。

　一方小学校の家庭科は，もともと生活技術の習得を目指す教科として男女ともに学ぶこととされていた。しかし，子どもたちにとって日常からかけ離れた生活にかかわる知識・技能があふれることになって，家庭科の学びもまた学校での学びの一つになってしまう危険性がある。

　技能がなくとも生きていける時代においては，技能の習得の意味を問う，というよりも，技能についての学びが子どもたちにとって役に立つということを改めて以下の2点より考えてみたい。

2　生活の成り立ちを理解すること

　現代の生活は，おそらく数十年前には予想されなかったほどに便利になっている。これまで人間が塩梅していたようなことも AI が取って代わることが起こっている。例えば，夕暮れ時には自動で点灯する車や，コメの重量を感知して水分量を示してくれる炊飯器など，もはや人は考えて行動するということが無用になりつつある。しかし，このような便利さは，私たちの生活を真の意味で豊かにするとは考えにくいのである。四季の移ろいや毎日の気候の変化を感じながら食べものをおいしく食べる工夫や，状況に応じて工夫しながら運転する能力は，安全に心豊かに暮らすという点からも，人が自分の力を駆使して行うべきことなのではないだろうか。

　このように考えると，生活にかかわる技能についての学びは，便利さの前にあるもともとの生活の成り立ちの部分を理解するということであることがわかる。縫う技能を学んで着るものを手作りするようになるということではない。どうやって衣服が作られているのか，また小学生にとっては何気なく使ってい

る身のまわりの布で作られたものがどこをどのように縫われているのかを理解することを大切にしたい。

③　生活上の問題解決の選択肢が広がること

　生活の成り立ちを理解することができれば，生活上で困った問題に出合ったときに，その解決方法を考える際に有用な知識を増やすことにもつながる。さらに，技能を使ってモノを作った経験や，料理をした経験，実際に掃除や片づけを自分の力で行った経験など，一度やったことをもとにすれば解決方法を考えることも容易になる。つまり問題解決における選択肢が広がることになるのである。生活上の問題解決には正解というものがない。置かれている状況によって，よりよい解決方法を導くことが重要になる。そのためには，学校で身をもって学んだことも選択肢にいれながら解決に向けて考えを深めることが，より豊かな生活を営むことにつながると考えられる。

5　効果的な実習を計画する

　身体を使って体験する機会を奪われ，物事の成り立ちを知る機会が少ない子どもたちにとって，体験を意味ある経験とすることや，物事の成り立ちを身をもって理解することが必要であることを述べてきた。では，実際に効果的な実習を計画するためには，どのような点に留意すればよいのだろうか。単に体験的に学ぶということでは，実習における十分な教育活動にはならない。体験したことを各児童が意味ある体験，私の体験として記憶することが大切なのである。そのために，具体的に以下の5点に気をつけて実習を計画したい。

(1)　実習というプロセスを大切にする

　実習では観察すること，体を使って感じることなど，体験的な学びが中心となるが，どこで何を感じてほしいのか，どうするとより効果的に体験による気づきが生まれるのかを教師はよく考えることが必要である。そのためには体験的な活動の部分については事前に試行し，最も効果のある条件を見出す教材研究が必要となる。

▷2　教材研究の方法については第10章を参照のこと。

(2)　問題解決の要素を取り入れる

　体験して感じるだけでは学びは生まれない。体験そのものが，何かしらの問題を解決するために設定されていると，より意識的に体験を行うことができる。ここでの問題とは，大きな課題でなくてもよい。例えば丈夫な袋をつくるのに大切な縫い目は何か，というような体験のプロセスでもち続けることのできる問いである。技能の習得を目指す場合にも，単に技能の習得を目標として示すのではなく，野菜がおいしくなる切り方はどれか，野菜をおいしくゆでる

にはどうしたらよいか，といった内容にかかわる問いをあわせて提示するとよいだろう。そうすると，漠然と体験するのではなく頭を使い内省しながら身体を使って感じ考えるようになるだろう。実際には，これらの目標を意識するような実習中の観察のポイントを示したワークシート[43]を用いるのが効果的である。

▷3　第Ⅲ部資料編のワークシート193ページを参照のこと

(3)　実習の記録を効果的に

　実習で感じたことは，実習当日には鮮明に覚えているものであるが，翌週にはその新鮮な記憶が薄れているものである。これらを薄れる前に実感として記録することが，体験の意味を自分のものにする際に重要となる。例えば，調理の過程で火にかけた鍋に触れてしまい熱い思いをした児童があった。鍋が熱くなるということや触れてはならないことなど安全上の注意は十分受けていたが，誤ってやけどには至らない程度に触れてしまったのである。そのときに，この児童は「耳たぶに手をあてるほど熱かった」と記録した。これは他の誰にもわからない，この児童だけがわかる熱さの感覚を記録したものである。体験する学びは自分の身体と心で記憶し，その後の暮らしのなかで有用な知識になっていくことが大切なのである。他者から注意されるのではない，自分自身が身をもって理解したことをそれ以降の経験に活かしていくために，体験のなかで学んだことをリアルに，新鮮な状態で，自分らしい言葉で紡いでおくことが肝要である。そのためには「感想を書きなさい」という大雑把な指示ではなく，「実習をとおしてできるようになったこと」「実習中に失敗したこと」「次回からぜひ気をつけたいと思ったこと」というように，体験を思い出し，表現しやすい問いを立てておくとよいだろう。

(4)　振り返りを十分に

　直後に新鮮な実感を記録することと同じく，実習のなかで学んだことをじっくり時間をかけて振り返ることも重要である。こちらは新鮮さよりは，熟成させる考えといった方がよいだろうか。あとから実習を振り返って初めて気づいたこと，自分が変化したことを自覚したことが出てくるはずである。学習におけるメタ認知の重要性は周知のとおりであるが，時間の許す限り，実習1週間後以内に，時間を取って振り返ることができればよりよい記録をとることができるだろう。

(5)　次の学習につなげ失敗をプラスに変える

　実習にはある程度の成功体験が必須である。なぜなら例えば調理実習では，失敗した場合には楽しいはずの試食が大変悲しい体験に変わるからである。それでも児童は失敗する。できればある程度の失敗をカバーして悲しい体験にならないような工夫をできるとよいだろう。

　　例：①ほうれん草をゆですぎた。→　水気をよくとって細かく刻みかつおぶしを多めにかけて試食する。

　　　　②ゆでたニンジンが硬い→　電子レンジで再加熱し必要に応じて溶かし
　　　バターや塩コショウをかけて試食する。
　　　　③ミシンを使って製作した巾着袋の目立つ部分に誤って鋏をいれてし
　　　まった。→　穴が開いた部分にシールまたはアイロンでつけるアップ
　　　リケを重ねる。

　これらの工夫は，目の前の子どもとともに考えてもよい。大切なのは，失敗
したままで実習を終えないということと，次の学習への意欲を育むということ
である。

Exercise

①　小学校家庭科の教科書を参考にして，小学校家庭科の授業でどのような実
　習ができるかアイディアを出してみよう。
②　巾着を手縫いで製作する実習について，その工程をわかりやすく書き出し
　てみよう。
③　野菜いための調理実習で用いるワークシート(実習の記録)をつくってみよう。

📖次への一冊

河村美穂「『調理ができそう』という自信をもつ要因についての研究——小学校5年生
　におけるはじめての調理実習の観察調査から」『日本家庭科教育学会誌』53（3），
　2010年，163～174ページ。
　　学校で調理を学ぶ意味を，実際の小学生の実習への取り組みの調査から明らかに
　　し，未来に向けてできそうという自信をもつことが重要であることを示している。
河村美穂・芳川りえ「小学生の調理技能の実態とその学習効果——包丁技能の習得を中
　心に」『日本家庭科教育学会誌』57（2），2014年，94～102ページ。
　　小学生が包丁を使う技能をどのように習得するのかを3か月にわたる調査より明ら
　　かにし，試行錯誤しながらできるようになることが重要であることを示した。
河村美穂「家庭科の調理実習で学ぶ大切なこと」『日本家政学会誌』67（5），2016年，
　297～304ページ。
　　学校の家庭科という教科で調理を学ぶ意味をこれまでの調査結果をもとに簡潔に論
　　じている。

引用・参考文献

河村美穂「『調理ができそう』という自信をもつ要因についての研究——小学校5年生
　におけるはじめての調理実習の観察調査から」『日本家庭科教育学会誌』53（3），
　2010年，163～174ページ。

第 II 部

家庭科の授業を創ろう

第8章
家庭科の授業の方法

〈この章のポイント〉

　初等家庭科の授業方法は，講義・実習・実験などさまざまある。講義であっても実践的・体験的に学ぶためには，自分の意見をもち，それを発表したり，グループで意見交換することが大切である。例えば，ブレーンストーミングやふせんを用いてのイメージマップやロールプレイなどの方法を使うことも有効である。課題解決学習においては，自分の生活をみつめ，課題を設定することが求められる。ただし，課題を設定したら終わりではなく，実践して改善点をみつけ，課題解決のプロセスを表現することも求められている。本章では，どうしたら，初等家庭科でアクティブ・ラーニングが実現するのか考えてみよう。

1　家庭科のさまざまな授業を知ろう

1　発問と知識・理解

　小学校では，家庭科は第5・6学年で学ぶ。小・中学校・高等学校と成長していく過程において，小学校の家庭科の授業は，その基盤となる。

　小学校では，身のまわりのことは自分でできるが，まだ，自分と生活との関係を客観的に見ることは難しい。日常生活で食べているものは，どんな材料でできているのか，どんな調理法なのか，食生活について興味をもち，知識を得て理解することが求められる。つまり，知識や技能を生活に活かしていけるという実感をもたせ，活かして工夫するという資質・能力そのものを育むことにある。そのための発問が求められる。

　ここでは，講義法を取り上げてみる。講義法は，クラス全体が教師からの説明を共有できるということに利点があるが，教師から子どもたちへの一方的な知識の伝授になってしまうこともある。そのため，教師は，単元全体を見通したうえで，必要な知識を選びとり，子どもたちに提示し，それらの知識を子どもたちが関連づけて習得することによって，理解を図っていくことになる。その際に，大切になってくるのは，子どもたち自身が主体的にかかわっていけるような発問である。

　発問をする際に，次のことに気をつけたい。

・単純な一つの答えがない。

・個々の知識・理解が統合されていく。

　例えば，献立作成の授業でも，日時を決めて対象を決めて，食材も限定したなかで，60分以内に作る場合の献立というような発問をするなどである。発問によって，どのレベルの知識をもって，理解へつなげていくのか決めておくとよい。

　もちろん，答えがある発問も授業に取り入れることも必要である。ただし，小学校家庭科の授業で，答えがある発問ばかりで授業を構成すると，間違った答えをいう児童に対して，どうするのかという問題状況も生まれてしまう。模擬授業をすると，答えのある発問ばかりしているのに，子どもたちが主体的にかかわった授業だと勘違いしている学生もいる。教師からの発問がどんな発問なのか自覚することも大切なことである。

2　実習・実験と技能（スキル）の習得

　小学校家庭科では，衣食住にかかわる内容のほかに，家族関係や消費にかかわる内容など，多岐にわたる内容が含まれている。技能（スキル）は，例えば「整理整頓」という技能を例にあげれば，習得そのものが目標となってしまわないように，子どもたちが，何が問題なのか，なぜ，それができることが必要なのかがわかるような授業の進め方が求められている。つまり，「○○ができる」ことも必要だが，子どもたち自身が「○○ができるようになって生活が変わる」ことも大切である。

　家庭科という教科の特徴は「実践的・体験的」という用語に表されている。その具体的な指導法が実習・実験法であり，調理実習や被服（小物）製作に代表される。また，何かを作るという目的だけではなく，洗たくの実習授業のように生活を整えていくための作業も対象となる。

　子どもたちは実習が大好きである。それは，人間にとって，本来，モノをつくることは楽しいことであり，手や身体をつかった活動はわかりやすいからである。また，出来上がったことによって達成感を感じ，有能（自己効力）感を得ることもできる。それは，洗たく実習によって，着るものをきれい（清潔）にするという作業であっても同じであろう。例えば，「だし」を授業で取り上げる場合，みそ汁に使う「いりこ」でとった「だし」とただのお湯を飲んで，「だし」のうま味を確認したあと，みそ汁の実習に入るのは，実験→実習へとつなげる授業計画になる。そして，「だし」をとってみそ汁をつくることができることが，子どもたちの技能（スキル）の獲得となり，生活を豊かにすることになる。

　教室で仲間とともに実習する体験の楽しさも魅力だろう。特別支援学校の教

師たちに，調理実習の意義を尋ねたことがある。小学校家庭科では，「○○が
できるようになる」ことを指標に実習授業をつくっているが，上記の教師たち
は，重い障害をもっている児童を対象に調理実習で使う材料を切り，調味料を
整え，調理の際には，１対１で手を添えることもあるそうだ。この児童たちに
「○○ができるようになる」ことを望むのは難しいという。それならば，な
ぜ，調理実習授業をするのか。ある教師は，ぜひ，小学校の家庭科の実習授業
で楽しかった体験をしてもらいたいからだと答えた。実践的・体験的に学ぶこ
とを広く捉えてほしいといったのは，このような理由からである。

３　効果的な ICT 活用

　次世代を担う子どもたちにとって，学校の授業のなかで，ICT を活用する
ことはうれしいことである。ICT には，教師側が用意するデジタルテレビ，
教師用パソコン，電子黒板，生徒側が授業で使うパソコンやタブレット，教材
や生徒の書いたものを映す実物投影機などがある。

　例えば，玉結び・基礎ぬい・玉どめの電子教材を活用した授業では，子ども
たちが必要なときに見ることによって，一人ひとりの能力にあわせることが可
能であるし，時間も大幅に節約できる。手順がわかるなど，見ることで理解し
やすい。子どもたちの情報活用の実践力と情報の科学的な理解も深まるだろ
う。

　ICT の効果として，子どもの理解が深まるだけではなく，ICT スキルが身
につくこともあげられる（2013年ベネッセ教育総合研究所調査より）。

　課題解決学習においても，子どもたちがタブレットで書いたものをグループ
で意見交換しやすいし，グループの意見を発表しやすくなる。評価・改善を実
践する際にも，家にもって帰ることができるので効果的である。

　大切なのは，教師にとって便利で時間短縮のためだけではなく，子どもたち
が，友だちの意見を聞いて自分で考えをまとめていくために，ICT を活用し
ていくことである。その過程で，子どもたちは，いろいろな意見を聞いて（対
話的な学び・多様性の理解），考え続けていく（主体的な学び・連続的な思考）こと
ができる。

４　話し合いの工夫

　グループに分かれての活動の代表格としては，調理実習があげられるが，教
室のなかでの話し合いも，グループ内での学び合いを活用した指導法である。

　とくに，家庭科では，子どもたち個々の生活を出し合うことで，さまざまな
生活のあり様を知ることができる。小学生という発達段階は，生活的自立の途
上にあるため，普段の生活のなかでは，自分の生活を客観的にみることは難し

い。話し合いの場をとおして，仲間のさまざまな生活との類似点を確認したり，相違点を発見することは，生活者としての自覚の芽生えになる。

また，話し合いをとおして，次のような資質を育てることができる。

・自分の意見を言葉に出して伝えること。

・仲間の意見を聞くこと。

・複数の意見をまとめること。

ここで大切なのは，いきなりグループに話し合うテーマを投げかけるのではなくて，まず，子ども一人ひとりが意見を出したあと，それをもとに話し合いをさせることである。

話し合いを深めるための手立てを紹介する。

① ブレーンストーミング

児童全員でたくさんの意見やアイディアを出し合い，そこから"何か"をみつけていくための手法である。特徴としては「全員が参加する」「一人ひとりの意見やアイディアを尊重する」「出された意見やアイディアを次へつなげる」などがある。また，「質より量」「自由奔放（何を言ってもかまわない）」「批判厳禁」「結合改善（人の意見を組み合わせたり改良したりしてもよい）」の4つのルールがあるといわれる。

② ランキング

ある課題について用意した選択肢を，よいと思うものから順に並べる。その過程で，意見を交換することもできる。長所としては，「人数に関係なくできる」「比較的短時間（20〜40分）でできる」「特別な道具がいらない」などがあげられる。選択肢から作ってもよい。ダイヤモンド（9の選択肢）もこれに含まれる。これは，9の選択肢を，最も重要な意見を1つ，2番目に重要な意見を2つ，3番目を3つ，4番目を2つ，最も重要でない意見を1つ選んでダイヤモンド型に並べるというものである。結果を発表する際に，なぜ，最も重要としたか2番目に重要としたかも述べてもらうといい。

③ ディベート

ある特定のテーマについて，「賛成派」と「反対派」の2つのチームが相互に論争を繰り広げ，「審査員」が勝負を判定する，いわば「討論のスポーツ」といったものだ。双方のチームは，相手を論破するために，自分たちの意見がいかに正しいものであるかを，論理性・実証性をもって主張し，相手チームを納得させるために，さまざまな戦略を図るという，とてもゲーム性の高い手法である。ただし，話し合いに用いる際には，勝敗そのものよりも，事前の共同作業や事後の振り返りも含むプロセス全体が重要視される。

④ イメージマップ

自分のもっているイメージを描くことによって自分の思考や固定観念を視覚

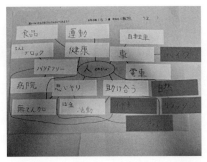

図8-1　児童のイメージマップの例

出所：千葉大学教育学部附属小学校第6学年の児童の作品。

化し，より明確にそれらを見つめるための作業である。ふせんを使って言葉で表すこともある。それぞれがもつイメージを比較し合うことを通して，自分の「ものの見方」を客観的に分析したり，多様な「ものの見方」に気づいたりすることができる。子どもたちにA4程度の大きさの白紙を配り，まんなかにテーマを書いてキーワードを入れ，さらに放射状に広げていく（図8-1）。

　意見交換の例として，隣の人と自分の描いたイメージマップを見せ合い，どんな共通点や違いがあるかを考えさせる。イメージマップについていろいろと質問をしていく。質問は全員に投げかけるような形でするのがよいだろう。また，挙手をさせると全体の傾向が共有できる。

2　課題設定と課題解決方法を探ろう

1　家庭科の学びと課題設定

　家庭科では，実践的・体験的な学びが特徴である。ただし，調理実習や小物づくりをすれば，アクティブ・ラーニングであるということではない。児童それぞれが自分の生活のなかから課題をみつけ，それを解決し，実践することが含まれているような授業が望まれる。実践したら終わりというのではなく，実践したことを発表し，他の人の意見をきくなかで，改善点をみつけるようにしたい。それがアクティブ・ラーニングである。

　子どもたちに自分の生活のなかから問題をみつけ，課題設定させるまでの指導が難しいとか，解決方法を考えさせ実践させ，それを評価する手立てがわからないという教師の声も聞かれる。とくに，小学校では家庭科は第5学年60時間，第6学年55時間しか置かれず，時間数が短いのに内容が多くて，じっくり考えさせたり発表するなどの時間がとれないという意見も多いだろう。しかし，ぜひ，子どもたちに小学校家庭科で実践的・体験的な学びができた，友だちの意見を聞けて自分なりに考えた授業だったという感想をもつようにしてほ

しい。

以下に課題解決学習の手順例を示した。

(1)問題をみつける

・何が問題なのか考える

・生活体験と照らし合わせる

(2)課題を設定する

・課題設定→実践の見通しをもつ

・自分の課題として捉える

(3)解決方法を考える

・いくつかの解決方法をあげる

・解決の方法を考える

(4)実践する

・実践して，確かめる

・実践を評価する

(5)発表する

・取り組みの過程を振り返る

・結果をまとめる

・言葉や図表として表す

2　解決方法と実践

　子ども自身が自分の生活のなかから問題——すなわち，解決しようとする欲求がもてるような問題——をみつけていくことが重要である。たとえ，いわゆる大人（ここでは教師）が，社会的な課題だと考えていることであっても，子どもたちにとって，教師がゴールを決めているような課題であれば，子どもたちはやらされている感が強くて，解決方法を考えつかないだろうし，実践を「自分たちの課題を解決するための実践」だと捉えることは難しい。もちろん，解決方法を調べたり，意見交換して見つけていくプロセスで，教師の支援は不可欠である。

　解決方法を探すために，調べる（本・インターネットなど）や尋ねる（教師・家族・友だちなど）手続きをとる場合もある。

　次の例は，第6学年の児童の課題・解決方法・実践までのプロセスである。

(1)問題をみつける

　　例：買い物を頼まれ，リストのなかにソーセージがあったので，いつもの〇〇銘柄を買っていた。しかし，ソーセージの作り方も知らないので調べること，うちの家族のソーセージの使い方を尋ね，買い方を考えてみる。

(2)課題を設定する

　　例：「ソーセージの作り方を知ってから，買い物に行く」を課題とした。

(3)解決方法を考える

　　例：インターネットに「ソーセージ」と入れてみたら，どのように作られているのか，どのようなソーセージが売られているのかわかった。また，ドイツが有名だが，日本でも明治時代の終わりからある歴史をもった食べ物であることも書いてあった。またウインナーとの違いもわかった。次に，家族にソーセージをどのように料理しているのか尋ねた。ほとんど，朝ご飯用で切って炒めるという回答をもらった。そこで，「料理とのマッチング」「値段」「特徴」などからソーセージを選んで，買い物をした。

(4)実践する

　　例：ソーセージの売り場にいくと，いつもいくスーパーには３種類しかなかった。いつもの○○銘柄は，228円で20本入っており，材料は豚・鶏肉が入っていた。他の２種類は，340円で12本入っているもの，180円で21本入っているものがあった。340円のものは短くて太く，食べ方としてボイルしてもいいのかなと思ったし，180円のものに変えようかなと考えたけど，ウインナーと書いてあったし，切って朝ごはんに使うよりもお弁当に入れた方がいいかなという形だったので，いつもと同じ，○○銘柄にした。

③　実践の評価と改善

　これまでの課題解決学習では，時間の都合からか，実践して終わりというパターンが多かったが，実践について児童が評価し，改善を考えるところまでやるということが大切である。もちろん，実践の評価と改善という視点を与えて，ここまでのプロセスを各自でやり，それを発表するという手続きをとってもよい。長い休みなどを利用して実践・評価・改善までやってもらい，休み明けの時間を利用して，発表・意見交換することもできる。

④　発表と意見交換

　課題解決学習には，この発表と意見交換が大切である。意見交換といっても，小学生の場合，何を言ったらいいのかわからない場合がある。あらかじめ，教師の方で意見交換のための観点を与えておくとよい。前の事例では，課題設定や解決までを授業でやって，実践から発表までは夏休みの宿題とした。発表は，夏休み明けの９月の最初の授業でグループに分かれてやり，また，発表に対して質問項目をいくつか用意しておいて，グループのなかで感想を書くようにした。

```
　　　　　　　　　6 年○組　氏名　○○
問題だとおもったこと　　買いものしてきてといわれ，ソーセージを買っていたこと
課題　　ソーセージの作り方を知ってから，買い物に行く
解決方法　　ソーセージの作り方を調べる。買い物に行く前に，どんなものを選ぶの
　　　　　か決める
実践　　「料理とのマッチング」「値段」「特徴」からソーセージを選んで買った
評価　　ソーセージの作り方がわかったし，買い物する際に，値段や何本入っている
　　　　か，裏側の原材料を見て買ったのはよかった
改善　　3 種類から選んだが，買ったソーセージの味はわかったが，他のソーセージ
　　　　はどんな味かわからなかったので，食べてみたい
```

　グループ 4 人編成で，他の 3 人は以下のカードに書き込んだ。つまり，3 人からカードをもらうことになる。

```
　　　　　　　　　6 年○組　氏名　○○
○○さんの発表
　質問　料理とのマッチングとはなんですか
　答え　うちでは，朝ごはんにソーセージを切って，いためてたべるので，そのこと
　　　　です

質問例：
　もっとくわしく聞きたいところ
　何がわかったか
　何ができるようになったのか

感想
　ソーセージの作り方がわかったのはすごい。買い物につなげたところが，おもしろ
　くて，ためになることです
```


3　家族や地域の人々とかかわろう

1　家族の一員としての自覚

　小学生は家族とのかかわりが深いが，自分の家族と自分に関して考えたことはない子どもも多い。中学生になると，なかには反抗期になり，親や家族の存在を否定的に捉えることもある。ただし，近年，思春期に反抗期がない割合も増えている。これは反抗期がないというよりも，親や家族に反抗期が見えていないという批判もある。

　小学生のときに家庭科で家族との関係を客観的に捉えることが必要であろう。客観的に捉えるということは，自分の家族を受け入れ，その一員であるこ

とを自覚することを指す。ここで気をつけなければならないのは，理想の家族を押しつけるのではないということである。理想の家族があれば，それにあてはまらない自分の家族を「問題家族」だとみてしまうからである。

2　地域の人々との交流

わが国では，個々の家族が孤立していて地域とのかかわりが薄いということが問題となっている。子どもを育て，あるときには守るのは，地域の大事な役割である。最近は地域活性化が唱えられ，地域に関する取り組みも多い。

ただし，子どもにとって，地域に何をしてもらえるのかだけではなく，地域にどう貢献できるのかという視点も必要である。互恵性（Win-Win の関係）というものがなければ，協力がなりたたないからである。

少子化が進み，地域で集団になって遊ぶ機会が失われつつある一方，高齢者は増えつつあり，地域活性化には，子どもたちの積極的な参加が必要なのである。高齢者との交流をとおして，よりよいかかわり方を考えていくような実践が望まれる。

また，生活文化の継承と創造は家庭科にとって大切な使命の一つであり，これに，地域の特色を組み込むことが求められている。子どもの生活は，学校内で営まれるものではなく，地域の特色を反映したなかで展開される。そのためにも，各地域の特徴に関する知識・理解，技能の向上が必要である。

Exercise

① 　小学校家庭科の授業の話し合いの手法（ブレーンストーミング，ランキング，ディベート，イメージマップ）はどんな手法なのか復習しよう。その他には何があるか調べてみよう。各手法について，具体例を探してみるとよい。

② 　小学校家庭科で実習をする際に，どんなことに気をつけたらよいのか考えてみよう。この場合は，調理実習・被服製作（小物づくり）・洗たく実習に分けると考えやすい。

③ 　小学校家庭科で課題解決学習として，課題を５つあげてみよう。そのうちの一つを展開して，84ページの手順を参考にして具体例を一つ選んで，時期・手順・形態など，考えてみよう。

📖次への一冊

中西雪夫・小林久美・貴志倫子『小学校家庭科の授業をつくる』学術図書出版社，2017年。
　　小学校家庭科の授業について理論・実践の両面から取り組んだ書。とくに，第Ⅱ部は，授業方法についてくわしく書かれており，参考になる。
筒井恭子編著『小学校家庭科授業づくり』明治図書出版，2014年。
　　実践事例が載っていて，小学校家庭科について具体的にわかる。
勝田映子『家庭科授業成功の極意』明治図書出版，2016年。
　　小学校家庭科教師として長年培ってきた著者だからこそ書けた実践書。

引用・参考文献

鶴田敦子・伊藤葉子編著『授業力 UP 家庭科の授業』日本標準，2018年。

第9章
年間指導計画を立てる

〈この章のポイント〉

　本章では，年間指導計画について学ぶ。年間指導計画をつくる過程は，よりよい授業づくりのポイントと関連することが多いことを理解し，子どもたちが主体的に取り組む年間指導計画について考えてみよう。また計画だけでなく，授業のなかでの子どもたちの姿などから年間指導計画を修正・変更することについてもイメージしてほしい。

1　年間指導計画を立てよう

1　必要な資料の準備

　最初に「使用する教科書[◁1]」の目次をみてみよう。第5・6学年における学習の流れを確認できるだけでなく，どんなことを学ぶのかとワクワクしながら教科書を開く子どもたちの気持ちを感じることができるだろう。

　また「教師用指導書[◁2]」には年間指導計画案が3学期制・2学期制それぞれで提案されているので参考にしてみよう。さらに，各教科の年間指導計画は教育委員会にカリキュラムを届け出る際に資料としてまとめられているので確認するとよい。これら，2年間で指導すべき内容を把握できる資料を準備してから年間指導計画を立てるようにしよう。

2　年間指導計画の扱い方

　教科などの年間指導計画は，その学校における教育活動の中心となるものである。よって教師は，自分が考えて実践するだけでなく，昨年度の指導から得られた課題を活かすとともに，常によりよく修正する姿勢が必要である。

　とくに専門的に家庭科の指導をする教師が校内にいない場合には，近隣の小学校から情報を集めるなどして，自信をもって指導できるようにすることが大切である。

▷1　使用する教科書
基本的には5年ごとに教科書の内容は新しく変わる。市区町村などで採択があり使用する教科書が決定される。実習などでは子どもたちが使う教科書を確認してから準備をするとよい。

▷2　教師用指導書
各教科書会社では教科書に合わせた教師用指導書を作成している。その内容は広範囲にわたる。学校では資料として揃えていることが多い。

2　子どもたちに合わせた年間指導計画を立てよう

1　授業時数の確認

▷3　実施すべき授業時数
学習指導要領が変わると各教科の指導すべき授業時数も変わることがあるので確認する。家庭科は第5学年が60時間，第6学年が55時間となっている。

「実施すべき授業時数[13]」は定められているが，その時間数分以上に授業をしてはいけないということではない。学校の行事予定を確認して，その年度に何回授業ができるかを確認しておく。

また逆に，インフルエンザの流行などによる学級閉鎖，気象状況などによる休校で予定外に授業ができなくなり，定められた時間数分の授業ができないことが予想される場合もある。その際には，直ちに学年の先生や管理職に相談して，他教科の授業と調整するようにする。

定められた時間数分の授業をしないという事態は，決して起こってはならないということを心しておこう。

▷4　本章第7節を参照。

2　学校の年間行事予定を活かす[14]

年間行事予定は授業ができる日を確認するだけではなく，授業内容と効果的に関連させることが大切である。

▷5　宿泊行事
宿泊行事は，子どもたちが安全に楽しく活動できるようきめ細かな計画と配慮がされるべきものである。家庭科の授業と関連づける場合には，なるべく早くにそのことを学年の先生に伝え，協力してもらいながら進めるようにする。

例えば，「宿泊行事[15]」に準備する衣服を気候や活動から考えて工夫させたり，野外調理に向けて意欲を高めながら包丁の扱い方を練習させたりする活動も考えられる。

さまざまな家庭があることで実感をともなった学びが難しい題材もあるが，日々の学校生活は貴重な共通体験の機会でもある。

活動後に友だちと話し合い，よさやさらなる課題をみつけることで，「もっとやってみたい」と家庭での主体的な実践につながるようなダイナミックな指導を展開してほしい。

3　学校や地域のよさを活かした年間指導計画を立てよう

▷6　本章第6節を参照。

1　家庭・地域の実態をリサーチする[16]

家庭科は自分の家庭生活から課題をみつけて，よりよい家庭生活を目指して解決していく教科である。子どもたちの家庭環境はさまざまであり，学習したことを家で実践できなかったり，実践しても子どもが期待する対応をしてもらえなかったりする場合があるのも事実である。しかし，だからこそ教師は十分な配慮をして授業を計画する必要がある。

　まずは第4学年までの担任や養護教諭に子どもたちの様子や家庭環境について聞き取り，指導に活かすようにするとよい。大切なことは，どのような状況にあっても，子どもたちが自分の家庭生活と向き合い学びを深めていけるように授業を工夫していく姿勢を教師がもつことである。

　子どもたちは家庭や学校だけでなく地域にとっても大切な存在である。家庭科に関連するような取り組みを市区町村で行っている場合も多いので，早めに確認して効果的に授業に取り入れるとよいだろう。

［2］　学習ボランティアや出前授業の活用

　実習・実験・製作などは技能をともなうので，子どもの進度に大きな差が出る場合がある。また個々が工夫して活動するような場面では，個別に相談にのったり多くの目で安全を見守ったりする必要がある。

　学習に協力できる保護者や地域の方をリストアップしている学校もあるので確認してみよう。

　大切なことは，教師が一人で授業をやりきることではなく，子どもたちが安心して試行錯誤できる場をつくることである。

　さまざまな企業や自治体が出前授業を実施している。専門家の話が聞けたり，子どもたちが意欲的に活動できたりする出前授業を，効果的に取り入れるとよいだろう。

　人気の出前授業は年度当初に実施校が埋まってしまうので，早めに連絡を取り合い年間計画に入れるようにしよう。

4　年間準備計画を立てよう

［1］　教材・教具の確認

　家庭科では多くの教材や教具を使う。まずは，すでにあるものについて数は足りているか，修理が必要なものはないかなどを確認する。次に，年間指導計画に沿って題材ごとに使うであろう教材や教具を書き出して，補充や新たに必要な物を明確にする。購入する場合は校内で決まっている手続きがあるので学年の先生や管理職に相談する。

　ヒントカードや製作過程ごとの実物見本などは準備に時間がかかるので，計画的に進める必要がある。大切なことは，実際の授業の流れをイメージして使う教材や教具を考えることである。年間指導計画は教師にとっては準備計画でもある。

2　題材どうしの関係

　家庭科を学ぶ2年間では，第5学年で学習したことをレベルアップさせて第6学年の学習に活かすことで，知識や技能を確実に身につけることができる。つまり，年間指導計画とは2年間の計画であるともいえる。

▷7　指導計画作成上の配慮事項
『小学校学習指導要領（平成29年告示）解説　家庭編』〈第3章　指導計画の作成と内容の取扱い〉1指導計画作成上の配慮事項

　『小学校学習指導要領解説　家庭編』の「指導計画作成上の配慮事項[47]」を熟読し，作成した年間指導計画をチェックする必要がある。

　また，指導内容をバランスよく配列するだけでなく，複数の教師が家庭科の指導にあたる場合には，第5学年と第6学年が同じ教材や教具を使う題材にならないよう配慮しよう。

▷8　本章第7節参照。

3　他教科の学びとの関連[48]

　家庭科は第5学年・第6学年でのみ履修する教科なので，子どもたちが他教科での学習と関連づけて考えたり工夫したりすることは自然なことである。例えば，調理実習計画を立てる際に，理科の学習でわかったことを根拠にして考えたり発表し合ったりすることが予想できる。

　教師は他教科の学習で家庭科と関連する内容をまとめておき，子ども自身が気づけるように授業を展開する必要がある。

　また時には，他教科の学習内容に合わせて家庭科題材を指導するといったこともあるだろう。

4　教師のアイディアを活かす

　ここまでで年間指導計画を立てる際に配慮すべきことを述べてきたが，完成した計画は指導する教師らしいものになっているだろうか。それは子どもたちの実態や教師の得意分野を考慮した，同じものはない「計画」であるべきである。

▷9　内容の取扱いと指導上の配慮事項
『小学校学習指導要領（平成29年告示）解説　家庭編』〈第3章　指導計画の作成と内容の取扱い〉2内容の取扱いと指導上の配慮事項

　以前，若手教師に小学校の家庭科授業で印象に残っていることについてインタビューしたことがあった。驚いたのは，学習内容よりも学び方で「楽しかった」「よくわかった」「家でもやった」となるか，またはその逆かが分かれるといった意見が多かったことである。

　つまり，立てた年間指導計画が子どもたちによい学びを提供するかどうかは，どう学ぶかがポイントになるのである。

▷10　実習の指導
『小学校学習指導要領（平成29年告示）解説　家庭編』〈第3章　指導計画の作成と内容の取扱い〉3実習の指導

　それには，『小学校学習指導要領解説　家庭編』の「内容の取扱いと指導上の配慮事項[49]」「実習の指導[410]」を熟読し，さらに教師のアイディアを活かして楽しい授業となるように工夫する必要がある。

5　学校と地域のよさを活かした年間指導計画例

〈第5学年〉

月	考えられる学校・地域との関連	題材名（内容）	主な活動など	時
4	☆卒業した昨年度6年生から学ぶ	家庭科のはじまり，はじまり（A(1)ア）	・ガイダンス	1
5		家族とホッとHOTタイム（A(2)，(3)ア-(ｱ)，B(2)ア-(ｲ)）	・家Aの仕事，生活時間の使い方 ・湯を沸かしてお茶を入れる	5
6		手ぬいのひみつ（B(5)）	・玉結び，玉とめ，なみぬい，返しぬい ・メッセージかべかけ作り，ボタン付け ・製作計画 ・小物の製作	10
7 9	☆学習ボランティア	すずしく快適に過ごそう！（B(6)）	・快適に住まう工夫 ・個々が調べたことをグループでまとめて発表	8
		学習を活かした実践パートⅠ（A(4)）	・生活の課題と実践（課題をもつ・実践・交流） ・長期の休みに実践	2
10 11	☆学習ボランティア	ようこそ！ミシンスクールへ（B(5)）	・ミシンぬいの基礎技能 ・ミニウォールポケット製作 ・ミシン技能の教え合い	10
	☆包丁とまな板の安全な扱い方を6年生が作ったビデオから学ぶ	めざせ健康　ナイスクッキングパートⅠ（B(1)，(2)，(3)）	・栄養素の種類と働き方 ・炒める調理 ・実習計画，調理実習	4
12 1	☆学習ボランティア	Myバッグには何を入れる？（B(5)）	・製作計画 ・手提げ袋の製作	8
2		めざせ健康　ナイスクッキングパートⅡ（B(1)，(2)，(3)）	・ゆでる調理 ・実習計画，調理実習	4
3	☆学習ボランティア ☆整理，整頓，清掃のコツを縦割り清掃時に低学年に伝える	楽しくやろう！　そうじ，整理・整頓，不用品の活用（B(6)ア-(ｲ)）	・整理，整頓，清掃の工夫 ・個々が調べたことをグループでまとめて発表 ・低学年との交流	6
		わたしができるようになったこと（A(1)ア）	・1年間の学習を振り返る	2

〈第6学年〉

月	考えられる 学校・地域との関連	題材名（内容）	主な活動など	時
4		見つめよう　わたしの生活 （A(1)ア）	・6年生の学習について考える	2
5		お米の調理自由自在 （B(1), (2)）	・米の栄養 ・ご飯とふりかけの実習計画，調理実習	6
6	★出前授業	大切に使おう！　上手に買おう！ （C(1), (2)）	・物や金銭の使い方 ・買い物の仕方	7
7		環境にやさしい洗たく （B(4)）	・日常着の手入れ ・洗たくの仕方	4
9	☆包丁とまな板の安全な扱い方を5年生に伝える	よい食生活を考えよう （B(1), (2)）	・朝ごはんの大切さ ・簡単なおかずの実習計画，調理実習 ・包丁とまな板の安全な扱い方を確認	6
10 11	☆学習ボランティア	思い出に魔法をかけてプレゼント （B(5)）	・製作計画 ・生活に役立つ物の製作（家族への贈り物）	8
12		毎日の食事を考えよう （B(1), (3)）	・バランスのよい食事，1食分の献立 ・和食 ・みそ汁の実習計画と調理実習	8
1 2		今ここを快適に！ （B(6), C(2)）	・あたたかく快適に住まう工夫 ・個々が調べたことをグループでまとめて発表 ・学校を使ってわかったことを発表し合う	8
3	☆来年度の5年生にメッセージを残す	私だからできること （A(1)ア, (3), (4)）	・生活の課題と実践（課題をもつ・実践・交流） ・自分だからこそできることを考える	6

1　他学年とのかかわり

① 第5学年

「家庭科のはじまり，はじまり」：第5学年のはじめに行ったガイダンスの授業では2年間の学び方を一人ひとりに考えさせたかった。そこで，昨年度の6年生が年度末に自分の2年間の学びを振り返りながら発表した映像を見せることにした。

授業に取り組む姿勢や学習を活かした家庭実践についての発表を聞いた第5学年は，2年後になりたい自分のイメージをもち，家庭科の学び方を具体的に

考えることができた。

　「めざせ健康　ナイスクッキングパートⅠ」：包丁とまな板を実習で安全に使うことは難しい。それは知識として理解するだけでなく，さまざまな場面で実際に行動しなくてはいけないからだ。そこで，第6学年が「渡す」「洗う」など場面ごとに安全な扱い方を説明する映像を見せることにした。

　自分たちが使う用具を使って，知っている第6学年が説明していることで，第5学年は高い関心をもち学ぶことができた。

　「楽しくやろう！　そうじ，整理・整頓，不用品の活用」：本校は毎日，全校で縦割清掃を行っている。そこで，学習をしてわかったことを日々の清掃活動に活かせるよう，第5学年が他学年に伝えることにした。

　担当場所によって優先して伝える内容や伝え方を自由に工夫させたことで，主体的に他学年の子どもたちとかかわることができた。

②　第6学年

　「よい食生活を考えよう」：第6学年は，調理実習や家庭実践で繰り返し練習してきたので，包丁やまな板の安全な扱い方はだいぶ身についてきた。しかし，個人差があることや，全体としてさらにレベルアップすることには課題があった。そこで，「渡す」「洗う」などの場面ごとに安全な扱い方を説明し合った。

　発表をビデオにして第5学年に見せることを伝えると，さらに意欲を高め相手意識をもって活動することができた。

　「私だからできること」：第5学年の最後でも学習を振り返り，自分ができるようになったことをまとめたが，第6学年末では，さらに先を見据えながら自分だからできることに気づいて，自信をもって中学に進んでほしいと考えた。そこで2学年間の学習を振り返って成果や感じたことを自由に発表し合った。

　発表をビデオにして新第5学年に見せることを話すと，自分たちが第5学年の初めに見た映像のことを思い起こし，さらに意欲を高め，相手意識をもって活動することができた。

２　学習ボランティア☆題材例

　私はこれまで，多くの題材で学習ボランティアの方に参加していただいた。そもそも学習ボランティアとは，目的に合わせて保護者や地域の方に授業のなかで子どもたちとかかわっていただくことである。

　ゲストティーチャーと呼ばれるような，専門を活かしたかかわりもあれば，安全を見守る目的で参加していただく場合もある。大切なことは，目的を明確にして，ボランティアの方にもそれを理解していただくことである。

　学校によっては，分野別の名簿を作成している。学習ボランティアの情報を

共有することは，他学年の保護者の協力も得られるというよいところがある。

　学校として，まとまった名簿がない場合は，年間指導計画に早めに位置づけて，協力を依頼することになる。窓口がどこかは，学校によって違うので学年の先生や管理職に相談するとよい。

　さらに，時として「ぜひ学習に活かしたい」と感じる人や物と出会うことが教師にはある。それらを授業に取り入れることがねらいを達成するために効果的に働くことも多いが，逆に子どもたちが試行錯誤する場面を奪うことにならないよう配慮が必要である。

［3］　出前授業★題材例

　出前授業とは自治体や企業がつくったプログラムを，実際に学校に出向いて実施するサービスである。カラーのパネルでわかりやすく説明してくれたりその場で実験を見せてくれたりと，大がかりな準備が必要な活動を子どもたちに無料で提供できるというのは有難いことである。

　大切なことは，出前授業を取り入れるねらいを明確にして，あくまでも活用するという姿勢を崩さないことである。任せきりになっては，楽しかったけれど何を学んだのかわからないということにもなりかねない。

　また，当然のことであるが企業にとって出前授業は，企業名や商品をアピールするチャンスである。事前に細かく打ち合わせをして配慮する。

　学校や地域のよさを活かした学習活動はほかにもあるだろう。ぜひ子どもたちの実態にあった工夫をみつけてほしい。

　年間指導計画は細やかな配慮と同時に，子どもたちの様子を見極めてよりよく修正する教師の力量が必要である。

6　家庭と繰り返し関連を図る年間指導計画の例

　新学習指導要領の家庭科の目標では，「（2）日常生活の中から問題を見いだして課題を設定し，様々な解決方法を考え，実践を評価・改善し，考えたことを表現するなど，課題を解決する力を養う」とある。「課題」とは，「自らの家庭生活における課題」といえる。つまり，児童一人ひとりが，自らの家庭生活を思い描いて学習できるように指導の計画を立てることが大切になってくる。ここでは，どのような場面で家庭との関連を図っていくとよいか，例を基に説明していこう。

　第5学年では，家庭科の学習の導入を行い，自分のこれまでの成長には，家族やさまざまな人々の支えがあること，その基盤は家庭生活にあることに気づくようにする。そこから，家族の一員として，よりよい生活に向けて学習と実

〈第5学年〉

月	題材名 （時間の目安）	内容	○学習活動　●家庭と関連を図る場面
4	はじめよう　家庭科 ①はじめよう家庭科（1）	A(1)ア	○家庭科の目標を知り，「よりよい生活」とはどういうことかを考える。 ●2学年間でどのようなことができるようになりたいか，自らの家庭生活や家族と関連づけて考え，目標を立てる。
5	見つめてみよう　家庭の仕事 ①家族ってなんだろう（1） ②家庭の仕事を調べよう（1） ③家庭の仕事を実せんしよう（3）	A(1)ア (2)アイ B(2)ア(イ)	○家庭で必要な仕事を考え，仕事の種類や多さについて知る。 ●自分の家庭では，どのような仕事をだれが行っているかを調べ，報告し合い，自分にできる家庭の仕事を考える。 ○自分ができる家庭の仕事に気づき，家庭での実践のための計画を立てる。 ○包丁を使って，果物を切る。 ●家庭の仕事の実践報告会を行い，実践を見つめなおし，自分の仕事について確認したり修正したりする。
6	作ろう　わたしの温野菜サラダ ①どうして食べるのかな　どうして調理するのかな（1） ②作ろう　わたしの温野菜サラダ（6）	B(1)アイ (2)ア (ア)(イ) (ウ)(エ) (3)ア(ア)	○食品から栄養を取り入れることで，体を成長させたり，元気に活動したりすることができることを理解する。 ○調理をして食べることの長所や調理の種類について話し合う。 ○じゃがいもと青菜を含む3種類の野菜をゆでる調理で，ゆで方や切り方などについて自らの課題をもち，課題調理実習の計画を立てる。 ○計画を基に，課題調理実習を行い，自らの課題を解決する。
7	買い物名人になろう ①お金の使い方を見つめよう（1） ②買い物の仕組みについて考えよう（2） ③買い物の計画を立てよう（1）	C(1)ア (ア)(イ) イ	●生活とお金のかかわりを振り返り，家庭での物やお金の使い方について考える。 ○買物の仕組みについて知る。 ○計画的な買物の仕方について考える。 ○臨海学校でのおみやげ購入の計画を立てる。 ●学習を振り返り，家庭生活で活かしていく方法やこれから気をつけることなどについて考える。
	手ぬいでわくわく　ソーイング ①裁ほう道具をそろえよう（1） ②ネームマグネットを作ろう（3） ③生活に役立つ物を作ろう（4）	B(5)ア (ア)(イ) イ	○製作に必要な裁縫用具と用具の安全な取り扱い方について考える。 ○玉結び，玉どめの必要性とその方法を知る。 ○玉結びや玉どめ，一針分のなみ縫いを使って，ネームマグネットを製作する。 ○なみ縫いや半返し縫い，本返し縫い，かがり縫いについて，特徴とその縫い方について知る。 ○目的に合った縫い方を選んで計画を立て，製作する。
9	ミシンでわくわく　ソーイング ①ミシンと友だちになろう（2） ②直線ぬいで作ろう（4）	B(5)ア (ア)(イ) イ	○ミシン（直線縫い）で家庭科バッグを製作する。 ○ミシンの基本的な操作を学習し，コースターを製作する。 ○直線縫いでできる作品の製作計画を立て，製作する。 ○自分の作品について紹介したり，作品のよさについて認め合ったりして相互評価する。
10 11	日本の味　ご飯とみそ汁 ①おいしいご飯の秘密を知ろう（3） ②おいしいみそ汁の秘密を知ろう（3） ③こだわりのみそ汁を作ろう（4）	B(1)アイ (2)ア (ア)(イ) (ウ)(オ) イ (3)ア(ア)	○米とみそができるまでを知る。 ●自分の家の米やみその種類を調べる。（家庭） ○米飯の調理についての学習計画を立て，調理を行い，米がご飯になるまでの様子を観察する。 ○みそ汁の調理についての学習計画を立て，1回目の調理を行う。 ●家でみそ汁の実とその決め方について調べる。（家庭） ●ご飯とみそ汁の調理を振り返り，家庭での調査結果から気づいたことに

月	題材名（時間の目安）	内容	○学習活動　●家庭と関連を図る場面
			ついて話し合う。
			○12種類の実を分類し，みそ汁に入れる実を3つ決め，調理計画を立てて2回目の調理を行う。
			○食事をする際のマナーについて考える。
			●2回目の調理実習を振り返り，家庭実践の調理計画を立てる。
12	ピカピカ気持ちのよいくらし ①住まいって何だろう（1） ②身のまわりを整理・整頓しよう（3） ③クリーン大作戦　そうじをしよう（5）	B(6)ア(イ)イ C(2)アイ A(4)ア	●家庭生活を振り返り，快適な住まいとは，どのようなものかを考え，そのような住まい方に必要なことについて話し合う。 ○整理・整頓とは，どのようなことをすればよいのか話し合う。 ○使いやすさや見た目のよさを考えて，机やロッカーのなかを整頓する。 ●学習したことを活かして家庭での整理・整頓の計画を立てる。 ○学校の汚れ調べをとおして汚れの種類，汚れ方に応じた清掃方法について話し合い，学校でのためしそうじの計画を立て，実践する。 ○ためしそうじを振り返り，よりきれいになった点や有効だった道具，清掃方法についてグループで話し合う。 ●学習したことを活かして家庭での実践計画を立てる。
1 2	ポカポカ快適なくらし ①暖かい着方を工夫しよう（3） ②暖かい住まい方を工夫しよう（2）	B(4)ア(ア)イ (6)ア(ア)イ C(2)ア	○普段着ている衣服には，どのような働きや種類があるのかを話し合い，季節や生活場面に合わせた衣服を選ぶためには，どのようなことに気をつければよいのかを考える。 ○暖かい着方について，衣服の形や素材に目を向けて実験や観察を行い，実験や観察からわかったことをまとめる。 ●家庭生活における一場面から，条件に合った暖かい着方を具体的に考え，工夫した点について発表する。 ●暖かい住まい方の工夫について家庭での工夫を発表し合い，自分の課題を設定する。 ○自然エネルギーを上手に活かして暖かくする工夫を考えた例について話し合う。 ●自分の考えた暖かい住まい方の工夫が取り入れられる場面を考え，今後の生活に活かしていこうとする。
3	振り返ろう伝えよう楽しい家庭科 ①振り返ろう伝えよう楽しい家庭科（1） ②作って贈ろうペアとおそろい（2） ③春休みパワーアッププロジェクト（2）	A(1)ア (4)ア B(5)ア(イ)イ	○第5学年での学習を振り返り，自分でできるようになったことを発表し合う。 ○家庭科の学習でついた力を活かし，入学してくる新1年生のペアへのプレゼント作りをすることを知る。 ●自分でできるようになったことを活かして，春休み中に家庭生活でどんなことができるか考え，発表し合う。

〈第6学年〉

月	題材名（時間の目安）	内容	○学習活動　●家庭と関連を図る場面
4 5	家族の生活を見つめよう ①自分の生活時間を振り返ろう（1） ②家族との時間を工夫しよう（2）	A(1)ア (2)アイ (3)ア(ア)イ	○6年生での学習計画を知り，自分なりの学習目標を立てる。 ●自分と家族の生活時間を振り返る。 ●自分と家族の生活時間を見比べ，家庭生活をよりよくするために自分にできることを考え，話し合う。 ●「ホッとタイム」の計画を立てて，実践する。 ●「ホッとタイム」の報告会をし，これからの自分の家庭生活や家族とのかかわりについて考える。
	いためておいしい　朝食に合うおかず	B(1)ア	○朝食の役割と朝食に合うおかずについて考える。

6	①朝食の役割を考えよう（1） ②いためるってどんな調理だろう（3） ③いためておいしい朝食に合うおかずを作ろう（4）	（2） (ｱ)(ｲ) (ｳ)(ｴ) イ	○朝食に合うおかずとして，野菜いための作り方について学習することを知り，いためる調理法について考える。 ○課題調理実習を行い，フライパンや油の扱い方を知る。 ○おいしい野菜いためを作るポイントについて話し合う。 ○朝食に合う野菜いためを考え，計画を立てて実習を行う。 ●野菜いための調理実習を振り返り，わかったことや改善点を踏まえて家庭で朝食のおかずを作る調理計画を立てる。
7	すずしくしよう　快適なくらし ①すずしいくらしに必要なことは何だろう（5） ②チャレンジ　すずしいくらしプロジェクト（1）	B(4)ア(ｱ) イ (6)ア(ｱ) イ	○暖かい着方の学習を振り返り，比較させながらすずしい着方の工夫について考え，まとめる。 ●すずしい住まい方の工夫について家庭での工夫を発表し合い，自分の課題を設定する。 ○学校内の室温と照度を調べ，結果からすずしい住まいにおける条件をまとめる。 ○家模型の実験結果からわかったことをまとめる。 ○自然エネルギーの利用の仕方や，効率のよい冷房器具の使い方について考える。 ○生活と音との関わりについて考える。 ●家庭でできるすずしいくらし方の工夫を考え，「夏休みすずしいくらしプロジェクト」の計画を立てる。
9 10	毎日着たいな　長く着たいな　わたしの衣服 ①衣服に必要な手入れを考えよう（1） ②手洗いで衣服をきれいにしよう（3） ③不用な衣服の活用方法を考えよう（2）	B(4)ア(ｲ) イ C(1)イ (2)アイ	●家庭生活を振り返り，衣服の手入れにはどのようなものがあるか話し合う。 ○衣服の品質表示や取り扱い絵表示の意味を知る。 ●洗たくをするときの家庭での工夫について調べる。（家庭） ○手洗いの手順について確認し，手洗いの実習計画を立てる。 ○実習計画を基に，手洗いの実習を行う。 ●自分のたんすの引き出しの中に衣服がどのくらい入っているか調べる。（家庭） ○よく着ているものとそうでないものに分類し，それぞれの衣服の特徴や入手方法，着なくなった理由について考える。 ○着なくなった衣服の活用方法について話し合う。 ●自分の着なくなった衣服の活用計画を立て，家庭で実践する。
10 11	楽しいソーイング　生活に役立つ物を作ろう ①スペシャル○○の製作計画を立てよう（2） ②作ろうわたしのスペシャル○○（9）	B(5)ア (ｱ)(ｲ) イ	○布製品や手作りのよさについて考える。 ○袋物を製作する際の，出来上がりの大きさとゆとりについて考え，目的に合った布の大きさの決め方について話し合う。 ○製作する目的（誰がいつどのように使う物か）を考えて製作したい物を決め，製作計画を立てる。 ○製作したい物を紙や不織布とホチキスで作り，出来上がりや製作手順を確認する。 ○紙での試作からわかったことを活かし，計画を修正する。 ○製作計画にしたがって製作する。 ○中間発表会を行い，自分の計画表を見直し，修正する。 ○計画を振り返りながら製作する。 ○作品発表会を行い，自分の製作について振り返る。
12	1食分の食事　ランチを作ろう ①給食みたいなわたしのランチ（4） ②材料を買いに行こう（4）	B(1)イ (2)ア (ｱ)(ｲ)	○1食分の給食の献立には，どんな食品が使われているか書き出し，どのような理由で選ばれたり，組み合わされたりしているのか話し合う。 ○毎日食べている食品にはそれぞれ栄養的な特徴があることを知る。

	③ランチを作ろう（3）	(ウ)(エ) (オ)	○いろいろな食品カードやおかずカードを組み合わせて，栄養バランスのよい1食分の献立を考える。
		イ	○ご飯とみそ汁を中心に1食分の献立を立て，調理実習の計画を立てる。
		(3)ア	○グループで調理実習を行い，振り返って課題について考える。
		(ア)(イ)	○ペアで2品を調理する計画を立てる。
		(ウ)	○ペアで2品（主菜，副菜）の調理実習を行う。
		イ	○視点に沿って，実習を振り返る。
		C(1)ア(イ)	●家庭で主菜と副菜を作る計画を立てる。
			●実践報告会を行った後，2学年間の調理の学習について振り返って家庭生活に活かせることについて話し合う。
1	わたしが地域にできること ①地域と家庭のつながりを考えよう（2） ②地域のために始めよう（2）	A(3)ア(イ) イ C(2)ア	●自分の住んでいる地域で行われている行事や地域の人とかかわる場面について考える。
			○身近な地域に家庭が与える影響について話し合う。
			●家庭が地域に与える影響について調べる。（家庭）
			○家庭が地域に与える影響や解決に向けての取り組みについて，グループで紹介し合う。
			●自分がこれから地域の一員として行っていけることや，生活するうえで気をつけていくことなどについて考える。
2 ・ 3	ありがとうの気持ちをこめて～こんなにできるようになったよ～ ①ありがとうの気持ちをこめて（6）	A(1)ア (4)ア	○5年生のはじめに立てた目標を振り返り，2学年間の学習をとおしてできるようになったことを発表し合う。
			●2学年間の学習を振り返り，もう一度取り組んでみたいことを考え，家庭実践の計画を立てる。
			●計画に沿って，家庭で実践する。（家庭）
			○実践報告会を行い，よかった点やさらに工夫できる点などについて話し合う。
			○中学校で，さらにできるようになりたいことを考える。

践を繰り返していくという2学年間の学習の見通しをもつことができるようにする。

　どの題材でも，題材の導入の場面では，家庭生活を振り返って課題となっていることなどを想起することができるようにする。ここでの「課題」は，次の2つに分けることができると考えられる。

課題の種類	課題の主な内容
A　△（課題）を○にかえる	自分や自分の家庭生活において，知識や技能を身につけることで，改善したい点，困っていることや不便さを感じていることを解消する。
B　○（課題）を◎にかえる	自分や自分の家庭生活において，知識や技能を身につけることで，今よりもさらに過ごしやすくなったり，豊かになったりするようにする。

　さらに，題材ごとに，次のような流れで課題解決ができるような計画を立てていき，学校の学習と家庭生活とが結びつくようにし，学習の必要性が高まっていくようにする。

(1)　自分の家庭生活を振り返り，それにかかわる課題を想起する。

(2)　題材の学習を通して，解決に必要な知識および技能を身につける。

(3)　(2)を活かし，共通する課題を解決する計画を立て，学校で実践する。

(4)　(3)を振り返ってまとめ，自分の家庭生活における課題を解決する計画を
　　　立て，家庭で実践する。

(5)　実践報告会を行い，題材の学習を振り返って今後に活かせることや取り
　　　組んでいきたいことをまとめる。

　このようにして，児童が自分の成長を実感できるように配慮しながら，今後
の家庭生活への活かし方や意欲に結びつけていくことができるような学習過程
を大切にした指導計画を立てるようにしよう。

7　行事・他教科と関連させた年間指導計画例

1　行事と関連させた年間指導計画とは

　小学校では例年ほぼ同じ時期に行事が設定されることが多い。例えば，5月
に運動会，9月に宿泊学習，3月に6年生を送る会などである。主要な行事を
意識して学級経営が行われているのと同様に，各教科の年間指導計画を立てる
際にも，行事との関連を検討することは重要である。行事は，児童にとって大
きな楽しみであり，学校生活におけるモチベーションにもつながっている。そ
のような行事と教科の学習を関連させることで，児童が学習する意欲を高めた
り，学習の必要感を高めたりすることができる。

　次項の年間指導計画を見ながら，以下の行事とどのような関連があるかを考
えてみよう。また，このほかにも，どのような行事とどのような学習を関連さ
せることができそうか考えてみよう。

> 5年生：林間学校（9月），文化祭（10月）
> 6年生：運動会（5月），修学旅行（9月），文化祭（10月）

2　他教科と関連させた年間指導計画とは

　年間指導計画を立てる際，行事と同様に関連させる必要があるのが，他教科
の学習内容である。担当学年を受けもった経験がある場合は，各教科の学習内
容がおおよそ頭に入っているため，関連づけた計画が立てやすい。初めて受け
もつ学年であれば，年度初めに全教科の内容を確認したり，同僚に相談したり
するとよい。「教科」というのは，教える側の理論であって，学ぶ側の児童に
とって，教科の枠は関係ない。児童の学びを大切にする立場からは，教科の枠

〈第5学年〉

月	学習内容	時数
4	家庭科ガイダンス（8時間） ・成長の振り返り，家庭科室探検（2） ・べっこうあめ作り（ガスコンロの使い方）（2）	4
5	・家の仕事さがし（2） ・お茶をいれてみよう（食器の準備・片づけ）（2） 針と糸を使って（8時間） ・裁縫セットの使い方，玉結び，玉どめ，フェルトに名前の縫いとり（2）	6
6	・玉結び等復習，布巾に名前の縫いとり（2） ・ボタンつけ，なみ縫い（2） ・小物作り（2） 考えよう　物やお金とのかかわり（6時間） ・自分の持ち物・家族の考え方（2）	8
7	・収入と支出，消費と環境（2） ・ガイドブック作り（2）	4
9	野菜を調理しよう（8時間） ・きゅうりの即席漬け（包丁の扱い方，切り方）（2） ・ほうれん草のおひたし（葉野菜のゆで方）（2） ・にんじんの調理実験（根野菜のポイント）（2）	6
10	・野菜のゆで方掲示物作り（2） ミシンを使ってみよう（8時間） ・ミシン調査をしよう・から縫い（1） ・糸をかけて練習（2） ・ミシン製作計画，布の選び方（1） ・ランチョンマット作り①（2）	8
11	・ランチョンマット作り②（2） 自分にあった片づけ方（4時間） ・片づけ座談会・私の持ち物（2） ・とっておくもの・手放すもの（1） ・私の片づけチャート作り（1）	6
12	ご飯とみそ汁（10時間） ・ご飯を炊く方法調べ（ビーカーでの試し）（2） ・なべで炊いてみよう（おにぎり作り）（2）	4
1	・みそ汁飲み比べ（だしのとり方）・計画（2） ・だしの選択，一人一杯みそ汁計画（2） ・みそ汁調理実習（2）	6
2	新しい縫い方に挑戦（6時間） ・練習布で本返し縫い，半返し縫い（2） ・つくりを観察，ティッシュケース裁断（2）	4
3	・ティッシュケース作り（2） 家庭科学習振り返り（2時間） ・「しあわせ」ってなあに	4
年間指導時数		60

〈第6学年〉

月	学習内容	時数
4	朝食作り（8時間） 　・いろいろな朝食（2） 　・「ゆでる」「いためる」比べ（2）	4
5	・食材の選び方（1） 　・朝食作り計画・エコ計画（1） 　・朝食調理実習（2）	4
6	ミシンで作ろう（8時間） 　・ミシンやアイロンの復習（2） 　・いろいろなバッグの仕組み観察・計画（2） 　・ミシンでの製作（4）	8
7	快適な住まい（6時間） 　・快適な住まいとは（1） 　・住まいの明るさ，涼しさ，風通し（3） 　・住まいでの家族のかかわり（2）	6
9	お金の使い方を考えよう（4時間） 　・生活での「お金」（1） 　・修学旅行のおこづかい，買う物の選択（1） 　・買う物の選択2，身のまわりの物の扱い（2）	4
10	いろいろな布（4時間） 　・3種類の布観察（織る・編む・固める）（2） 　・フェルト作り（「繊維を固める」こと）（2） 衣類の着方・手入れ（4時間） 　・「着る」ことについて考えよう（2）	6
11	・くつ下を洗ってみよう（2） 給食オリジナル献立（4時間） 　・献立作りについて（栄養士）（1） 　・献立作り（2） 　・グループ内評価，クラス代表献立審査（1）	6
12	一人一品弁当作り（5時間） 　・弁当用調理ガイドブック作り（2） 　・弁当作り計画（1） 　・弁当作り実習（2）	5
1	クリーン大作戦（4時間） 　・身のまわりのよごれ（2） 　・よごれに合ったそうじの仕方（2）	4
2	時間の使い方について考えよう（2時間） おやつを作ろう（卒業パーティ）（4時間） 　・おやつ作りの計画（2） 　・おやつ作り（2）	6
3	これまでの成長とこれから（1時間） 家庭科学習の振り返り（1時間） 　・「家族」について考えよう	2
年間指導時数		55

にこだわることは，弊害にさえなりかねない。児童にとっての学びのつながりを重視するためにも，教師は他教科の学習内容との関連を検討する必要がある。

　前掲の年間指導計画を見ながら，以下の他教科の学習とどのような関連があるか考えてみよう。また，他教科のどのような学習と家庭科のどのような学習を関連させることができそうか考えてみよう。

　5年生：大豆を育てよう（総合的な学習の時間），事実・意見・感想を区別して書こ
　　　　う（国語），工業生産にかかわる人々の工夫（社会）
　6年生：幅跳び（体育），卒業プロジェクト（総合的な学習の時間）

３　行事と関連させた年間指導計画と指導の実際

　第5学年は，9月下旬に林間学校が予定されていたため，前掲の年間指導計画において，包丁を初めて使う調理を9月上旬に設定した。林間学校でのカレー作りで包丁を使うからである。児童が安全に，安心して包丁を使うことができるよう，事前に包丁の扱い方や洗い方，野菜の切り方の学習をした。

　5月下旬には運動会が予定されていたため，第6学年の6月のはじめに，アイロンがけの復習の場を設定した。運動会で使った万国旗や応援団の団旗などを洗たくしたものにアイロンをかけることで，単なる復習に終始しない学習とすることができる。また，9月下旬には修学旅行でお小遣いが持参可能であるため，その前後でお金の使い方に関する学習を設定した。

　第5・6学年共通して，10月の文化祭に間に合うように，手縫いやミシンでの製作を設定した。これは，例年，文化祭において作品展示を行うからである。出品するものは各自が家庭科や図工の作品から選択するため，それを一つの目標とする児童もいた。これらの行事は，学校によって時期も内容も異なるため，勤務校での実情を踏まえて，年間指導計画との関連を図ることとなる。

４　他教科と関連させた年間指導計画と指導の実際

　第5学年では，総合的な学習の時間に大豆を育ててみそ作りをすることになったため，作ったみそを用いた調理実習をみその完成時期の1月に設定した。国語では，事実・意見・感想を区別して「書くこと」が目指される。9月に学習した野菜の調理の学習のまとめでは，葉野菜と根野菜のゆで方の違いや切り方によるゆで時間の違いなどを絵や吹き出しなどを用いて掲示物を作る場とした。実習で得た事実をもとに，どのようにゆでるとよいかを意見・感想として加えていった。社会科では，工業生産に関する学習があり，消費者のニーズに合わせたものを作る人々の努力を学ぶ。このことは，商品が消費者のニーズによって作り出されているということであり，そのまま消費者教育につな

がっている。

　第6学年では体育の幅跳びの学習に合わせて，衣服の手洗いの学習を設定した。体育の時間の後に家庭科の時間が設定できれば，汚れた靴下を手洗いすることができ，学習する必然性が生まれる。また，卒業にあたっては，さまざまな取り組みを計画する学校が多い。その一つに，学校をきれいにする活動がしばしば見られる。そこで，卒業を控えた1月にそうじの学習を設定した。

　このほかにも，社会科の物流の学習は，家庭科において地産地消やフードマイレージの問題として，算数の比重の学習は，計量スプーンの重さ換算の捉え方として，理科の水の三態変化の学習は，調理での沸騰のタイミングを見極める場面など，各教科の学習内容は相互に関連し合っており，そのことを踏まえた学習の展開を工夫することは，児童の学びをつなげ，深めることになる。

Exercise

① 　自分の暮らす地域の特徴や行事を調べて，家庭科の学習と関連づけてみよう。

② 　教科書の目次や実習校の年間指導計画などを参考にしながら，自分なりの年間指導計画を立ててみよう。

📖次への一冊

楽しい家庭科の授業を考える会『教科書＋α　絶対楽しい家庭科授業』東洋館出版社，2019年。
　　本書は，担任や若手教師が家庭科の指導をする際の助けとなるようなヒント集である。また，家庭科を指導する男性教師の視点も紹介されており興味深い。
鈴木明子『コンピテンシー・ベイスの家庭科カリキュラム』東洋館出版社，2019年。
　　本書は，新学習指導要領で求められる資質・能力基盤の授業づくりの視点を示している。小・中学校・高等学校の事例に加え，寄稿として，上智大学・奈須正裕教授による「コンピテンシー・ベイスの授業づくり」も掲載されている。
末松孝治『人生で大切なことはすべて家庭科で学べる』文芸社，2014年。
　　本書は，現在も福島県の高校で家庭科を教える，唯一の男性家庭科教師である末松孝治先生の授業を伝える一冊である。震災から学んだこと，男性ならではの視点などに，自分の教師としてのあり方を考えなおすきっかけとなる。

引用・参考文献

文部科学省『小学校学習指導要領（平成29年告示）解説　家庭編』東洋館出版社，2018年。

第10章
授業づくりの楽しさ・教材研究

〈この章のポイント〉
　授業づくりは楽しいものである。そのもととなる教材研究は家庭科の授業づくりの要でもあり，楽しみでもある。本章では家庭科の授業づくりにおける教材研究の役割と方法を具体例をもとに学ぶ。さらに教材研究をとおして教師が成長するということについても理解しよう。

1　すそ野を耕す教材研究

1　幅広い教材研究を楽しむ

　教材研究と聞いて何を思い描くだろうか。教材を研究するということは教師が日常的に授業準備の一環として取り組んでいることである。

　家庭科の学習内容は家事をやっているから簡単，料理ができるから大丈夫と多くの人が思っている。「教科書を見ればおおよその内容は理解できる。あらためて何を研究するというのだ」という声もよく聞く。しかし，家庭科を教えるとき教材研究は奥が深く，エネルギーを要するものとなる。なぜなら，家庭科が対象とするのは生活全般であることから研究対象が広いためである。また，それぞれの学習内容が10あったとして，教師は100程度の内容を理解していなければならない。すなわち，教える内容に付随するさまざまな事項を関連づけて理解しておくことが求められる。実際には授業では使わない内容も90程度あって初めて10のことを豊かに教えることができるということになるので教材研究の範囲も広いということになる。これは富士山のすそ野のように広大なもので，授業で使う知識や技能は山頂付近の9，10合目付近だけというイメージである。

　さて，ではどうやってそのすそ野を耕せばよいのだろうか。次の2つのことが考えられる。以下に順に説明する。

　〇他の教師の実践から学ぶ（真似して学ぶ）
　〇毎日の生活上にアンテナをはって調べる

2　他の教師の実践から学ぶ

　大学を卒業し教師になった途端に，教師は一人前とされる。実際にはわからないことだらけで，授業の内容の理解も不十分であり指導方法の工夫もまだできないのにである。

　そこで，まずはまわりの先生に授業の様子を聴いてみよう。とくに家庭科の場合は，児童の生活実態が授業内容を決める際に大きな要因となることから，その学校での経験が豊富な教師に授業の工夫を聴くことからはじめたい。おそらくその学校の児童の実態にあった実践になっているだろう。さらに，家庭科の授業をすべて一からオリジナルのものをつくろうとするのは難しいことである。そこで先に述べたように同じ学校の同僚の先輩教師の具体的な実践から学ぶとよいだろう。ワークシートや指導案も子どもたちをイメージしやすいのでわかりやすいと思われる。

　さらに市町村の教育委員会レベルで行われている家庭科の研修会にも出かけてみるとよい。家庭科は第5・6学年を担任する女性教師が主任を務めることが多いが，これらの教師は家庭科だけでなくあらゆる指導技術や指導力量の点から優れている方たちなので，具体的に学ぶことがたくさんあるはずである。

　このほかに，現在ではインターネットで検索すれば，数多くの実践報告を探すことができる。もちろんそれらの実践事例をそのまま自分の授業に使えるわけではないが，よく読んで自分の実践へのヒントをもらうことはできる。とくにワークシートや板書計画などは，さまざまなスタイルのものを数多く比較し見ることによって，自分が何を重視して教えたいと思うのか，具体的にどんな方法があるのかを考えるきっかけになる。

　なお，先輩たちが書いた実践報告や指導案は，ヒントをもらう先例ではあるが，無批判に読んですべてを受容するのではなく，ときには批判的に読んで自分だったらどうするかを考えるようにしたい。

3　毎日の生活上にアンテナをはって調べる

　家庭科は生活を対象としている。このことは教える側の教師の生活を対象としているということでもある。例えば，ごみの分別など環境や資源の問題を授業で扱うとしよう。ごみの分別については学校の所在地である市町村のルールを知ることからはじめなければならない。この作業は子どもたちと一緒に行うことも可能であるが，どこに行ってどのような資料を収集すればよいのかは事前に調べておく必要がある。時間や場所の制約がある場合には教師が準備して児童に提供するという形をとることも考えよう。

　さらに，ごみを実際に分別するときにどのような困ったことが起こるのか，

難しいことは何かなど具体的に考えながら自分の生活のなかでごみの問題，環境の問題に向き合うことが必要になる。その答えは，関連の書籍を読むことや，資料を読むこと，インターネットで検索して関連の記事を読むことなどでみつかるかもしれない。ただしそれだけは不十分である。実際に毎日の生活においてこれらの問題を気にかけておくことも重要なのである。新聞の記事を読むとき，テレビの情報番組を見るとき，気になってアンテナをはっていると，その事柄は自然と毎日の生活のなかで引っかかってくるものである。

　つまり，生活を対象とする学習内容を教えようとすると，教師自身も生活に注意深くなり，丁寧に毎日を生きるということを心掛けるようになる。

　また，環境のためによいこと，すべきことは授業のなかで児童に教える内容にとどまるということはありえない。環境のためによいこと，私たちがすべきことは，そのままブーメランのように自分に戻ってくる。つまり学習内容で扱う生活への向き合い方は，教師自身が自らの課されたテーマとして実践すべきことになり，自身の生活もその方向に変えていくことになる。もしくは，できないことを自覚する営みになる。いずれにしても，生活上の問題（これらはほとんどが私たちの社会のあり様とつながっている）と向き合う姿勢をもち続ける必要に迫られるのである。

　教えるべき内容，そのために理解しようとする内容（研究する内容）は，学習のなかで取り上げ，児童と共に取り組むなかで自分の問題になるのである。

2　教材研究で成長する教師

　では，授業をつくるに際して行う教材研究では，教師のどの部分を鍛えることになるのだろうか。このことを考えるために教師が担う役割という視点から授業づくりの構造を示したのが図10-1である。

　授業をつくるというとき，教師は実は大きく2つの役割を担っている。一つ目は，学習者のことをよく知って学習の方法や順序を考えるという役割で，具体的にはどのような学習内容にすればよいか，どのような方法であれば学習者が意欲的に学んでくれるかを考えることのできるデザイナーとしての役割である。二つ目は，学習者のことはよく理解してはいないが，学習内容については詳しく知っているエキスパートとしての役割である。エキスパートは自身の専門的な知識をデザイナーに伝え，デザイナーはエキスパートから情報を得ることによって目の前の学習者にとって最適の内容と方法を考える。Instructionの考え方からすれば，この2つの役割があって初めて授業はうまくつくられることになる。ただし，とくに日本の小学校の場合は，この2つの役割を一人の教師が担うことが普通とされている。おそらく多くの教師は2つの役割を意識

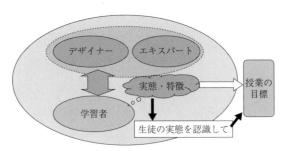

図10−1　家庭科の授業実践をつくる
出所：筆者作成。

しないまま両方を自然と担っていると考えられる。ただし，福祉に関する学習
等について校外からエキスパートであるゲストティーチャーを招いたり，食育
で校内の栄養士（栄養教諭）をＴ２として実施したりといった事例はここに示
した２つの役割を２人の教師でうまく分担している授業実践例である。しか
し，多くの小学校の家庭科の授業では，高学年を担当する教師がこの２つの役
割を担うべく試行錯誤しているというのが現状である。

　とはいえ，高学年で家庭科を教えるという経験だけではエキスパートにはな
れない。教師はエキスパートの役割を担うようになるために教材研究を重ねる
ことになるのである。

　その努力を重ねるなかでわかることがある。⑴教師は教える内容の何倍もの
知識を必要とする，⑵家事ができる（教師自身ができる）＝教えることができる
ということではない，ということである。順に説明する。

　⑴　教師は教える内容の何倍もの知識を必要とする。

　家庭科の学習内容は生活に密着しているために内容が簡単であると思われが
ちである。しかし，学習内容の何倍もの知識があってはじめて授業づくりがで
きる。10ある内容から選んで２教えるのと，２の内容しか知らないという状態
で２を教えるのとでは，同じ学習内容であったとしても授業づくりはまったく
異なるものになる。しかも単なるテキストから知りえた知識だけではなく，実
際に自分がやってみて理解したこともあわせて知識にしたい。

　⑵　家事ができる＝教えることができるということではない。

　⑴とは逆に，「一定の家事や生活上のことを上手にこなすことができる」と
いうことだけでは，教えることはできない。なぜなら，教えるという営みのな
かでは教える内容（学習内容）だけが理解され実行できるようになることを目
標にしていないからである。生活上の知識や技能は数多く多様であることから
すべてを学習内容とすることは不可能である。一つのことを学んだからそのこ
とを用いてそれ以外の場面や，課題にも応用できるように学習内容を組み立て
ることが必要となる。その場合に，科学的な説明や応用可能な知識とする手立

てを学ぶようにしたい。これらの知識は教師が書籍や資料を用いて教材研究するなかで身につける必要がある。

3　カリキュラムの考え方——内容と配列（順序）

　教材研究を行う際に，その教材の規模，範囲を限定することは大変重要である。具体的に授業の案を考えるとして，どのくらいの時間のどの程度の単元の授業を計画するのかを理解して行う。そうでなければ，教材研究は果てしないものになりかねない。

　そこで，カリキュラムの語源や範囲について改めて確認しておこう。

　日本の小学校は私立学校も含めてすべて，学習指導要領に規定された学習目標・学習の内容に則り授業を行う。通常公立小学校の場合には，所在地の都道府県や市町村の教育委員会が作成した，編成基準に沿って授業をつくることになる。

　現在学校ごとの教育方針や，教科の年間をとおした編成計画は公開されており，とくに児童の保護者が学校の教育内容を詳しく知ることができるようになっている。

　各教師が担うカリキュラムの計画は，学期ごとの各教科の指導計画，単元（題材）ごとの指導計画，1時間ごとの授業案，といったある程度のまとまりをもった一連のカリキュラムとして作成することになる（図10-2）。

　家庭科のカリキュラム作りの難しさは図10-3に示したように学習内容が多岐にわたることである。複数の領域を横断して作ることできれば，授業が多面的になり学びの質も多面的になるが，初任者にとっては難しいものである。まずは一つの領域に絞り，授業案をつくることができるようになることからはじめよう。

　その際に，大切なのは，内容と配列（順序）である。どの学習内容を選ぶの

学習指導要領：学習の目標・学習内容・方法の基準を示すもの

都道府県レベルの編成規準
市町村レベルの編成規準・指導事例案
　（実際の運用に際して地域性等を考慮してつくられる）

各学校の各教科編成計画：ほとんどの学校で公開されている。

　　学期ごとの指導計画（各教科）
　　単元ごとの指導計画・指導案　　　*教科担当の教師が作成する*
　　1時間ごとの指導案

図10-2　さまざまなレベルのカリキュラム
出所：筆者作成。

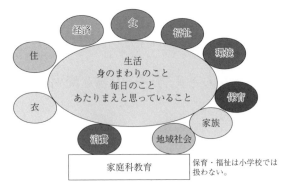

図10-3　家庭科の対象領域
出所：筆者作成。

か，さらにそれらをどのような配列（順序）にするのかをよく考えることがカリキュラムの点からも重要である。家庭科では学習内容が多いことから，単に内容を羅列した指導計画や指導案（時案）を見かけることがある。内容と配列に気をつけるということは，児童にとって学んだ内容がその学習後につながって一つのストーリーとして認識されるということである。意味のある内容，意味のある配列にすることが授業づくりの究極の要点である。

　さらに，このようなカリキュラムを一領域でつくることができたら，複数の領域の内容を扱った横断的な指導計画をつくることができるようになる。このように家庭科の授業づくりも段階を踏んでステップアップできるとよいだろう。

4　家庭科の教材研究の特徴

1　不易な内容と鮮度のある教材

　家庭科は日常生活を題材とすることから日々刻々と変化する内容を扱うことになる。このことは教師にとって教材研究の楽しみでもあるが，大変さでもある。ただし，学習内容には昔から教えられてきた内容で，今も変わらず大切なこともある。例えば，五大栄養素の種類と働きを学ぶということがそれにあたる。五大栄養素を知っていること，それぞれの働きを知っていることが栄養にかかわる学習の基礎になりうる。これは不易な内容ということになる。ただし，近年では食品から十分な摂取が難しいとしてさまざまなサプリメントが販売され利用者数も増えている。この事実を理解することやほんとうにサプリメントで摂取した栄養は有用なのかということは改めて考えるべき問題である。これは鮮度のある教材であると同時に，不易な知識も駆使して考えるべき内容と考えてよいだろう。このように，目の前の子どもたちにとって基本的・基礎的な知識は何なのか，現状で考えるべき内容は何なのかを常に検討し続ける必

要があるという点が家庭科の教材研究の一つの特徴である。

［2］　教材についての学びを児童と共に楽しむ

　家庭科の教材研究は，教師が自身の生活を見つめなおし，知らなかったことや気づかなかったことを見つめなおして探究する営みになることが多い。この営みは，児童が新しいことにわくわくドキドキする学習と近いものがある。知っていることについて教え方を工夫するという教材研究の楽しみもある。一方で知らないことを知るよろこびも教材研究にはある。例えば地域の郷土料理や産物を教材にするときには，まず地域でそのモノやことにかかわっている方たちを訪ねて教えてもらうことからはじめることになる。[1]そのプロセスは大変ではあるが，新たな発見をして児童と共に学ぶという時間をもつことのできる貴重な経験でもある。このような体験は，家庭科という教科を越えて児童が育つ地域への理解にもつながるなど，教材研究によって多くのことを学ぶ機会になるのである。

▷1　第14章第5節［1］の
実践例を参照。

［3］　中学校・高等学校での家庭科や，他教科とつながる学び

　第1章で述べたように，小学校の家庭科は生活技術の習得を重視した内容となっている。ただし，必修の家庭科は中学校3年間，高等学校1～2年間と，その後も継続して学習する。そのことを考えれば，小学校での学びがその後の中学校・高等学校での家庭科の学習内容を見据えたものとなる必要がある。小学生だからこの程度でと考えるのではなく，児童が中学生高校生になったときにも，その基盤となりうるような内容を精選しておきたいものである。そのためにも教材研究においては，小学校での学習の範囲を理解しながらも広い視野をもって，内容を精選することが必要とされるであろう。

5　実際の教材研究の例

［1］　みそ汁のみそを学ぶ

　小学校の家庭科では日本の食文化を大切にする意味からも炊飯とみそ汁の作り方を学ぶことになっている。とくにみそ汁は，一度作り方を学ぶことによって家庭での実践が期待できる題材でもある。いく種類かのみそをお湯で溶かして飲み比べをするなどの実践もよく行われている。

　A先生は，このみそ汁を題材とする前に，みその種類を自ら学ぶということを行った。まずはみそについてインターネットでおおよその種類や日本の各地で作られ食べられている特徴的なみそについて知ることからはじめた。さらに

関連の書籍を用いて知識を確かなものにした。インターネットに頼りすぎるのは危険であるが，おおよそのことを把握する，適当な資料を探すという点からは有効に活用したいものである。

みその種類

こうじによる分類：米みそ / 麦みそ / 豆みそ

味による分類：甘口みそ / 辛口みそ

色による分類：白みそ / 赤みそ / 淡色みそ

　みその種類や産地についての知識はここまでで十分である。しかし，A先生は，前から気になっていた自宅から車で20分くらいのところにある「みそ専門の店」に出かけた。店のご主人に自分が小学校の教師でみそ汁について教えなければならないことを伝え，一つずつみそを味見させてもらったり，それぞれの特徴について教えてもらったり，ということを行った。あらかじめ知識があったために，ご主人の話はわかりやすく，一方で書籍からの情報だけではわからないこと（みその保管の工夫や，香りを活かす使い方など）をたくさん学んだ。この店では，みそ樽に入ったみそがそのまま店頭にならべられていたので，授業に使う許可をいただいてその様子を写真に収めることもできた。授業では，このご主人とのやり取りや，店の様子，みその状態もあわせて見せながら説明することができた。実感したことは伝えやすく児童も大変興味をもって聴いた。

２　掃除グッズや環境にやさしい掃除用品を使う

　住まいを快適にする第一歩として整理・整頓を考え実践する授業も小学校家庭科では重要な実践型の授業である。多くは学校内の汚れを調べて実際にそれらの汚れをとる掃除を計画し実践するということを行う。

　B先生は，この授業をするにあたって，単にきれいにするというよりは，できるだけ強力な洗剤は使わない環境にやさしい掃除の方法を子どもと共に学びたいと考えた。さらに，掃除を行う際のさまざまな工夫については，子どもたちの保護者や祖父母の実践例から学ぶことができないかと考えた。そこで，クラスの児童に，「わが家の掃除の工夫」をおうちの人から聴き取ってくるという宿題を課した。保護者会やクラスだよりも活用して保護者には協力を依頼しておいたため，ほとんどの児童が何かしらの工夫を聴き取りシートに記入して提出することができた。

> わが家の掃除の工夫（聴き取りシートの内容）
> ①家庭内の掃除（水まわり，室内のほこりをとる，とくに汚れがたまりやすいところ
> 　など）で工夫していることを教えてください。
> ②その掃除方法の工夫のよい点は何ですか。
> ③その掃除方法を実際にやるときのコツを教えてください。
> ④これからこの掃除方法をやってみる人にアドバイスをください。

　この提出された掃除の工夫については，この題材がはじまる前に集めて，集計を取り，掃除の工夫を大まかに分類した。その結果，「天日干ししたミカンの皮でガラス窓をきれいにする方法」「濡らした新聞紙を用いてホコリを取る方法」など先人の知恵を活かした掃除の方法が示された。一方「すきまの汚れを取るための簡易な棒」「使い古しのパンティストッキングを用いた汚れとり」など身近にあるもので掃除グッズを作ってきれいにする方法も集まった。B先生はこれらのうち小学生にもできそうな方法や，教室内をきれいにするために有用な方法のいくつかをやってみることにした。実際にやってみると，児童には難しいと思われるものや，十分な量を確保できるのか心配になるものもあり，実際に授業で使えそうなものを限定することができた。

　また，この実際にやってみた教材研究をとおして，児童が掃除計画を立てるときに（課題解決的な取り組み），適切なアドバイスが可能になったと実感できた。どのくらいきれいになるのか，どの程度力がいるのかなどやってみてわかったことが数多くあったからである。家庭科の教材研究にはこのようにあらかじめやってみて，学習にどのように活かすのかということを考えるためのものもあるのである。

③　布で作るエコバッグのモデルづくり

　布で作る小物の製作は，多くの場合ミシンの使い方をマスターすることに終始したり，製作手順どおりに縫うことを教えることになる。現代の子どもたちは手先を使う経験が少ないことからも，技能を用いる学習の場合，これらの技能をある程度習得することを目指して行うことになるためである。ただし，生活のなかにある布で作られた小物を製作する場合，ただ縫うことではなく布製品のよしあしを見極めることも習得してほしい力である。

　C先生は，エコバッグを作る学習において，縫い方の一つひとつに意味があることを理解して，実際に縫う作業を行ってほしいと考え，小物製作の導入に数種類のエコバッグ見本を用意した。これらは夏季休業中に製作した教材である。エコバッグの底，両サイド，取っ手の縫い付けてある部分など，児童が気づきやすいと思われる部分をしっかり縫わない見本教材を作ったのである。見てすぐわかる不備，ひっぱったり物を入れてみたりしてはじめてわかる不備な

ど，市販の袋づくりのハウツー本を見ながら試行錯誤して４タイプの教材を作り上げた。

　子どもたちはクイズを楽しむように，４タイプの教材にノートやペンケースを入れてみたり，さまざまな部分をひっぱってみたりして比較検討し，バッグの各部分における適切な縫い方を考えることができた。

　以上の例のように，家庭科の授業では教材のよしあしが子どもの気づきを左右し，よりよい教材を精選することによって，子どもの理解が促されることになる。そのような教材は，教材研究のなかから導かれるアイディアと，それを授業の目的にあわせて子どもにわかりやすい教材にする地道な努力により，精選される。具体的に使ってみる，試してみる，といったプロセスを科学的に行うことも含めて教材研究を楽しんでほしい。

Exercise

① 　本章にあるような実際の教材研究の例をインターネットで検索して読んでみよう。

② 　小学校家庭科の学習内容のいずれか一つを選び，教材研究を実際に行ってレポートしてみよう。

③ 　生活を見渡して，小学生に適した教材を探して書き出してみよう。

📖次への一冊

河村美穂・芳川りえ「小学校家庭科調理実習における題材としての調理法の再検討──体験してわかる『頃合』に注目して」『埼玉大学紀要教育学部』61（1），2012年，23〜31ページ。
　　小学生が調理実習で学んでいる内容について実習記録を分析し，個々の児童が自分なりの調理の頃合をつかんでいることを発見した。
浅田匡・生田孝至・藤岡完治編『成長する教師──教師学への誘い』金子書房，1998年。
　　教師がリフレクションをとおして成長するという事実を多様な研究をとおして解説している。

第11章
単元の指導計画を立てる

〈この章のポイント〉
　教科目標の実現に向けて学習指導を適切に行うためには，児童の生活実態をしっかりと捉え，実感のもてる学習を行うこと，学習指導要領に示されている目標や内容を理解して具体化すること，他の内容や教科とも関連を図り効果的に題材を構成することの3つが肝要である。そのうえで小学校卒業までの2か年間を見通した年間指導計画を立て，各題材の指導と評価の計画を作成する。本章では，指導計画作成上の手順と配慮事項とを学び，どのようにしたら単元の指導計画を立てることができるか考えてみよう。

1　単元をつくる

1　単元とは何か

　学習指導要領に示されているA～Cの内容は，指導の順序や題材を示すものではない。指導にあたっては，各内容を授業として具体化する必要がある。この達成目標をもった授業のひとまとまりを「単元」と呼ぶ。単元のうち，系統性のゆるやかなものを「題材」と表す考え方もある。
　単元は，児童用教科書に掲載されているものだけではない。各学校の特色や地域性，季節，児童の実態などを踏まえて，独自に構成することもできる。いずれの場合も，効果的に学習指導を行うためには，指導の順序や各事項の重点の置き方などを工夫して構成し，単元の指導計画を立てる。また，2学年にわたってそれらの単元を適切に配列し，年間指導計画を作成する必要がある。

2　単元づくりの要件

① 授業のねらいを明確にする
　単元をつくる際に最も重要なことは，何をねらいとするのかということである。例えば，「ゆで野菜サラダ」の調理の学習を展開するとする。そこには，どのような「知識・技能」「思考力・判断力・表現力等」「学びに向かう力・人間性等」が込められるだろうか。図11-1は，ウェビングという手法で，それらを洗い出した図である。このように分析してみると，単元を構成する資質・

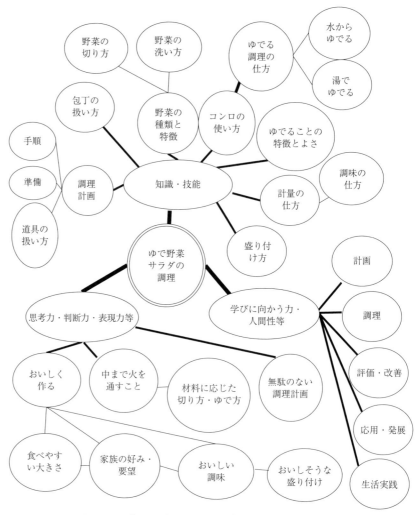

図11−1　「ゆで野菜サラダの調理」に係る資質・能力の例
出所：筆者作成。

能力が見えてくる。

　また，「『ゆで野菜サラダ』を作って食べる」という生活行為は，単独では成り立たない。これを一連の生活行為として時系列のなかに置いてみると，買い物，調理，後片づけという一続きの生活行為の流れの一つとして位置づく。そこでは，献立の作成，食品の選択や購入，保存・保管，調理，配膳，食べ方やマナー，後片づけ，ごみの始末といったさまざまなことがらが行われている。よって「ゆで野菜サラダ」についての学習は，調理だけを取り出して単元として構成することもできるし，食品の選択や購入といった消費生活の学習と関連づけることも，後片づけやごみの始末のような環境への配慮についての学習と関連づけて単元を構成することもできる。何をねらいとするかによって，単元はさまざまに構成することができるのである。では，ねらいそのものは，どの

ように設定したらよいのだろうか。

② 育てたい資質・能力を明らかにする

　題材のねらいを考える際のポイントの一つは，この単元を通して，どのような資質・能力を育てたいのかを明らかにすることである。先のウェビング（図11-1）の後，該当する学習指導要領の指導項目と各指導事項とを洗い出すと，ねらいが明確になってくる。

　学習指導要領では，項目ごとに指導事項をアとイの2つに分けて示している。アは「基礎的な知識・技能」の習得に係る指導事項であり，イはそれを活用し「思考力・判断力・表現力等」の育成に係る事項である。題材の構成にあたっては，ア「知識・技能」の習得だけで終わらせず，イ「思考力・判断力・表現力等」も育成できるように題材を組み立てる必要がある。それには，学習を通して得た「知識・技能」を活用して課題解決を図り，「思考力・判断力・表現力等」を児童が発揮できる場を単元計画のなかに位置づけることが求められる。

　題材を構成する際には，関連する内容を組み合わせることも有効である。とくに「A　家族・家庭生活」や「C　消費生活・環境」では，「B　衣食住の生活」との関連を図り，児童が具体的な生活場面を思い浮かべ，実感をもって学習できるようにするとともに，家庭生活を総合的に捉えることができるようにする。

③ 児童の生活課題から単元を構想する

　家庭科は生活にかかわる問題解決力を育てる教科である。よって，単元を児童の現実的な生活課題から構想することも重要である。

　家庭で家の仕事をしていない児童が多いといった実態があったとする。そうした場合，原因として考えられることは何だろうか。家事は保護者がする仕事，やってもらって当たり前なことと捉えている可能性が考えられる。また，何をしていいのかわからないでいるということも考えられる。児童の生活課題から単元を構想する際には，児童の生活行動の観察や聞き取り，アンケートなどを用いて生活の課題を明らかにし，ねらいを設定するようにする。また同時に，これらを通して児童の生活経験を活かせる場面や，当たり前だと考えていることを揺さぶるきっかけなどを探り，授業のなかに効果的に取り入れるようにする。

　資料11-1は，第5学年「家庭の仕事とわたし」（全3時間）の単元指導計画である。いずれも，第1時間目に生活に必要な仕事を児童に洗い出させ，自分の生活をみつめる場を設けている。A案ではその後，家族のなかでの分担についての見なおしが話し合われる。児童の思考は，「家族に負担をかけないようにするためには，どう協力したらよいか」という点に集まることが予想され

る。B案では，家庭の仕事を家族にしてもらっているのか，自分がしているのかという仕事主体の次元と，できるのかできないのかという能力の次元とに仕事を分けることで，「できる」のに「していない」仕事があることに気づかせている。A案のねらいは，「家族への協力」にあり，B案のねらいは「生活の自立」にある。このように同じ単元の指導計画であっても，ねらいを何に設定するかによって授業はまったく異なった結果をもたらすことに留意したい。

資料11－1

1. 単元名「家庭の仕事とわたし」（第5学年）
2. 指導計画（全3時間）
   ①生活に必要な仕事って？・・・・・1時間（本時）
   ②わたしの実践計画・・・・・・・1時間
   ③実践計画の改善とくふう・・・・・1時間
3. 本時の展開（1時間目／3時間）

〈A案〉

学習活動	指導上の留意点	資料・教具
●生活するのに必要な仕事について話し合い，整理する。（①収入を得る仕事，②家庭での仕事）	○1日の家族の生活を追って考えさせ，どの家庭にも共通した仕事に気づかせる。	
●生活するのに必要な仕事をだれもしなかったら（病気などでできなくなったら）どうなるかを考える。	○家族みんなが協力し，思いやって仕事を分担することの大切さに気づかせる。	
●生活に必要な仕事の分担状況を「仕事分担表」にまとめ，発表する。	○分担のしかたに偏りがあることに気づかせ，問題意識をもたせる。	仕事分担表
●家族それぞれの立場や役割について話し合う。	○家族はそれぞれの立場から生活の責任を負っていることを説明する。	
●自分にできることなのに自分がしないことで家族の仕事をふやしていないか考える。	○自分の生活の自立を図るように促す。	子どもの自立度調査
●自分の仕事の分担について見なおす。	○自分が受けもつ仕事を家族と相談して決めるように伝える。	チャレンジカード

〈B案〉

学習活動	指導上の留意点	資料・教具
●生活するのに必要な仕事について話し合い，整理する。（①収入を得る仕事，	○1日の家族の生活を追って考えさせ，どの家庭にも共通した仕事や家庭によっ	1日の生活時間表（帯）

②家庭での仕事)	て異なる仕事があることに気づかせる。	
●家庭での仕事を短冊1枚に1つ書き出し，それらを「してもらっている仕事」と「自分でしている仕事」に分ける。	○作業は児童の実態に合わせて各自か班かで行う。班活動の場合，短冊は各自別の色の物を用い短冊を区別する。 ○班ごとに模造紙を4つに分けて短冊を貼る。まず「してもらっている」「自分でしている」の2つに左右に分ける。 ┌─────┬─────┐ │してもらっている│自分でしている（協力している）│ └─────┴─────┘	短冊・模造紙（またはA3用紙）を以下のように4分割する ┌─────┬─────┐ │自分でできるが，してもらっている仕事│自分でできるし，している仕事│ ├─────┼─────┤ │自分ではできない，してもらっている仕事│自分ではできないが，協力している仕事│ └─────┴─────┘
●さらに「自分でできる仕事」と「自分ではできない仕事」に分ける。	さらに「自分でできる」「自分ではできない」の2つに上下に分ける。 ┌─────┐ │自分でできる│ ├─────┤ │自分ではできない│ └─────┘	
●仕事の分類から気づいた自分の生活課題について話し合い，気づいたことをノートに書く。	○「自分でできる」のに「してもらっている仕事」には何があるかを表から読み取らせる。	ノート
●自分の仕事の分担について見なおす。	○自分が受けもつ仕事を家族と相談して決めるように伝える。	チャレンジカード

出所：単元の指導計画ならびにA案は，鶴田・伊藤（2008, 75ページ）から引用したものである。B案は筆者作成。

④　児童の生活からはじめて，生活に戻す学習にする

　授業のねらいは，学習指導要領の指導事項に示されたものであることも多い。それが，たとえ児童に到達させるべき必要性をもった目標であったとしても，学ぶ児童自身が，学習に興味・関心をもっていなければ，単元は成立しない。家庭科は，児童が自分の生活をみつめる活動を通して自ら課題を発見し，解決方法を考えて試行錯誤し，得た学びを自分の生活の向上に活かす教科である。よって，単元をつくる際には，児童の興味・関心や発達段階を踏まえることが何より大切である。

　例えば，学習指導要領「Ｃ　消費生活・環境」の(1)「物や金銭の使い方と買物」のア(ア)には「買物の仕組みや消費者の役割が分かり，物や金銭の大切さと計画的な使い方について理解すること」（『解説』，65ページ）が目標に示されて

いる。ここでは，売買契約の基礎を学ぶ。児童はこれまでの生活のなかで，さまざまな買物をした経験をもっている。そこで，こうした買物経験を授業に取り入れるようにすると，学習への関心が高まるとともに，自分の生活課題と学習とが結びつけられるようになる。単元をつくる際には，児童の生活経験を活かすことが大切である。

　また一方で，児童が見落としてきたことや矛盾点に気づかせる場面をつくることも肝要である。例えば，「買う人（消費者）の申し出と売る人の承諾によって売買契約が成立する」（『解説』，66ページ）とすれば，電話でピザを注文した時の「売買契約」は，いつ成立するのだろう。児童の多くは，注文したピザが届き，代金を払った時だと答える。しかし実際には，電話口で注文し，それを売る人が承諾した時点で売買契約は成立する。口頭でも売買契約は成立するという事実は，児童の買物に対する認識を深めることになるだろう。

　このように，単元をつくる際には，児童の生活実態を踏まえることで学習に対する興味・関心を高めるとともに，その認識に揺さぶりをかけるようにし，当たり前だと思っていた自分の生活を新たな視点から「再発見」できるように構成することが大切である。

⑤　学校目標や校内研究との関連を図る

　単元をつくる際には，学校目標や校内研究と関連づけることもあげられる。多くの場合，目標やテーマは幅広く設定されているので，家庭科の特質を踏まえた関連を図って単元を構成するようにする。

　例えば，「言語活動の充実」のような目標の場合，家庭科では，「団らん」「健康」「手入れ」「快適さ」など衣食住の生活に関連の深い言葉を実感をともなった明確な概念として捉えることができるようにする。また，「ゆでる」「ゆがく」「煮る」など似ているが意味の異なる言葉を取り上げて，言葉が指す行動を正しく理解できるようにするなどの学習も考えられる。また，言葉や図表などを使って，学んだことを表現したり，生活をよりよくする方法を考え説明したりするなどの学習も展開できる。調理や製作後の作品の評価・改善の場面などは，仲間との交流を通した言語活動を豊かに展開できるよい機会である。

⑥　他の内容，教科との関連を図る

　題材を構成する際には，家庭科の内容や指導事項相互の関連を図ると効果的な学習が展開できる。以下に３つの事例を示す。

■「Ａ　家族・家庭生活」の(1)「自分の成長と家族・家庭生活」のア「自分の成長の自覚，家族生活と家族の大切さ，家族との協力」を(2)のア「家庭の仕事と生活時間」と組み合わせ，夏季や冬季休業中の課題「家庭の仕事にトライしよう」を設け，休み明けに小単元名「実践したことを発表し合おう」（１時間）のなかで児童相互の交流を促すことで，成長への自覚を高める。
■「Ｂ　衣食住の生活」の(2)「調理の基礎」と(3)「栄養を考えた食事」さらに「Ｃ

消費生活・環境」の(1)「物や金銭の使い方と買物」アの(イ)「身近な物の選び方，買い方，情報の収集・整理と(2)「環境に配慮した生活」のイ「環境に配慮した物の使い方の工夫」とを組み合わせて，小単元名「健康家族のエコランチ」（全6時間）を設け，栄養バランスの整った健康的な昼食の献立を立案し，買物，調理，後始末までの計画を立て，環境にも配慮した1食分の献立の調理実習を実施し，評価・改善を考える。

　■「B　衣食住の生活」の(5)「生活を豊かにするための布を用いた製作」と(6)「快適な住まい方」のアの(イ)「住まいの整理・整頓や清掃の仕方」とを組み合わせて，不用な衣類や布製品の整理を行い，それらを材料として活かして生活を豊かにするための布製品の製作に充てる小単元名「思い出の衣服をよみがえらせよう」（全6時間）を展開する。

　指導事項相互の関連については，家庭科の内容だけではなく，他教科との関連を図ることもできる。これは，多くの教科を教える機会をもつ小学校教師のよさを活かす取り組みである。カリキュラム・マネジメントの実現にも通ずる。児童にとっては，一つの学習を多面的に深く理解するうえで効果的な取り組みである。

　例えば，「ごはんとみそ汁」の調理についての単元では，第5学年社会科での日本の農業等に関する学習と関連させたい。日本の気候，風土と稲作との関係，そこに携わる人々の思いや願い，工夫や努力を知ること，またどのような人々の手を通して私たちの食卓まで届くのかを知ることは，「主食」という言葉のもつ意味や日本の生活文化のあり方にも気づきを広げることにつながる。

　また，「A　家族・家庭生活」(3)「家族や地域の人々との関わり」のイ「家族や地域の人々とのよりよい関わりについて考え，工夫すること」では「他教科等における学習との関連を図るよう配慮すること」（『解説』，26ページ）が内容の取り扱いの中に示されている。家庭科だけでなく学校行事や総合的な学習の時間などとも関連させることによって児童が豊かな思考・判断・表現の場をもてるようにし，家庭科の目標の達成を効果的に図るようにしたい。

⑦　適切な指導時数を配当する

　年間指導時数は，第5学年では60時間，第6学年は55時間と決められている。限られた時間数のなかで，すべての目標を達成するためには，題材を効果的に配置するとともに，児童の実態に合わせて配当時間を割り振る必要がある。

　A～Cの内容とそれらの指導事項とが偏りなく配当できたかについては，表11-1のような「各題材と学習指導要領との対応表」を作って確認するとよい。

2　主体的・対話的で深い学びを実現する単元指導計画

　学習指導要領では，目指す資質・能力を育成する手立てとして，教科独自の

表11-1　各題材と学習指導要領との対応表　　　　　　　○…該当する指導事項

題材名	時数	A(1)ア	A(2)ア	A(2)イ	A(3)ア	A(3)イ	A(4)ア	A(4)イ	B(1)ア	B(1)イ	B(2)ア(ア)	B(2)ア(イ)	B(2)ア(ウ)	B(2)ア(エ)	B(2)ア(オ)	B(2)イ	B(3)ア(ア)	B(3)ア(イ)	B(3)ア(ウ)	B(3)イ	B(4)ア(ア)	B(4)ア(イ)	B(4)イ	B(5)ア(ア)	B(5)ア(イ)	B(5)イ	B(6)ア(ア)	B(6)ア(イ)	B(6)イ	C(1)ア(ア)	C(1)ア(イ)	C(1)イ	C(2)ア	C(2)イ
家庭科の学習を始めよう	1	○																																
家の仕事を調べよう	4				○	○						○																						
ゆでる調理にチャレンジ	6										○	○	○	○		○																		
手縫いにチャレンジ	6																							○	○	○								
以下略																																		
時間数（第5学年）	60																																	
時間数（第6学年）	55																																	

出所：筒井（2012, 26ページ）を一部改変。

見方・考え方を働かせ，主体的・対話的で深い学びの展開を推奨している。2016（平成28）年12月の中央教育審議会「幼稚園，小学校，中学校，高等学校及び特別支援学校の学習指導要領等の改善及び必要な方策等について（答申）」では，「主体的・対話的で深い学び」は，「1単位時間の授業の中で全てが実現されるものではなく，単元や題材のまとまりの中で」実現できるよう指導計画を立てるとされている。

　家庭科の特質に応じた「主体的な学び」を実現するためには，児童の生活実態に根差した興味・関心がわくような単元や発問を工夫する必要がある。また，この単元の学習を通して何を身につけるのか，どのようなことにチャレンジするのかなど見通しをもって学習に取り組めるようにする。そして，児童が進んで生活課題を掘り起こしたり，知識や技能の習得に粘り強く取り組んだりできるようにする。さらに，学んだことを振り返る場を大切にし，身についたことを自覚して自分の成長を実感したり，評価・改善を考えてさらに新たな課題に取り組むことができるようにする。

　「対話的な学び」を実現するためには，4つの対話が生まれるように単元を構成すると効果的である。一つ目の対話は，観察や実験，実習を通しての児童と学習対象との対話である。二つ目は，気づきや疑問，振り返りなどでの自分自身との対話。三つ目は，意見の交流などによる仲間との対話。四つ目は，仲間が学習対象とのかかわりから得た気づきや考えを本人から聞くことを通して

多様な考えを知る間接的な対話である。これらを具体化するためには，じっくりと学習対象とかかわり，学びを振り返る活動を多面的に行えるようにすることや，仲間や教師だけでなく家族や地域の人々などさまざまな他者の考えに出会って，自身の考えを広げたり深めたりできる場を設けることが有効である。こうした「主体的」で「対話的」な学びの手立てを通して，「深い学び」を実現することが目指されている。

　「深い学び」とは，家庭科で培う「協力・協働，健康・快適・安全，生活文化の継承・創造，持続可能な社会の構築」といった生活に係る見方・考え方を働かせながら，学んだ基礎的な知識及び技能を場に応じて縦横に活用して課題の解決に向けて自分なりに考え，表現し，創造する学びのことである。

　「米飯の調理」（全3時間）を例に「主体的・対話的で深い学び」を実現する単元計画を考えてみよう（資料11−2）。従来一般的であった単元構成をA案とする。A案では，米や米飯の調理について児童が調べ，調理計画を立てて炊飯し，結果を評価し，改善案を立てる構成になっている。

　それがB案では，まず，これまでの生活経験を基にご飯がどう炊けたら成功とみなすのか，炊飯の到達目標と評価方法とを児童と教師とで決めてから炊飯作戦を立てる。後はA案と同様の展開である。C案では，米の量も水の量もわからない。ペットボトル容器だけを頼りに水の分量を決め，炊飯の仕方を考える。児童は米と水とを分量ではなく，1対1.2という体積の割合で捉えるように促される。同様に米は，1時間水につけておくと1.2倍に体積が増えることやご飯になると2.3倍の体積に増えることなどの教科書の記述をヒントに炊飯の原理を体積の割合から理解しなおしていく。

　従来型のA案では，児童が到達すべき目標は「ご飯が炊けること」とあいまいになっていることが多い。目標があいまいなので，調べる内容もあいまいになる。B案では，「ベタベタでもパサパサでもなくて，焦げていないご飯」という到達目標が立てられたとしよう。すると，児童は目標達成を目指して，水加減や火加減，消火のタイミング，むらし時間などに注目して調べ活動を行うようになる。C案では，分量ではなく「体積の割合」という考え方で，教科書の説明が読みなおされる。ここでは，炊飯の知識を再構成する学習が展開される。A，B案はともに個別の知識を順に獲得し，それらを総合して炊飯に活用する展開で単元が構成されている。C案では，初めに応用課題があり，それを解決するために，教科書の情報から使える知識を選び，再構成して活用する。C案のような課題を「パフォーマンス課題」と呼ぶ。「主体的・対話的で深い学び」を展開するためには，C案のような逆向きの単元設計も有効である。

　いずれにしろ，ここで大切なことは，児童が，その単元で目指す目標を明確につかめるようにすることであり，C案のように個別の知識をどこにでも通用

する「概念」として再構成できるようにすることである。また，単元のどこで何を「教え」「考えさせ」「話し合わせる」のかを明確にして指導計画を立てることも肝要である。

資料11-2　単元名「ご飯を炊こう」（全3時間）の単元指導計画の例

〈A案〉

時	小単元名	学習活動	思考・判断・表現の場	対話的な場
1	米や炊飯について調べよう	米や炊飯について調べ，炊飯実習計画を立てる。	方法や手順を調べる。計画する。	実習計画の立案。
2	おいしいご飯を炊こう	計画に従って炊飯する。	作業の効率よい進行。	作業の協働と分担。
3	よりおいしい炊飯計画を立てよう	実習を振り返り改善案を立てる。	活動の振り返り。	振り返り・改善案の立案。
		（家庭で実践し，報告）		

〈B案〉

時	小題材名	学習活動	思考・判断・表現の場	対話的な場
1	炊飯の実習計画を立てよう	炊飯実習の達成目標を決め，方法を調べて実習計画を立てる。	達成目標の設定。班の作戦と実習計画の立案。	達成目標の設定。班の作戦と実習計画の立案。
2	おいしいご飯炊き作戦を実行しよう	各班の作戦に沿って，炊飯する。	作戦の効率よい進行。	作業の協働と分担。
3	よりおいしい炊飯計画を立てよう	各班の作戦を振り返り，学んだことを交流し改善案を立てる。	目標の達成度の判定。学んだことの振り返り。評価・改善。	実習の振り返り，学んだことの交流，改善案の立案。
		（家庭で実践し，報告）		

〈C案〉

時	小題材名	学習活動	思考・判断・表現の場	対話的な場
1	学習課題を読み解こう	提示された応用課題の解決策を話し合い，方法を調べて作戦を立てる。	課題解決策，作戦の立案。	課題解決策，作戦の立案。
2	炊飯実習を行う	ペットボトルを活用して米や水の分量を計り，作戦に従って実習する。	活動中の試行錯誤。	作業の協働と分担。
3	よりおいしい炊飯計画を立てよう	各班の作戦を振り返り，学んだことを交流し改善案を立てる。	課題解決策，学んだことの振り返り，評価，改善。	課題解決策，作戦の立案，作戦の評価・

| | | | | 改善策。 |
| | | （家庭で実践し，報告） | | |

出所：筆者作成。

3　問題解決的な学習の単元構成

　家庭科は，自分の日常生活のなかから課題を見つけ，生活課題の解決能力を育成することをねらいとしている。このように，児童が生活の事象や行為のなかから疑問に思うことや試してみたいことなどを取り上げて学習課題を設定し，解決方法を工夫して探究活動の下に課題解決を図り，それを評価・改善してさらに新たな課題をつかんでいく一連の学習過程を問題解決的な学習という。家庭科における問題解決的な学習は，図11－2のような学習過程をモデルとして単元が構成されることも多い。

　問題解決的な学習では，解決すべき課題が明確に設定できれば，見通しがもて，問題解決への糸口がつかみやすい。最も力を入れて取り組む必要があるのは，課題をつかむ段階での発問や投げかけである。

　資料11－3は，探求型・問題解決型の指導計画の例である。ここでは，初めに試し調理を行うことで，自分には何がわからないのかできないのかの課題をつかみ，問題解決に向けて活動するように計画が設定されている。「知っていること」と「できること」とは違うことを身をもって理解し，自分にとっての真の課題をつかませている点に特徴がある。このように，まず実践してみて問題をつかんだり，試行錯誤しながら課題を精緻化したり探求したりするデザイン思考に基づく授業も近年，志向されるようになっている。

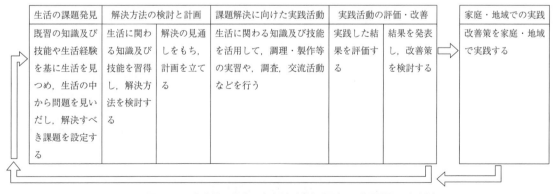

図11－2　家庭科，技術・家庭科（家庭分野）の学習過程の参考例

注　上記に示す各学習過程は例示であり，条例に限定されるものではないこと。
出所：文部科学省（2018，15ページ）。

資料11－3　単元名「おいしいご飯を炊こう」（全5時間）

時	小単元名	学習活動	指導上の留意点	問題解決の過程
1	ご飯を炊いてみよう	●どんなご飯が炊けたら成功か目標を話し合う。	○意見が出にくい場合は，どんなご飯はおいしくないかと発問して考えを引き出す。	課題をつかむ
		●ご飯の炊き方を教科書で調べる。	○教科書の要点に線を引くなどして確認させる。	
2		●ご飯を炊いてみる。	○わからなかったこと，やっていて不安だったことなどを付箋1枚に1つ書いて教科書に貼っていく。	
			○安全に十分留意する。	
3	自分たちの課題をつかもう	●わからなかったこと，不安だったこと，できなかったことなどを交流し合う。	○付箋を基に発表するように話す。それぞれの課題を明確にもたせる。	
		●課題について調べ，次回の炊飯の調理計画を立てる。	○各自，家庭でも試し調理をしてみることを促す。	解決方法の検討と探求
4	おいしいご飯炊きに再挑戦	●自分たちの課題解決を図る。	○安全に十分留意する。	課題解決に向けた実践活動
5	炊飯で学んだことを交流しよう	●自分たちの課題，解決策，結果，学んだことを発表し合う。	○「おいしいご飯」を炊くための要件をまとめ，さらなる改善策を話し合わせる。	実践活動の評価・改善

出所：筆者作成。

　児童は，炊飯などは教科書のとおりにやれば簡単にできると思っている。しかし，実際にやってみると，米の洗い方からつまずき立ち往生することも多い。見るとやるのとでは大違いなことに児童は気づく。試しの調理でつかんだ課題は児童にとっての「真の課題」である。課題が明確になれば，児童は主体的に探究活動をはじめる。試行錯誤しながら探求する学習で，児童はいきいきと活動する。問題解決的な学習は，児童にとって学びがいを実感できる学習だといえる。

4　単元の指導計画と評価計画

　単元の指導計画の作成にあたっては，目標の設定とともに，評価計画も立案

するようにする。評価は，「知識・技能」「思考・判断・表現」「主体的に学習に取り組む態度」の3項目について行う。なお，「主体的に学習に取り組む態度」は，学力の3本柱の一つである「学びに向かう力，人間性等」そのものを指すものではない。そのなかで「観点別評価（学習状況を分析的に捉える）を通じて見取ることができる部分」（平成28年12月「中央教育審議会答申」）のみを扱う。「観点別評価や評定にはなじまず，こうした評価では示しきれないこと」（同上）については「個人内評価（個人のよい点や可能性，進歩の状況について評価する）を通じて見取る部分」（同上）であり，これらについては，「日々の教育活動や総合所見等を通じて積極的に子供に伝えることが重要である」（同上）として単元の評価項目とは区別されている。

　学習評価は，児童の成長を促すためのものである。これらの観点については，「毎回の授業で全てを見取るのではなく，単元や題材を通じたまとまりの中で，学習・指導内容と評価の場面を適切に組み立てていくことが重要」（同上）である。

　評価は，学習指導のあり方を見なおすことや個に応じた指導の充実を図ること，また学校における教育活動を組織として改善するために活かすことが大切である。このように評価を指導に活かしていく取り組みを「指導と評価の一体化」という。また，評価は児童の学習に役立てるものでもある。自己評価力をつけることは，自ら目標を設定して自律的に学ぶための大切な力でもある。児童と単元の評価基準について考えたり，児童が自ら目標を設定して学ぶような単元を設定することも，こうした力の育成に資する取り組みだといえる。

Exercise

①　小学校家庭科の教科書に掲載されている単元を一つ取り上げて，指導計画（小題材名，時間，学習活動，指導上の留意点を項目とする）を書いてみよう。
②　①で取り上げた単元に関連する家庭科の内容や，他教科での内容を調べて書き出そう。
③　①で取り上げた単元を問題解決的な学習過程を踏まえた単元構成にして，指導計画を書いてみよう。難しい場合は，取り組みやすい単元に変更してもよい。

📖次への一冊

勝田映子『子どものよさを活かす家庭科授業——出会う・かかわる・つくり出す』不昧

堂出版，2010年。

　　　小学校家庭科の授業の実際の様子が，児童の活動や発言なども含めてわかるように記されている。それぞれの単元ごとに「教材について」「ねらい」「学習の流れ」「準備するもの」「授業の実際」「活動のポイント」の項目に沿って記されているので，単元構成や授業構想の参考にできる。

勝田映子『スペシャリスト直伝！　小学校家庭科授業成功の極意』明治図書，2016年。

　　　家庭科授業の作り方に係ることがらをQ＆A方式で18項目，授業のアイデア例を50例掲載している。指導計画については，「Q5 指導計画はどのようにつくればよいでしょうか」の項で取り上げており，年間指導計画の例や指導計画作成の準備についても解説している。

荒井紀子・鈴木真由子・綿引伴子『新しい問題解決学習――Plan　Do　See から批判的リテラシーの学びへ』教育図書，2009年。

　　　問題解決的な学習過程を踏まえた単元構成の参考になる理論書。小学校家庭科の実践事例などを例示して，批判的リテラシーを育む家庭科の授業のあり方，作り方について解説されており，学びを深めてくれる。

引用・参考文献

鶴田敦子・伊藤葉子編著『授業力 UP　家庭科の授業（第1版）』日本標準，2008年。

伊藤葉子編著『新版　授業力 UP　家庭科の授業』日本標準，2018年。

筒井恭子編著『小学校家庭科の授業づくりと評価』明治図書，2012年。

文部科学省『小学校学習指導要領（平成29年告示）解説　家庭編』東洋館出版社，2018年。

第12章
指導案を書く

〈この章のポイント〉
　授業づくりは指導案に集約されているといってもよい。どのような内容をどのように書けばよいのか，指導案の構成，内容，わかりやすい見せ方など，授業実践を行う際に役に立つ指導案の書き方を学ぼう。また指導案は実際の授業でどのように使うのだろうか。本章では，授業を実施するためというだけではなく，指導案を用いて何ができるのかまで考えてみよう。

1　まずは指導案を読んでみる

1　指導案の構成を理解して読む

　さあ，これから指導案を書くという人にとっては，その構成も内容もとてもわかりにくいものである。読んでわからないことはない。しかし，自分で一から作れるとは到底思えないのではないだろうか。そこで，まずやってほしいことは，すでに公になっている，自分が取り組まなければならない分野の指導案をよく読むことである。できれば3つ以上読んでみよう。本書には実際の学校現場で試行錯誤され実践されている各分野の指導案を1つずつ掲載している。まず読んでいろいろなタイプの授業を指導案から理解してほしい。さらにネットで検索して探したり，教育関係の雑誌・資料にある他の指導案も読んだりしてほしい。

　では，指導案を読む際にはどのような点に注意すればよいのだろうか。

　全体をみてみよう。構成は大きく3つに分かれている。

★　単元（題材）全体の設定意図と学習者の実態を明らかにする部分
　　①単元（題材）名　／　②単元（題材）の目標
　　③単元（題材）について（児童観・題材観・指導観など）
★　単元全体の構成（内容と順序）を示す部分
　　④指導計画　／　⑤評価計画
★　（ターゲットとなる）本時の目標と授業の展開（流れ）を示す部分
　　⑥本時の目標　／　⑦本時の展開

　　指導案は，まず⑥本時の目標と⑦展開（流れ）に注目する。この部分を読む
と対象とする１時間の授業の流れを理解することができる。どんな授業が計画
されているだろうか。さらに本時が単元全体の流れのなかにどのように位置づ
くのかを理解するために，④指導計画や⑤評価計画を読む。本時がどこにある
のか，前後はどのような授業なのかを理解し，さらに授業の方法が画一的では
ないか，教師が一方的に話すだけの授業ではないかなども注意しながら読んで
みよう。

［2］　指導案を読む際に注意すること

　学生の指導案例を示した。以下に気をつけて読んでみよう。
　　①題材について理解しているか。
　　②題材の目標が３観点に留意して書いてあるか。
　　③指導計画と展開がつながっているか。
　　④評価が授業の目標と合致しているか。

　研究授業を行う場合には，授業を参観する人や指導者は５．（1）（2）本時
の目標と展開に注目する。もちろん，本時については丁寧に流れがわかるよう
に書いてあることが望ましい。また，本時が全体の指導計画のどこにどのよう
に位置づくのかを明らかにしておくことも重要である。

第５学年１組　家庭科学習指導案

授業者　山崎美悠

１．題材名　食べて元気に

２．題材について

　(1)本学級の児童は明るく活動的であり，とても仲がよい。毎日の給食もしっかりと食べ好き嫌いが激しい児童
は少ない。しかし，栄養のことを理解したうえで考えながら食べたり，家庭において包丁を使い自分でご飯を
作ったりしている児童は少ない。

　(2)本題材はどうして食べるのだろうということから考えはじめ，栄養について学び食品によりはたらきは異な
るということや，バランスのよい食事を目指すことは大切であるということを学ぶ。そのうえで，日本の伝統的
な食事である和食の基本となる主食と汁ものであるご飯とみそ汁について学ぶ。その後，ほぼ毎日食べている身
近なご飯とみそ汁を調理することにより基本的な技能を身につけるとともに，日常生活で実践できることをねら
いとしている。

　(3)家庭での食事をもとに考えることにより関心が高まるようにし，「学ぼう」とする意欲が続くようにすぐ実
践できるような知識を取り入れていきたい。

３．題材の目標

《生活の技能・知識》授業で学んだ知識や，調理実習で学んだ技能を実践生活で活かすことができる。

《生活を創意工夫する能力》不足を補うためにどのような食べ物を食べたらよいのか考えることができる。

《主体的に学習に取り組む態度》家庭の食事の写真からどの栄養が不足しているか主体的に考えようとしている。

４．指導計画（全７時間）と評価

時間	学習内容	主な活動内容	学習活動における具体の評価基準
1	○五大栄養素について学ぶ	○栄養素には，五大栄養素があるとい	知・技：五大栄養素を理解する。

		うことを理解する。	創意工夫：不足分を補うにはどうした
	○3つの食品のグループとそのはたらき	○3つの食品グループがあることを学んだうえで，家庭から持ってきた写真からどの食品グループに所属するか，またどの栄養が不足しているかを確認・発見する。	らよいか考えることができている。
2	○ご飯について学ぶ	○ご飯についての知識を教科書と穴埋めのワークシートを使って学ぶ。 ○調理実習においてどのような順序で行ったらよいか写真を用いながら役割分担をする。	知・技：ごはんについての知識をワークシート上で整理できている。
3 本時	○みそ汁について学ぶ	○みその種類と味などについて知識を深める。 ○みそ汁の調理の手順を学ぶ。	知・技：みその種類と味について理解する。 知・技：みそ汁の作り方を知る。
4・5	○調理実習	○各自，班員と協力しながらご飯，みそ汁を作る。	知・技：自分の担当する部分をしっかりとできる。 態度：班員と協力し，分担ができている。
6・7	○画用紙にまとめて発表	○調理実習中に撮った写真を用いながら，よかった点・反省点をまとめる。 ○各班3～4分程度で前に出て発表する。（→その後廊下に掲示）	創意工夫：客観的に考え，よい点反省点をまとめることができている。 知・技：授業で学んだことを活かした発表になっているか。

5．本時の目標と展開
 (1)本時の目標
  ・みその種類と味について理解する。
  ・みそ汁の作り方を知る。
 (2)本時の展開（3時間目／7時間）

	学習内容	時間	学習活動　教師の働きかけ	備考
	学習目標：毎日食べるみそ汁についてよく知ろう。			
導入	毎日の食事でよく出てくるみそ汁について思い出す。みそ汁の実，みその味と種類など。	10分	毎日生活しているなかでご飯とみそ汁は身近だということを理解する。	日本型食事献立の写真
展開	みそ汁についての知識を教科書を見ながら各自ワークシートの穴埋め部分にまとめる。	10	みその種類と味について理解する。	ワークシート 教科書（みそ汁のページ）
	みそ汁の作り方の説明を聞く。	10	みそ汁の作り方を理解する。 だしのとりかた みその実を入れるタイミング	
	次時の調理実習（みそ汁を作る）の計画を立てる。	10	みそを入れるタイミング	
まとめ	みそ汁を作るときの注意	5	みそ汁を作る際に注意することを整理する。	

2　指導案を書いてみよう

　指導案を書くためにはそれぞれの項目の内容をよく理解しておく必要がある。以下に何をどのように書けばよいのかを順に説明する。

① 単元（題材）名

　単元名はこの単元の学習内容を示すことはもちろんだが，単元全体の目指す内容がわかるようなタイトルであることが望ましい。児童が主語になるようなタイトルにすると学習内容がわかりやすくなる。どうしても自分では思いつかないという場合には教科書の該当ページのタイトルを利用してもよい。

② 単元（題材）の目標

　単元は通常2〜14時間程度で構成する。このすべての時間をとおして身につけてほしいこと，理解してほしいことを目標項目として示したものが単元の目標である。「知識・技能」「思考・判断・表現」「主体的に学習に取り組む態度」の3観点に則って目標を設定するとよい。

③ 題材観・教材観・児童観

　この単元を設定した背景となる事柄を説明する部分である。なぜこの題材の授業が必要なのか，学習者である子どもたちはどのような特徴をもった児童なのか，またその児童にどのように学んでほしいと思っているのかなど，この単元を計画するに至った経緯を説明するということが重要である。内容は大きく題材について，教材について，児童の実態についてであるが，これらは区分して書いてもよいし，またはこれらの内容を盛り込んで一緒に書いてもよい。

　〈題材観〉　この題材を設定した意図を社会的な側面から，また現在の子どもたちの実態（一般的な実態）から論じる部分である。さらに学習指導要領の解説にその必要性が述べられている場合は引用するなどして，授業者だけの思いで設定した単元ではなく，広く家庭科教育の内容として必要とされるということがわかるように書くとよい。

　〈教材観〉　この題材において用いる教材を具体的にあげてその利点を説明する。またこの教材を用いた類似した実践について先行の事例などを説明し，この実践をとおして期待できる効果についてもここで述べる。

　〈児童観〉　学習対象となる子どもの実態をわかりやすく示す。とくにこの題材や教材に関連のある学習について，これまでの学習の取り組み状況を述べるなどしてわかりやすく説明する。さらに，児童の実態把握のために事前アンケートをとるなどして，その結果を示して児童の発達と成長にとって有用であることを述べるのでもよい。児童に何を学んでほしいのか，どのように育ってほしいのかを述べる部分である。

④　指導計画

　指導計画は単元全体の学習内容とその配列が示されたものである。指導計画を見ればこの単元で扱う内容がわかり，どのような順序で学ぶのかもわかる。この単元での学びが終わったときに，児童のなかで学習内容がすべてつながることが理想である。そのためには指導計画が単なる知識の羅列にならないようにして，毎時間の学習が積み重なるように内容とその配列を考えることが必要になる。とくに各時間相互の授業のつながりがわかるように注意したい。指導計画は学習項目とその簡単な内容，さらに可能な範囲で評価計画をあわせて掲載するとよい。

　この指導案で示された題材（単元）全体の構成がわかりやすく示されることが最も重要な点である。

⑤　評価計画

　評価は学習目標との関連で考えておきたい。指導案作成という段階で評価方法を考えるということは，つまり授業の目標を明確にするということになるからである。できれば各時間の授業項目にあわせて何を目標とし評価をどのように行うのか，その方法と評価基準を考えて示すようにしたい。このように授業の目標とともに評価方法を示すことは，毎時間をより明確に実施することにもつながる。

　なお，評価は学習の三要素（「知識・技能」「思考力・判断力・表現力等」「学びに向かう力，人間性等」）を踏まえて再整理されている。

⑥　本時の目標

　本時の目標は，単元全体の学習目標に比べてより焦点化したものになる。1時間授業でできることには限りがあり，授業の目標に沿った展開を行う必要があるため，通常は1～2の目標が設定される。多くとも3つの目標を設定するにとどめた方がよいだろう。

⑦　本時の展開

　指導案のなかでも最も大切な部分である。1時間（45分）の授業内でどのような内容をどのような流れで教えるのか，示された学習内容の順序はどのような意味があるのかがわかるように詳細に記載する。時間配分も記載し，おおよその進行の目安も立てておくことが求められる。本時で学ぶ内容も，知識の羅列にならないように注意する。学習項目どうしはどのような関係があるのかをよく考えたうえで，内容と配列を考えるようにする。

3　教育実習生が指導案を書くにあたって迷うこと

　教育実習では，授業を実施するにあたってまずは指導案を書くことが求めら

れる。指導を受けて何度も修正し授業に間に合うように作成するということになる。しかし実際に書こうと思っても以下のような問題に遭遇することが多いという。どうしたらよいのだろうか。考えてみよう。

① 児童観が書けない

　児童観は通常目の前にいる子どもたちの実態を教材との関連から記述するものである。そのため大学の授業中に練習として指導案を書く場合，学習者としての生身の子どもがいないので，児童観を書けないのは当たり前である。このように対象となる学習者が想定できない場合にはどうしたらよいのか。フィクションで書くしか方法はない。教育実習生の場合は，担当するクラスの子どもの様子を担任の先生に教えてもらい，必要に応じて自分で確認をしながら書くようにするとよい。時には児童の実態を知るために当該の授業に関連するアンケートを実施して傾向を把握するなども有効である。このような場合にも担任の先生に相談し進めることはいうまでもない。

② 指導計画における時間配分がわからない

　指導計画のどの内容をどの程度の時間をかければよいのかは雲をつかむようにわかりにくい。年間指導計画との関連もあり適当な時間配分をすることは難しい。まずは教科書をみてみよう。教科書の学習内容2ページ分または4ページ分を1時間と考えて組んでみるとよいだろう。教育実習生は指導の先生に相談し，年間の指導計画を教えてもらい適当な単元計画にする必要がある。

③ 評価の方法がわからない

　評価は大変難しい。評価方法の詳しい説明は第6章にあるが，これらの方法をどのように用いたらよいのだろうか。まずは，授業を終えた後を想像し，児童にどのような能力が身についていてほしいのかを具体的に思い浮かべてみよう。そのイメージを評価規準に書いてみるとよいだろう。評価は目標と表裏の関係にあることからすでに立てている目標を時間ごとに吟味し，その目標の達成度を具体的に測る方法を考えるのである。

④ 本時の展開における時間配分がわからない

　本時における学習活動に実際にはどの程度の時間がかかるのだろうか。多くの経験を積み重ねるなかでおおよその時間が推測できるようになる。指導案を書くことになれていない教育実習生は1時間に多くの学習活動を詰め込みがちであり，一つの学習活動の時間を少なく見積もりがちである。とくに話し合いの時間，発表の時間は思ったよりもかかるものである。

4　指導案にあった方がよい資料とその書き方

　指導案を作成する際に，ワークシートを作成して添付すること，板書計画を

書くことの2つは必須である。ワークシートはすべての授業で必ず使用するわけではないが，作成できるようにしておく必要がある。指導案を書ければワークシートも作成できるというものではないからである。

1　ワークシート──授業の流れを大まかにつかみ，学習の軌跡を残す

ワークシートは授業の流れに沿って用いるものである。そのため，児童にとくに考えてほしいこと，理解してほしいことは，目立つように作成する必要がある。

一方で，授業の流れが見透かされるようなものは優れたワークシートとはいえない。その先の学習活動がわかってしまうと意欲が減少することがよくある。

さらに適度に細かく問題設定がしてあり，後日にそのワークシートを使って復習ができるようなものにする必要もある。そのためには図式化する，イラストを入れるなどして視覚的に理解できるように工夫する必要がある。

【ワークシート】

ご飯やみそ汁について学ぼう

5年　組　番　名前＿＿＿＿＿＿＿

【ご飯やみそ汁の特徴をまとめよう】

◎ご飯とみそ汁は，＿＿＿＿＿＿（　　）の基本。

《ご飯》
・日本の主な農作物。
・米には＿＿＿＿のひとつである＿＿＿＿が多く含まれている
・水を加えて＿＿することよって，でんぷんが変化し，＿＿＿＿＿おいしいごはんになる。

《みそ汁》
・みそ汁に入れるみそは，＿＿加工食品である。
・みそは＿＿＿＿＿を多く含んでいる。
・みそは日本各地でつくられ，みそ汁以外にもさまざまな＿＿＿に使われている。

【ごはんやみそ汁の作り方を学ぼう】

・材料

《ご飯》
・米：80g（100ml）
・水：120g（120ml）

※水は米の重さの1.5倍，体積の1.2倍

《みそ汁》
・水：200g（200ml）　だいこん：40g
・煮干し：5g　　　　　ねぎ：5〜15g
・みそ：15g
・油揚げ：7g

・作り方

時間	ご飯の炊き方	みそ汁の作り方
0	① 米をはかって，洗う。『　　』	① だしを準備する。『　　』
	○米をボウルに入れて，3,4回水をかえてかき回しながらあらう。	○なべに計量した水を入れ，頭とはらわたを取った煮干しを入れておく。
	○米は洗っている間にも吸水→手早く	
	○洗った米をざるに移して，水を切る。	
5		② 実を準備する。『　　』
	② 水をはかり，吸水させる。『　　』	○野菜を洗う，切る。
	○水をよく切った米とはかった水を鍋に入れる。	

2　板書計画──授業の流れや指導方法の意図がわかるもの

板書計画は授業内容を具体的に順序立てて明らかにすることが必要である。そのため，授業終了直後の黒板の状態を示すものとなっていなければならない。ワークシートとの大きな違いは児童の目にはふれないということである。授業者と参観者のみが見る。

意見を出し合う発表内容などは，実際に授業で書き込むことになるが，どのような意見が出るのかを想定し，計画の段階で書き込んでおくとよい（板書計画例 *網かけ* 部分）。想定外の意見が出たときにどのように扱うのかを考えておくこともできる。また，想定している意見が出ない場合に教師が示して整理するという必要もある。どのように意見を集約し，整理して提示するのかを考えるためにも，想定される発表内容を書き出しておくことは有用なのである。

なお，板書計画には，問いと答えがあり，体系的に示されていることも重要な点である。

〈板書計画例〉

みそ汁について学ぼう：みそのひみつを知ろう
（1）みそ汁・みそについて知っていることを発表しよう
　　　　　　　　児童の意見　　　　　　　　☞　内容の整理

　みそをなめると塩からい　　　　　　　　　　☞　みその成分
　みそは家でもつくることができる　　　　　　☞　みその加工
　田舎のおばあちゃんの作るみそ汁は家のみそ汁とちがう　☞　地域によるみその種類
　　　　　　　　　　　　　　　　　　　　　　☞　家庭によるみそ汁の種類
　白いみそ汁，茶色のみそ汁いろいろある　　　☞　みその種類
　甘いみそ汁もある。中華料理につかうみそもある

★ご飯とみそ汁は（和食）の基本である
①みそ汁に入れるみそは（大豆）の加工食品である

②みそは（タンパク質，塩分）を多く含んでいる。
③みそは日本各地でつくられみそ汁以外にもさまざまな（料理）に使われている。

5　授業後における指導案の役目

　ここまでみてきたように，指導案は授業をする際に授業者にとって道しるべとなるものである。授業全体のながれを見通しながら今まさに何をすればよいのかを示したものである。さらに，指導案には授業後にも役目がある。

1　想定外の授業について考えるための計画書

　授業は計画どおりにはいかないものである。とくに教育実習生や新任の時期は児童の反応や学習の様子がうまく想定できないということが多い。そのため，指導案どおりに授業が進まないということがよくあるが，指導案はあくまでも道しるべである。指導案どおりに実施することにとらわれてはならない。指導案どおりにいかなかったときには，その場でとりあえず対処し修正しながら進めることになるが，その場で考えて対処すること，さらに，授業が終わってからそのことも含めて授業全体を振り返ることがとても大切になる。指導案があるからこその想定外である。どこがどのように想定外だったのかを，授業後に指導案に書き込んでみよう。

2　2つのリフレクションを意識するための実施記録

　このように自分の行いをその後に振り返る営みは，ショーン（Shon, 1983）によればリフレクション　オン　アクションである。なぜ予定どおり（指導案ど

おり）に進まなかったのかを考えてみることが必要である。それとともに，授業中に何をどのように対処したのか，その場面でどう考えていたのかを思い出すことも重要である。これは行為の最中のリフレクション　イン　アクションとして，先のリフレクション　オン　アクションと区別されており，この両方のリフレクションが専門家として成長する際に不可欠な学びのプロセスであるとされている。

　具体的にはいくつものうまくいかない場面や，それをどうにか修正しようと授業中に考えること（リフレクション　イン　アクション），授業後にも再度振り返ること（リフレクション　オン　アクション），そしてそれらの経験を積み重ねることによって，児童の反応や学習の様子がそれ以前より想定できるようになるはずである。

　これは単に経験を重ねるということではない。考え，振り返り，修正を加えるという意図的な経験を蓄積するということである。

３　次の指導案のためのたたき台

　とくに指導案どおりにいかないという場合，多くは学習活動に思ったよりも時間をとってしまった，話し合いに時間がかかってしまったなど時間的な制約に関することがある。さらに，もう一つは，授業者の発問が児童にはわかりづらく何度も言いなおす必要があったなど，学習内容が児童に難しくてうまく進まないということもある。何が問題なのかを見極めることが重要になる。それは授業者にしかできないことである。

４　授業者の成長の軌跡としての指導案

　授業のために用意する指導案は，その授業に向けてつくりこまれ，授業後にも振り返るために用いてその後は役目を終えるということになる。ただし，指導案を長期に保存し，10年ほどの期間で並べてみるとどうだろうか。児童観を読み比べるだけでもその時期に自分が何を大切にしていたのか，どのような気持ちの変化があったのかがわかるだろう。もし同じ単元の指導案を見比べることができれば，授業の構成はどのように違うのか，指導方法をどのように変えているのかを理解することができるだろう。教師は目の前の授業に追われた毎日を過ごしがちであるが，長いスパンで振り返ってみて自分の変化に自覚的になることで，自身の成長の過程を理解し，その後の進むべき道が見えてくるのではないだろうか。

Exercise

① 　小学校家庭科の指導案を探して読んで，次の点がどのように計画されてい
　るのかを検討しよう。(1)授業の目標，(2)授業の流れ，(3)評価方法
② 　小学校家庭科の学習で体験学習を取り入れた指導案を考えてみよう。

📖次への一冊

NPO法人家庭科教育研究者連盟編『家庭科研究』芽生え社［隔月発行］。
　　隔月で刊行されている家庭科の授業実践が数多く掲載された実践のための雑誌であ
　る。

引用・参考文献

秋田喜代美「教師教育における『省察』概念の展開」『教育学年報5』世織書房，1996
　年，451～467ページ。
石川治久・河村美穂「中堅教師のメンタリング」『教育方法学研究』27，2001年，91～
　101ページ。
D. ショーン／佐藤学・秋田喜代美訳『専門家の知恵――反省的実践家は行為しながら考
　える』ゆみる出版，2001年。
Shon, D. A., *Reflective Practitioner*, New York: Basic Books, 1983.

第13章
指導案を吟味する

〈この章のポイント〉

　前の章では指導案の構成や書き方，指導案にかかわるワークシートの作り方，板書計画の重要性について理解した。では，実際に授業を行う際に時間ごとの計画である「時案（本時の展開）」はどのように考えて作成すればよいのだろうか。本章では時案のいくつかの形式を比べながら授業に必要な計画とは何かを考えよう。

1　指導案の形式フォーマット

　教育に関連する書籍や，インターネットで検索してみつけた指導案をよくみてみよう。その形式がまちまちで戸惑わないだろうか。とくに本時の展開（時案）についてはさまざまな形式があってどのように書けばよいのか迷うことも多い。ただし，一見して異なるようにみえても，そこに記述した方がよい内容は共通している。以下に小学校の家庭科の授業で用いられている4つの時案を示す。それぞれの特徴を比較してみよう。

〈時案A〉

指導計画	なぜ衣服を着るのか	1時間（本時）
	衣服を着る目的	1時間
	衣服の取り扱いの表示	1時間
	手洗いをしてみよう：靴下の洗たく	1時間
	気持ちよく着るための手入れ	1時間
	衣服の手入れの工夫	1時間

過程	学習活動・児童の意識の流れ（★）	教師の働きかけ（＊）と評価（◎）	資料
気づく	1．（授業時と反対の）先生の冬の格好を見た感想を発表する。 ★コートやマフラー・帽子をかぶっていて暑そう。 ★寒くないのに冬の服装で暑そう。	＊真冬に着る服装で教室に入り教卓の前に立つ。 ◎教師の服装をおかしいと感じてそれを発表できる。	冬の服装 コート マフラー 手袋，帽子
深める	2．本時の学習課題を確認する 　夏と冬で衣服にどんな違いがあるのだろう 3．夏と冬のそれぞれの服装の特徴を考え，発表する。	＊本時では季節ごとの衣服の特徴について学習することを確認する。 ＊ワークシートに夏と冬の服装の特徴を考えるために，児童自身の夏の服装と教師の冬の服装を比較し	ワークシート

学習活動		教師の働きかけ（＊）と評価規準（◎）	資料
★夏は腕や足が出ている。 ★冬は首や足を出さないようにする。		て考えるように促す。 ＊夏と冬の服装のイラストをわかりやすく黒板に表す。 ＊特徴を整理する。 ◎季節に応じた衣服の形状の特徴がわかる。	夏服・冬服の イラスト

夏の服装	冬の服装
半そで・半ズボン 布地が薄い えり・そでなど開口部が広い	長そで・長ズボン 厚いもしくは保温効果のある布地 コート・マフラーで開口部を覆う

学習活動	教師の働きかけ（＊）と評価規準（◎）	資料
4．夏服と冬服の異なる点を素材から考える。 ・予想をたてて実験を行う。 ・結果をワークシートに書き込みクラスで共有する。	＊夏の素材（綿）冬の素材（毛）の布片を色のついた 液につけ吸水性を比べる。 吸水性：夏の素材（綿）＞冬の素材（毛） 　夏の服装は吸水性が高い素材を使っている。 ◎季節に応じた衣服の素材の特徴を理解できる。	吸水性実験 キット 布片（綿・毛）
まとめる　実験の結果からわかったことを共有する。	＊季節に応じた衣服の形状の特徴，素材の特徴を整理 し，確認する。	ワークシート

〈時案B〉

指導計画		
朝食を考える（栄養・調理の視点から）	1時間	
朝食にあうおかずを考える（献立から）	1時間	
朝食の材料の購入について	1時間	（本時）
朝食にあうおかずの調理計画	1時間	
朝食にあうおかずの調理と振り返り	2時間	

学習活動	時間	教師の働きかけ（＊）と評価規準（◎）	資料
1．本時のめあてを確認する。	3分	食品の購入について学ぼう。	
2．朝食の材料（パン，りんご，トマト，卵，ハム，ヨーグルト，オレンジジュース）を購入することを考える。その際に気をつけることについて話し合う。	10	＊購入する際に気をつけることを食品の種類ごとに考えるよう促す。考えることが難しい児童に対しては具体的に食品をあげ，買う場面を想像させるなどの働きかけをする。さらに各班の話し合いの結果を発表，共有させ，以下の区分で整理する。	ワークシート
3．食品の購入選択で気をつけることについて班ごとに発表して共有する。	10	★野菜・くだもの・卵などの生鮮食品 　新鮮なものの見分け方 ★ハム・ヨーグルトなどの加工食品 　賞味期限・消費期限。原材料などの食品表示を見て購入する。	
4．生鮮食品の鮮度について実物を見て学ぶ。 　ほうれん草 　卵 　トマト	7	＊鮮度のわかりやすい野菜・ほうれん草（葉がしなっておらずみずみずしい）・トマト（へたが緑色で乾燥していない）などを1週間以上前に購入したもの／授業直前に購入したものを用意し比較させる。卵は見た目はわかりにくいが実際に料理に使用する際の鮮度の見分け方（黄みが盛り上がっている・濃厚卵白が多い）について説明する。	鮮度の高い野菜 鮮度の低い野菜

5．加工食品の購入に際して気をつける点について実物を見て学ぶ。 　ハム 　ヨーグルト 　オレンジジュース 　ツナ缶	12分	＊食品表示がわかりやすいハム・ヨーグルトなどの食品を提示し表示内容について解説する。 ◎生鮮食品の選び方，加工食品の表示について理解できる。 ◎朝食の材料の購入についてやってみようという工夫がみられる。	食品表示のはっきりした食品
6．本時のまとめをする	3	食品を購入する際には，生鮮食品，加工食品に分けて考えること，賞味期限，消費期限など食品表示を理解することで食品購入に活用できることを整理する。	

〈時案C〉

指導計画　生活を支えるお金　　　　　1時間（本時）
　　　　　お金の計画的な使い方　　　　1時間
　　　　　修学旅行での買い物計画　　　1時間

過程	学習内容	学習活動	時間	教師の働きかけと 指導上の留意点 ◎：評価規準　＊：手立て	資料
導入	1．生活に必要なお金	・生活上でかかる経費を数字にしてどのような経費なのかをクイズにする。 　携帯電話の経費 　標準4人家族の食費 　学校付近の賃貸経費	7分	＊生活を営むために必要な経費について思いが至るようにする。 　携帯電話の経費 　標準4人家族の食費 　学校付近の賃貸経費	
展開	2．生活に必要なお金の分類	・生活上で購入する必要のあるものをあげて付箋紙に記入する。班で付箋紙を集め①見えるもの，②見えないが消費しているもの，③その他に分ける。	20	＊付箋紙に書き出す活動は個人で取り組ませ，それを分類するために班ですべてを集めて共有してからはじめるように促す。 ①見えるもの：食品，衣料品，家具，本，ノートなど学用品 ②見えないもの：電気，ガス，水道，電話料金，交通費，レッスン料 ③その他：税金 ＊分類の結果，購入する多くの物やサービスから生活が成り立っていることを説明する。 ＊税金や交通費などがあがらない場合はクラス全体で共有する際に教師が補足する。 ◎生活に必要なお金を3つに分類できる。	付箋紙 A3用紙 マジック ワークシート
	3．購入のための支払い方法	・物を購入する際の支払いの方法について知る。 　現金 　プリペイドカード 　クレジットカード	15	＊支払いは多様であるが，この段階では現金・プリペイドカード・クレジットカードの3種類についてイラストを使って説明する。	支払方法の図
まとめ	生活に必要なお金とその支払い方法	・ワークシート上の表を使って整理する。	3		

〈時案D〉

指導計画	身のまわりのものを見直そう	1時間
	整理・整とんが必要な理由	1時間（本時）
	整理・整とんの方法と計画	1時間
	整理・整とんの実施と振り返り	自宅学習＋1時間

時間	学習内容・学習活動	＊教師の指導・指導上の留意点 ◎評価規準	資料
5分	1．散らかった部屋，整理された部屋の違い	＊散らかった部屋，整理された部屋の写真を見せて，その違いを考えさせる。	写真
15	・写真の違いを感じたままに表現する。 ・感じた内容をカードに書きだす。 ・黒板に貼りだして共有する。 ・貼りだした意見をクラス全体で分類整理する。	＊それぞれの感じをカードに書いて黒板に貼り，共有させる。 ＊児童の考えを多く出させ，カードを貼りだしてクラスで共有する。 ＊クラスで共有した意見をもとに整理する。 例：以下の表のように | 散らかった部屋	整理された部屋
---	---
おちつかない気持ち 探し物が多くなる	すっきりした気持ち 取出し片付けが簡単		意見書きだし用カード
10	2．整理・整とんが必要なわけ	＊散らかった部屋，整理された部屋の違いから整理・整とんが必要なわけを考えさせる。精神的な面と機能的な面から考えさせるよう促す。◎整理・整とんが必要な理由を2つの側面（精神的・機能的）から考えることができる。	ワークシート
10	3．整理・整とんの手順を調べる 　　玄関 　　浴室 　　キッチン 　　居間 　　自室（子供部屋）	＊部屋を整理・整とんする方法をおうちの人に聞き取りをするための要点を考える。 ＊住宅内の部屋ごとに知りたいこと（聞きたいこと）を考えさせる。例 | 聞きたいこと	玄関	浴室	台所	居間	自室
---	---	---	---	---	---
汚れの種類					
掃除の方法					
整理に必要なもの					
片付けの方法							聞き取り調査シート
5	4．今日の学習の確認と次時までの課題の確認		

2　指導案（時案）の形式からみるポイント

　以上4つの時案を見比べて共通点はどこにあっただろうか。時案に書かれていた項目について詳しくみてみよう。

① 学習活動・学習内容など

　授業の内容をわかりやすく示すものである。ここで注意したいのは学習活動と学習内容が多少違うということである。学習活動は児童が行う学習を活動として具体的にどうするのかを表す。一方の学習内容は，それぞれの学習活動の内容をタイトルとして示す。そのため学習活動に内容も含めて記述されること

もある〈時案A，B〉。通常，学習内容もしくは学習活動を順にたどっていくとその授業の流れが理解できるものとなっている。

② 気づく・深める・まとめる〈時案A〉／学習活動・学習内容の区分（導入・展開・まとめ〈時案C〉

　授業の流れを意識して大まかにその1時間がどのような区分になっているのかを示すものである。通常授業というものは起承転結を意識して組み立てられる。これを指導案では「導入・展開・まとめ」と区分して示されることが多い。小学校ではこれを「気づく・深める・まとめる」と表現し学習活動を表す区分にしている場合もある。

③ それぞれの学習活動・学習内容にかける時間　（分）〈時案B，C，D〉

　時案では学習活動ごとに目安となる時間を示しておくことが多い。授業を計画する段階で所要時間を考えることが，授業内容が適正であるかどうかを考えるヒントになる。さらに授業者にとっては授業を実施するうえでの目安となるものである。

④ 教師の働きかけ・指導上の留意点〈時案A，B，C，D〉

　授業では教師がどのように働きかけを行い，児童の自発的な学習を促すことができるか，ということが重要である。授業とは本来目標のある意図的な営みであるからである。そのため，どのような意図をもって指導を行うのか，具体的に記述する項目が「教師の働きかけ・指導上の留意点」である。指導案によってはこの項目内に評価規準を記述することもある。

⑤ 評価の観点（評価規準）〈時案A，B，C，D〉

　実際には授業を実施しながら評価をすることは大変難しいが，評価の観点を認識していることが，授業中の授業者の振り返り（リフレクション）に有効である。評価の観点は，授業の目標と対応しているものである。そのため，時案に評価の観点を明記しておくことが授業者にとって目標を見失わない手だてということにもなる。

⑥ 資　料〈時案A，B，C，D〉

　時案は当該の時間の授業を実施する際の道しるべであると同時に，計画する段階においても授業者にとって大きな意味がある。すなわち授業を計画する際にどのような教材が必要か，より効果的な教材をイメージし，どの段階でどのように用いるかを考えることが重要なのである。そのことは，資料の欄に具体的に示し，指導上の留意点もあわせて授業全体の理解を助けるように努める。

3　時案を作成するときのポイント

　以上の指導案，とくに時案の内容を踏まえたうえで，教育実習生や初任教師

が時案を作成するとき，もっとも難しいと思われる4点について説明する。

①　導入——ワクワクして興味をかきたてる，しかも短時間で

　他の教科に比べても家庭科の導入はとくに重要である。児童がその時間の学習活動に興味をもち，ワクワクして取り組む気持ちになるようなものにしたい。前時の復習からはじまることも時には必要であるが，できれば家庭科の特徴である生活に密着した内容や，タイムリーな話題を使用して興味関心をもつような，問いのある教材を工夫することが望まれる。ワクワクする導入の方法としては以下のような3種類が考えられる。

ワクワクする導入とは
(1)　実物にふれて感じる，気づく
(2)　どうしてという感情をもつ
(3)　自分もやってみたいと思う

---

　(1)　実物にふれて感じる，気づく

○2種類のオレンジジュース（果汁100％，30％）を飲み比べる：味の違いはあるだろうか，さらにその違いを探求する手立てとして食品表示を見比べて学ぶ展開につなげることができるだろう。加工食品の表示を知ることが味わいの違いと関連づけられると，より理解が深まる展開につながると考えられる。

　(2)　どうしてだろうという感情をもつ

○2つの部屋の写真を見比べる：Aは整とんされたキッチン，Bは乱雑に調理器具や食器が置かれたキッチン，それぞれの写真を見て感想を発表しあう。BよりもAの方がきれいで気持ちがよい感じがする。その気持ちや感じはどこから来るのか，きれいだと気持ちがよいという感情に向き合うところから住生活の学習（住まい方，片づけなど）をはじめる。

　(3)　自分もやってみたいと思う

○ナップザックを作る授業で，先輩の作った作品を見る：身近な先輩である上級生が（1学年上の卒業生が第6学年のときに）作った作品は，自分にもできるかもしれないという意欲をかき立てる。実物を見ることができればよいが，なければプロジェクターに作品の細部もわかるように映した写真を用いてもよい。自分も作りたいという憧れをもつことがその後の学習の原動力になるだろう。

○教師の素晴らしいわざを見せる：小学校では第5学年で初めて調理を学ぶ。この時点では，ほとんどの児童は調理の技能が身についていない。そこで先生の上手な包丁さばきを見せることで自分もそうなりたいという意欲をはぐくむことになる。包丁を上手に使うと調理の幅が広がることやさまざまな料理ができるようになるということまで説明し，その後の学習につなげるとよい。

②　展開——断片的にならないようにストーリーのある流れをつくる

　展開部分は，授業の中心となる内容を理解したり考えを深めたりする段階である。そのために本時の学習が終わった時に，一連の学びがストーリーとして児童に記憶されるようにしなければならない。

　教育実習生や初任教師がよく陥ってしまうのは，教えたい内容を詰め込むように順番に並べて示すということである（資料13-1）。教材研究を頑張れば頑張るほど教えたい内容が膨らんでしまい，たくさん詰め込みたくなってしまう。ただし，児童の学習できる内容には限度がある。さらに単に学習内容を並べてしまうと内容項目どおしの関連が十分に理解されず，児童は断片的に学習したという気持ちになり，学習内容を関連づけて理解するということができにくい。

　導入でつかんだ気づき・問いへの答えを探す段階が展開部分であることからすれば，一つずつ山登りをするように，児童がその前の学習内容を活かしながら次の学習に挑み，自ら考えて試行錯誤するという学習活動を取り入れることが大切であろう。

　学習内容によっては，知識や技能を習得するための時間もあるだろう。そのような場合でも児童自身が自分の理解の程度や，習得のプロセスを振り返る活動「観察し合う」「記録して評価し合う」などを取り入れ，自らの学びをストーリーとして記憶できるようにすると効果的である。

資料13-1　展開部分の学習内容を比較してみよう

ストーリーのある例	断片的な例

展開部分　例A　家事を担当するには？	展開部分　例B　家事に取り組む
①家族に必要な家事を書きだそう 　家庭で行われている家事をあげて班で共有する。 ②家事を分類しよう 　①で共有した家事を似ているものどうしをグループにして分類する。 ③家事にはどんな特徴があるか 　②の分類を見ながらそれぞれの家事に共通の特徴を考える。 ④家族の誰がどの家事をやっているか 　自分の家庭を振り返って分類した個々の家事をやっている人を書きだす。家事の担当者の偏りがないかを考える。 ⑤私のできる家事計画：よりよく取り組むために 　④を踏まえて自分が家庭でできる家事を考え計画する。	①家事の種類と担当者 　家事をあげてそれを行っている人を書きだす。 ②家事の特徴 　家事を思い出し生活を営むうえで不可欠であることを理解する。 ③上手な家事の方法 　家事の具体的なやり方を調べる。 ④家庭での家事の取り組み計画 　自分のできそうな家事を家庭で取り組む計画を立てる。

③　まとめ——一つの結論があるわけではない，まとめないこともある

　授業は起承転結があると先に述べた。しかし，授業によってはあえて結論づけない，まとめないこともある。とくに家庭科の場合，児童の生活が多様であることから答えは一つではないということも学びたいことである。

　また，児童の数だけ生活があり，それらの生活を正しいか，正しくないかで判定するようなことがあってはならない。8割の人が支持する生活の仕方（ス

タンダード）があることや，困った時に必ず役に立つ知識というものはあるが，ただ一つの正しい答えがあるわけではないのである。

　例えば，みそ汁の実としてジャガイモを入れるとする。その時ジャガイモをどのように切ればおいしいだろうか。輪切りだろうか，さいの目切りだろうか。それはどちらが正しいということではなく，好みで選択するものなのである。この２つのジャガイモの切り方は，輪切りの方がはやく火が通るということや，さいの目切りにすると口当たりが均一になるなど，それぞれの調理上の特徴や味の特徴を知ることが重要なのである。絶対的なただ一つの答えを家庭科の授業は求めてはいない。

④　答えのある時案を

　答えが１つではないということは，何でもありということではない。８割の人が支持するだろう考え方は知っておきたい。さらに異なる２つの考えがある場合には，その２つを生活場面で利用することを想定し，その違いがどのような理由によるものかを理解する必要がある。

　答えのある時案とは，その時間の導入で提示された問いに対して，いくつかの答えが用意され，それらの生活上での選択の方法が示されるということであり，その後の人生で選択できるようにするということである。

4　授業がわかる時案——授業観察にも使える「読みやすい時案のポイント」

　教育実習生の場合は通常教育実習でお世話になる学校の指導案の形式を用いて作成する。初任教師は学校の形式に則って作成する。教科によってその形式には多少の違いがある。家庭科の場合は第２節の①〜⑥の内容を原則として作成する。

　わかりやすい時案を作成したら，初めてこの時案を読む人の立場に立って，以下のポイントをもとにチェックしてみよう。このポイントは授業を観察する際に有用なものでもある。

⑴　時案（本時の展開）１〜２ページで作成してあるとよい。授業者も使いやすいと同時に参観者も授業の流れを一覧できてよい。形式は必要に応じて先に示した〈時案Ａ〜Ｄ〉のいずれか，もしくは学校で指定されたものを使用する。指導計画と時案の関連がわかりやすく表示されているなど全体の流れを俯瞰しやすいつくりになっていることが大切である。

⑵　形式のなかでもとくに，学習内容・学習活動がわかりやすく一覧できるようなつくりになっているとよい。具体的には１時間のなかにあるいくつかの学習活動が通し番号で示され，かつ太字で書かれるなどして全体の流れがすぐに

理解できるように記述されているとよい。

(3)　一つずつの学習活動について，教師の働きかけ等でその意図がわかりやすく説明されているとよい。例えば，「児童自身の夏の服装と教師の冬の服装を比較して着心地や気候との関係を考えるように促す」のように，なぜそのような活動を促すのかが示されていると，それぞれの学習活動の意図や関連が理解でき，発問のよしあしも判断しやすい。

(4)　教師の働きかけ，児童をエンカレッジする方法が示されている。特定の児童が発問に答えることが難しい場合，作業がうまくできない場合にその対応をどうするのかを書き表しておくとよいだろう。さらにクラスの多くの児童にとって発問が難しい場合，どのように発問を変えればよいのか，どのようなステップを踏んで問題解決に当たればよいのかを具体的に示しておくことも有用である。

(5)　問いに対する答えや話し合いの集約の方向性が示されている。家庭科の授業では話し合い活動は多く取り入れられる学習活動である。その結果をどのように扱うのか，班ごとの話し合いの結果を共有するのか，共有した後にどのように整理するのかを示しておく必要がある。先に述べたように答えは一つではないので，わかりやすくグルーピングして全体の傾向をつかむなどの集約の方法が示されるべきである。

Exercise

①　小学校家庭科の教科書のいずれかの見開き頁を使って，時案を作成してみよう。

②　①に関して授業の流れを考慮してワークシートを作ってみよう。

③　ネット上で小学校家庭科の指導案を探し，時案の導入にどのような工夫があるか見てみよう。

📖次への一冊

NPO法人家庭科教育研究者連盟編『家庭科研究』芽生え社［隔月発行］。
　　隔月で発行されている家庭科の実践報告を掲載する雑誌である。現在日本で唯一の定期刊行されている家庭科関連雑誌である。
文部科学省編『月刊　初等教育資料』東洋館出版社。
　　家庭科教育の実践は毎月掲載されているわけではないが，ベーシックな実践報告が適宜掲載されている。

第14章
分野ごとのポイント
——指導事例と解説——

〈この章のポイント〉

　本章では初等家庭科の指導案の実際を，現職の先生から提案していただいたものを紹介する。いずれも実際に実施され修正を加えられたものであり，リアリティのある内容となっている。子どもの実態をどのように捉えるのかを読み取り，家庭科の各分野の特徴を考えてみよう。本章にある指導案や巻末のワークシート例もあわせて参考にし，授業づくりに活用してほしい。

1　小学校家庭科の学習内容と授業づくり

　教育という営みは意図的である。

　これまで経験した授業を具体的に思い浮かべてみてほしい。授業がわかりやすいという場合には，授業のゴールが明確であるということである。さらに授業の目標を達成するために学習活動が具体的によく計画され，学習後の評価方法までよく考えられていたはずである。

　教育実習生や初任教師にとって，授業の計画（時案づくり）は難しく，授業時には時間内に終えることで四苦八苦する状況であろう。では，教職の経験の豊かな現職の先生は，どのように目標を定め，学習方法・学習活動を設定し，評価しているのであろうか。

　本章では家庭科の授業経験の豊富な先生方に，初等家庭科の3分野について授業を計画する際の要点を解説していただき，さらにそれぞれ，「A　家族・家庭生活」「B　衣食住の生活」「C　消費生活・環境」の指導計画や指導案を提案していただいた。どのような意図でその授業が計画されたのかを，よく読んで理解してほしい。また，家庭科の授業を実践するに際して重要な，「家庭との連携・地域との連携」について具体的な事例をもとに，授業づくりのポイントを示すこととした。いずれも授業実践を経て試行錯誤してつくられた指導計画・指導案である。

　なお，本章に掲載されている事例については，当該ページまたは巻末に指導案を示してある。授業で使用するワークシートも可能な限り掲載している。そのまま，または多少アレンジして使用するなど有効に利用してほしい。

2　「A　家族・家庭生活」の指導事例と解説

1　第5学年題材「家庭科のはじまり，はじまり」

① 題材について

　第5学年最初のガイダンスは，学習指導要領［平成20年改定］から明記された。

　新学習指導要領では「内容A(1)自分の成長と家族・家庭生活　ア　自分の成長の自覚，家庭生活と家族の大切さ，家族の協力」に該当する。

　そのねらいは，子どもたちが自分の成長を自覚することにあり，すべての題材と関連させる視点である。

　とくに第5学年最初のガイダンスは第4学年までの学習を踏まえて2年間の家庭科学習の見通しをもたせる役割があり，第5・6学年のみで履修する家庭科にとっては，2年間の学習を充実させるために大切にしなければならない時間である。

　ガイダンスで私が第5学年の子どもたちに考えてもらいたかったのは，2年間で学習する内容ではなく，2年間をどう過ごし，どんなふうに第6学年を終えたいかということである。それは学び方であり，学習したことの活かし方でもある。

　家庭科は，身につけた力を家庭生活で活用することをねらいとしている。しかし継続した家庭実践は，子どもたちの意欲に委ねられていることから，2年間の授業のなかで，自分の生活に合わせて工夫した実践を続けていく楽しさを感じられる子どもを育てていく必要がある。

　新しくはじまる教科として楽しみにしていた子どもたちに，どのような家庭科1時間目を展開すれば，意欲をもち，安心して2年間の学習を進めることができるのだろうか。今後も試行錯誤を続けていきたい。

② 題材の目標

○第4学年までの学びを踏まえ，2年間の家庭科学習の学び方に見通しをもたせる。

　〈ガイダンス的な活動〉

　第5学年のはじめに行うガイダンスのほかに，第5学年の終わり，第6学年のはじめ，第6学年の終わりにも，それぞれのねらいをもって学習を振り返る活動を行う。

○第5学年終わり：第5学年の家庭科学習で，できるようになったことや，家庭生活
　に活かせたことをまとめる。
○第6学年はじめ：第6学年の家庭科学習を通した自分の成長にめあてをもつ。
○第6学年終わり：2年間の家庭科学習を振り返る。自分が家庭や地域にとって大切
　な存在だということに気づく。中学校での家庭科学習に意欲をもつ。

③　本事例

主な学習活動	指導上の留意点　◇評価
家庭科の学習をはじめましょう	
・2年間の家庭科学習でどんな活動をすると思うかを出し合う。	・期待する気持ちが膨らむように，質問が出た場合は子どもたち同士に意見を出させて考えさせる。 ・学習内容だけでなく，子どもたちが学び方にも目を向けられるように，第6学年末に学習を振り返って発表している先輩の映像を見ることを提案する。
・映像を見て感じたことを出し合う。	・2年間の家庭科学習の成果と第4学年までの学習や家族とのかかわりにも気づけるように，映像中で発表している先輩の，授業での頑張りを知らせる。
・第6学年末には，どんな自分になりたいかを考える。	・なかなか考えられない子のために，早く書けている子に途中で発表させる。
・なりたい自分になるためには，2年間家庭科をどのように学べばいいかを考え，発表し合う。	・学び方で，教師がポイントとして考えていたことが子どもたちから発表されなかった場合は補う。
	・自分なりの「めあて」をもつ。 ・「めあて」と合わせた「振り返り」をする。 ・ノートは自分で考えて，書くことや書き方を工夫する。 ・学習したことは家でやってみる。
・友だちの発表を聞いて感じたことを出し合う。	・これからの家庭科学習を楽しく頑張っていくことを提案する。 ◇2年間の家庭科学習の学び方に見通しがもてている（ノート記述）。

④　指導の実際

　まずは，教師が自己紹介をした後，子どもたちに家庭科ではどんなことを学
習すると予想しているかを質問した。「料理をする」「何か縫う」「ミシンを使
う」などの意見があり，それは同時に子どもたちが楽しみにしていた活動でも
あった。

　次に教師から期待することとして，次のような話をした。

　「先生も楽しみにしていることがあります。実は2年間家庭科の学習を終え
て，みなさんがいろいろなことがわかったり，できたりするようになるのがと
ても楽しみなんです。そして，第6学年の終わりには，こんな発表ができると
いいなと考えています。みなさんの先輩であるAさんの発表を紹介しますね」。

　そして，前年度の第6学年が発表している映像を流した。

　ここで使用した映像は，第6学年終わりのガイダンス的な活動で発表し合っ

た「私だからできること」の一例である。以下は発表内容の一部である。

【ワークシート】

　２年間の家庭科学習を通して縫い物やボタン付け，料理や洗濯などさまざまなことができるようになりました。

　例えば，「思い出に魔法をかけてプレゼント」という題材では，思い出のあるパジャマからペットボトルホルダーを作り，父と母にプレゼントしました。（パジャマを着ている自分と弟の幼い頃の写真と製作したペットボトルホルダーの写真を示しながら）

　これが，そのペットボトルホルダーです。パジャマのどこの部分を，どう利用するか，どうすれば，思い出のある物が素敵に生まれかわるのかなどのことを考えながら，作る物から製作手順まですべて自分で考えました。

　また，今では学校がお休みの日には，弟や妹にお弁当を作ってあげたりもします。（お弁当の写真を示しながら）

　これは，私が妹に作ってあげた，ハリネズミ型のおにぎり弁当です。栄養のバランスと味を考えて自分で献立を決め，朝，早起きをして頑張って作りました。

　さらに，「ごはんとふりかけを作ろう」や「みそ汁を作ろう」の授業を受けた時には，自分でみそ汁の実やふりかけの具材を工夫して作り，夕食で出したら家族が喜んでくれてよかったです。

　このように私は家庭科の授業を通して誰かの笑顔を見ることができた時の喜びを知りました。そして学習したことを活かして家族とのかかわりを深めてきました。

　これからさらに勉強も大変になると思いますが，２年間の家庭科学習で学んだことを活かし，家族とのかかわりをより一層大事にしたり，周りの人の笑顔をもっと増やしたりしていきたいと思いました。

2　解　説

① 　ノートかワークシートか

　本実践題材は，自分が第６学年の終わりにどんな姿でいたいかをイメージさせ，子どもたち自身が学習に見通しをもったり，２年間の学び方を考えたりすることをねらいとしている。

　学び方のポイントとして教師が考えていたのは，

・自分なりの「めあて」をもつ

・「めあて」に対応する「振り返り」をする

・ノートは自分で考えて，書くことや書き方を工夫する

　　・学習したことは家でやってみる

である。

　「ノートは自分で考えて……」と言うのは簡単だが，どういうことであろうか。

　「書く」ことは，深く思考するために欠かせない学習過程であるから，教師が意図をもって，子どもたちの「書く」についての環境をつくる必要がある。

　授業で子どもたちが書く物は，ノートのほかにワークシートなどが考えられる。授業でどちらを使うのがよいのかは，研究会などでよく話題になることである。

〈ワークシートのよさ（例）〉

　・ワークシートの発問を中心に授業を進めることで，子どもも教師も流れが
　　見通せる。

　・活動や記述について，細かい指示を伝えることができる。

　・授業後にワークシートの記述から評価をすることで，評価計画が立てやす
　　い。

　・記述する枠を教師が意図的に設定することで，書く文字の量やかかる時間
　　をコントロールできる。

　ほかにもよさはあるだろう。授業をスムーズに進めるためには大いに役立ちそうである。また，ワークシートを作成する過程で教師が気づくことも多いだろう。発問を吟味することで，ねらいが明確になり，かかる時間などの活動の計画も立てやすいはずである。

　しかし，スムーズに進む授業がよい授業，子どもが深く学ぶ授業とイコールでない場合もある。先述したワークシートのよさとノートを使うよさを比べてみる。

〈ノートのよさ（例）〉

　・発問が決まっていないので，子どもの興味や意見を中心に授業を進めるこ
　　とができる。

　・子どもたちがわかったことや困ったことを記録させておくことで，交流を
　　通して学びを深めることができる。

　・自由に工夫して書かせることで，友だちのよいところを認め合い役に立つ
　　ノートづくりができるようになる。

　ノートを使う場合でも，ほかにもよさはあるだろう。大切なことは，教師が意図的にワークシートやノートを活用することである。そうなると，どちらかではなく，両方をどう活用していくかということになるだろう。

　教師の都合ではなく，子どもたちによりよい学びをつくっていきたい。

　本実践題材では，考えたことをノートに書かせているが，活用が考えられる

ワークシートも参考にしていただきたい。

② 題材の記録と活用

本実践題材で子どもたちに見せたビデオは，卒業した前年度第6学年の発表の記録である。発表の様子や作品を映像に残すことには，いくつかの意味がある。

例えば，完成した作品だけでなく製作の途中を撮影しておくことで，評価に役立てることができる。突然，完成した素晴らしい作品を提出してきた子どもに対して「先週と作っている布の柄が違うよ」と，話せたりするのである。多くの子どもを相手に授業をする場合は，このような工夫も必要かもしれない。

また，一人ひとりが違う作品を製作するような場合は，導入時にこれまで子どもたちが製作した作品の写真を見せることでイメージを膨らませたり，製作の意欲が高まったりすることが期待できる。教師が準備した段階見本やヒントカードも，子どもたちの自力解決には役立つが，子どもが作った作品には，それ以上の魅力があるのである。

さらに，課題解決について発表し合う活動などで，子どもたちが作った図や模型等は，家庭科室の常時掲示として活用することで，学び合う環境を整えることにつながる。クイズなど低学年でも興味をもちそうな物は，家庭科室の外に掲示するとよい。

日頃から，カメラなどを準備して気軽に記録できるようにしておくとよいだろう。

③ 自分事として考えさせる

本実践題材では，2年間の家庭科学習をどう学んでいくかを考えさせた。

友だちと同じ映像を見てイメージを膨らませたとしても，自分がどう学びたいかは，一人ひとり違うはずである。よって，教師が決めた「よい学び方」に向かわせようとしすぎることは，意欲を損なうなど，逆効果な場合がある。

また，家庭科学習で身につけた力をどのように活用するかも，家族の顔を思い浮かべて何かしてあげたいなと考える子や，自分の散らかった部屋を思い浮かべる子などさまざまである。教師の決めた答えではなく，自分事として考えた目標に向かえるように，教師や友だちからのアドバイスでその子どもの考えを否定しないようにしたい。

3 「B 衣食住の生活」の指導事例と解説

1 第6学年題材「衣服の着用と手入れ」

① 題材について

　本題材では，衣服にはさまざまな働きがあり，日常着を気持ちよく着たり，大切に着たりするために必要な手入れの仕方がわかり，日常生活で実践できるようにすることをねらいとしている。高学年の児童は自分の着る衣服には非常に関心が高いが，その手入れについては関心が低く親任せである児童が多い。手入れの一つである洗濯については，ほぼ毎日行われている家庭の仕事であるにもかかわらず家の人に洗濯機で洗ってもらっているのが現状であり，もちろん手洗いの経験がない児童がほとんどである。

　最近は，洗濯から乾燥まで全自動でできる洗濯機が多く，暮らしのなかで洗濯の過程が見えなくなってきている。手洗いについての実践的・体験的な学習活動を通して，洗濯の過程を理解し，汚れに応じた手洗いの仕方や環境に配慮した洗い方を捉え，汚れが落ちていくことのよさや達成感を味わいながら，家庭での実践へとつなげていく。

②　題材の目標

・衣服の主な働きがわかり，季節や状況に応じた日常着の快適な着方について理解することができる。

・日常着の手入れが必要であることや，ボタンの付け方および洗濯の仕方を理解しているとともに，適切にできる。　　　　　　　　〈知識・技能〉

・日常着の快適な着方や手入れの仕方について問題を見出して課題を設定し，さまざまな解決方法を考え，実践を評価・改善し，考えたことを表現するなどして課題を解決する力を身につけることができる。

〈思考・判断・表現〉

・家族の一員として，生活をよりよくしようと，衣服の着用と手入れについて，課題の解決に向けて主体的に取り組んだり，振り返って改善したりして，生活を工夫し，実践しようとしている。〈主体的に学習に取り組む態度〉

③　指導計画（全6時間）

小題材名	時	学習内容	教師の働きかけ	学習における具体の評価規準
衣服に必要な手入れを考えよう	1	○衣服の保健衛生上の働きや生活活動上の働きについて考え，学習計画を立てる。	○学習の見通しをもつことができるようにする。	**主**　衣服の着用と手入れについて，課題の解決に向けて主体的に取り組もうとしている。（発言・学習計画表）
	2	○衣服の手入れにはどのようなものがあるか話し合う。○衣服の品質表示や取り扱い絵表示の意味を知る。○ボタン付けを行う。	○手入れをしないとどうなるか投げかけ，手入れの必要性を実感できるようにする。	**知**　日常着の手入れが必要であることや，ボタンの付け方や日常着の手入れの種類について理解しているとともに，ボタン付けが適切にできる。（学習ノート・実習の様子・作品）
手洗いで衣服をきれいにしよう	3	○手洗いの必要性について話	○洗剤の量や水の量をグルー	**思**　日常着の手入れの仕方に

		学習活動	○指導上の留意点　◇評価	評価
		し合う。 ○汚れを落とすには何が必要かを考え，試し洗いをする。	プで考え，タオルを①洗剤＋水，②水＋力，③洗剤＋水＋力の3パターンで試し洗いをする。	ついて問題を見出して課題を設定し，さまざまな解決方法を考えている。 （発言・学習ノート・実習の様子）
4 本時		○適切な洗剤の量や水の量，洗濯の仕方について考え，話し合う。 ○実際に自分で手洗いしてみたいものを決め，調べてみたいことを考える。（家庭調べ）	○よりきれいに，環境にも配慮した手洗いの仕方を考えられるようにする。	主　衣服の着用と手入れについて試し洗いを振り返って改善しようとしている。（発言・学習ノート） 知　手洗いを中心とした洗濯の仕方について理解している。（発言・学習ノート）
5		○家庭で調べたことを発表し合い，実習計画を立てる。	○調べたことを活かし，課題を明確にした計画を立てるようにする。	思　選んだ衣服や汚れに合わせた手入れの仕方について考え，実践に向けた計画を工夫・改善し，わかりやすく表現している。（実習計画）
6		○実習計画をもとに手洗い実習をする。	○めあてをもって行うようにする。	知　手洗いを中心とした洗濯が適切にできる。（実習の様子） 主　家族の一員として，衣服の着用と手入れについて工夫し，実践しようとしている。

④　本時の展開（4時間目／6時間）

時間	学習活動	○指導上の留意点　◇評価	資料
7分	1　試し洗いを振り返る。	○電子黒板に前時の試し洗いにおいて，①洗剤＋水，②水＋力，③洗剤＋水＋力で手洗いしたものと，④電気洗濯機で洗ったものを映し，汚れの落ち具合を比較するようにする。 ○汚れを落とすには洗剤・水・力の3つがそろうことが必要であることを全体で確認する。	・電子黒板 ・前時の写真
3	2　本時のめあてを確認する	洗濯名人になろう	・めあての掲示
20	3　手洗いのポイントを話し合う。 〈話し合いの視点〉 ○洗濯の手順 ○洗い方 ○洗剤の量 ○すすぎ方	○試し洗いの時の様子を映した動画を見ながら気づいたことを話し合う。 ○手洗いには，洗う，すすぐ，しぼる，干す，たたむという手順があることを確認する。 ○洗い方には押し洗い，もみ洗い，つまみ洗い等があることをおさえ，衣服の素材や汚れの度合いによって選択できるようにする。	試し洗いで各班が使用した洗剤や水の量，洗い方，感想を記録したものをまとめ，提示する。 ・試し洗いの結果をまとめたもの ・試し洗いの時の児童の様子を映した写真・動画

			○洗剤が多い程汚れがよく落ちるわけではないことに気づくことができるように，洗剤の量と汚れの落ち方を示したグラフを掲示する。	・洗剤の量と汚れの落ち方のグラフ
			○すすぐ際，水を流しながらすすぐ（注水すすぎ）班とたらいにためてすすぐ（ためすすぎ）班があることに気づき，どちらが適しているか考えるために水の量に着目するようにする。	
			○環境に配慮した洗い方について考えることができるようにする。	
			◇衣服の着用と手入れについて試し洗いを振り返って改善しようとしている。〈主体的に取り組む態度〉（発言・学習ノート）	
5分	4	手洗いの方法についてまとめる。	○話し合いから，手順ごとのポイントをワークシートにまとめる。	
			◇手洗いを中心とした洗濯の仕方について理解している。〈知識・技能〉（発言・学習ノート）	
7	5	話し合ったことを活かし，自分で手洗いしてみたいものを考える。	○タオルでない場合，どろ汚れではない場合，違う洗剤の場合などはどうしたらよいのだろうと児童に投げかける。	
3	6	本時のまとめをする。	○自分で手洗いしてみたいものについて，適した方法を家庭で調べてくるように促す。	
			○次週は調べてきたことをもとに実習計画を立てることを伝え，家庭調べへの意欲を高める。	

⑤　指導の実際

〈手洗いの効果について〉

　題材のはじめに「洗濯機があるのにどうして手洗いの勉強をするのか？」と手洗いの必要性について考えた。洗い物が一つしかないときや部分的に汚れを落としたいとき，電気が使えなくなったとき，汚れがひどいときに手洗いをしてから洗濯機に入れる，など日常生活に手洗いを取り入れていくことの意味を知り，手洗い実習への意欲を見せた。本時の導入では，試し洗い時と同様の汚れのタオルを一つはそのまま，一つは手洗いをしてから洗濯機で洗った物を画像で見せることで手洗いの効果を実感できた。

〈洗剤の必要性について〉

　試し洗いの結果から，汚れは水と力だけでも十分落ちるという班があったため，洗剤が必要かどうかについて話し合った。見た目にはわからないがにおいが残ってしまったこと，洗剤を使った方が時間がかからずに落とせたことか

図14-1　電気洗濯機を用いて

図14-2　ためすすぎ

図14-3　注水すすぎ

図14-4　話し合いをまとめた板書

ら，汚れを落とすためには「洗剤・水・力」がそろうことが条件であることを確認した。また，「洗剤は少量でよいこと」「洗剤の量が一定量より増えても汚れの落ち具合は変わらないが，すすぎに時間がかかること」「すすぎに時間がかかることは水をむだにすること」に気づくことができた。

〈すすぎ方について〉

おけに水をためてすすいでいる（ためすすぎ）班と，水を流しながらすすいでいる（注水すすぎ）班の2つの映像を見せた。流しっぱなしはもったいないと声が上がる。注水すすぎの方がよく落ちる気がするのは，水をたくさん使っているからである。注水すすぎ10分とためすすぎ3回は同じくらいの効果であることを伝え，洗剤と水の使い方に配慮した環境にやさしい手洗いの方法について考えることができた。

また，映像を見て，すすぐ前に洗い終わったタオルをしぼり洗剤を落としてからすすいでいる班と，そのままおけに入れている班があることにも気づき，洗剤や汚れを落とすために「しぼる」過程が大切であることも確認できた。

【ワークシート】

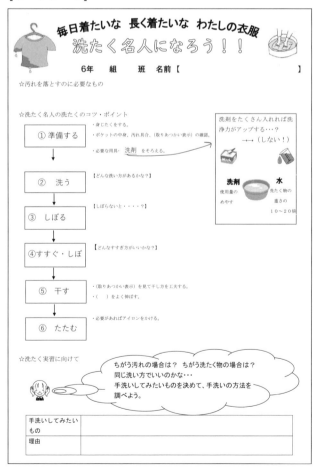

2 　第6学年題材「いためて作ろう　野菜のおかず」

① 　題材について

　第6学年では，「いためてつくろう　野菜のおかず」の題材に取り組んだ。食生活学習は，児童が最も楽しみにしているといってもよい。なぜなら，題材のなかに「食べる」活動が含まれているからである。しかし，「活動あって学びなし」とならないように，明確な目的をもって実生活につながる知識や技能を習得させられるような指導をすることが大切である。

　しかしながら，家庭科の食生活学習に充てられた時間は限られており，事細かく教授するわけにはいかない。少ない時間のなかで，効果的にそれらを習得させる方法を検討していくことが求められている。

　その一例として，応用する手がかりをつかみ，実生活に活かせるような「いためる調理」の授業実践プログラムを構想した。

　〈おいしさを体感させる〉…視点①

　指導計画のなかに，「調理の仕方で味や食感が変わった」「今まで食べたなかで一番おいしかった」などの感想をもつことができる試食や調理実験，調理実習を取り入れる。それは，時として「もう一度食べてみたい」「自分でも作ってみたい」という気持ちの変化をもたらす。このような調理に対する興味や意欲の高まりが，実生活に活かすための第一歩になると考える。

　〈調理を科学的に学ぶ〉…視点②

　「ゆでる」と「いためる」の違いは何だろう。「下ごしらえ」は，食材にどのような効果を及ぼすのだろう。一つひとつの調理操作は，科学的に説明することが可能である。調理実験をすると，その効果を確かめることもできる。つまり，調理を科学的に学ぶことで，他の食材に応用したり，実生活に活かしたりすることを躊躇せずに行うことができるようになると考える。

　〈食材の知識を増やす〉…視点③

　「知っている食材の種類はどのくらいありますか」「キャベツを使った料理をいくつ作れますか」。自分で調理することができる食材の種類を増やすこと，調理の多様性を身につけることといった食材の知識を増やすことが，バラエティに富んだ豊かな食生活をつくり出していく。結果として，バランスのよい食生活や野菜摂取量の上昇にもつながっていくと考えられる。

　以上を授業構想の視点とし，指導計画を立てた。

② 　題材の目標

　　・1日に必要な野菜の量を知り，おいしく摂取するための方法を考えることができる。〈知識・技能〉

　　・いためる料理の手順がわかり，工夫しながら調理することができる。〈思

考・判断・表現〉

・身近な食材を用いたいためる調理に関心をもち，自分の生活に活かそうと
する〈主体的に学習に取り組む態度〉

③　指導計画（指導時間　全8時間）

時間	方法	授業実践の概要（方法）	指導内容	3つの視点
1	講義1	「野菜をおいしく食べる方法を考えよう」 （食味体験・野菜料理と調理法）	1．1日に食べる野菜の量を示す。（キャベツ千切り） 2．1日に食べている野菜の量と比較する。 3．キャベツ（湯通し・味つけなし）を試食する。 4．キャベツをおいしく食べる方法を考える。 5．よく食べる野菜料理と調理方法を発表する。 6．「いためる調理」について学習することを告げる。 7．家庭学習として，家でよく作る「いため料理」の作り方や工夫についてインタビュー調査する。	視点①
2	講義2	「いためる調理について考えよう」 （調理の科学的な説明）	1．野菜料理のさまざまな調理法を確認する。 2．「ゆでる調理」との相違を科学的に説明する。 3．インタビュー調査をもとに，「いため料理」の名前，調理時間，食材，調味料，手順，おいしく作るための工夫や秘けつを発表する。 4．「いためる調理」のメカニズムについて説明する。	視点②
3・4 （本時）	調理実験	「野菜をいためて，味や食感をたしかめよう」 （比較検討する調理実験）	1．キャベツを用いて，いため方を示範する。 2．いためたキャベツを試食する。 3．生のニンジンとホウレンソウをいためる。 4．下ゆでしたニンジンとホウレンソウをいためる。 5．いためたニンジンとホウレンソウを試食し，味や食感を比較する。	視点①②③
5	講義3	「家によくある野菜で，野菜いためを作ろう」 （制約ある食材での計画）	1．いため料理をおいしく作るポイントを確認する。 　・材料の形や大きさ 　・食材の特性を活かした調理手順 　・香ばしい味や香り 　・タンパク質の有無　など 2．家によくある野菜で作ることを条件として，野菜いための調理計画を立てる。 （野菜の量は，1食分＝120g程度持参）	視点②③
6・7	調理実習	「家によくある野菜で，野菜いためを作ろう」 （制約ある食材での実習）	1．3人1組で，1つのコンロを使用する。 2．持参した野菜を計量する。 3．調理手順を説明する。 　①食材の下ごしらえ。（洗う，切る，下ゆで等） 　②下ごしらえを終えたら，順番にいためる。 4．3人の料理が出来上がったら，試食をする。 5．調理実習を振り返り，自己評価する。	視点①②③
第8時	講義4	「自分の生活に活かす」 （児童の振り返り）	1．第1時から第7時までの学習を振り返る。 2．題材を通して，自分についた力を記述する。 3．学習する前と比べて変化したことを記述する。	視点①②③

| | | | 4．提示した食材のなかからいくつかの食材を選んで，いため料理の調理計画を立てる。（応用） | |

④　本時の学習指導（3・4時間目／8時間）

〈本時の目標〉

調理実験を通して，食材の特性や活かし方について考えることができる。

〈思考・判断・表現〉

〈本時の視点〉

本時では，野菜の切り方や加熱方法の違いによって味や食感が異なることを，比較検討する調理実験によって味わわせながら確認させる。そして，次時の野菜いための調理計画において，家によくある野菜をおいしく食べるための方法を考える手がかりとなるようにする。

〈展開〉

時間	学習活動	○指導上の留意点　◇評価（評価方法）	準備
5分	1　前時までの学習を振り返る。 2　本時のめあてをつかむ。 <div align="center">野菜をいためて，味や食感をたしかめよう！</div>	○前時までに学習したいため調理の手順について確認する。	power point 資料 ワークシート
10	3　千切りと短冊切りのいためたキャベツを試食する。	○準備しておいたキャベツをいためて試食させる。切り方の違いによる味や食感の違いを味わわせる。（味つけ：塩コショウ）	包丁 まな板 ボール
10	4　調理実験の手順を知る。	○比較検討するためのニンジンとホウレンソウの調理手順を説明する。	ざる フライパン
40	5　ニンジンとホウレンソウを用いた調理実験を行う。①と②をグループで分担して行い，試食は全員でする。 ①生と下ゆでしたニンジンをいためる。（短冊切り） ②生と下ゆでしたホウレンソウをいためる。（3cm幅）	○下ゆでは，再沸騰してから1分間とする。 ○水をよく切り，油はねに注意させる。 ○いためる時間は，おおよそ1分30秒とする。 ○味つけは，塩コショウとする。	鍋 菜ばし 皿 ふきん キャベツ ニンジン
5	6　試食した感想をワークシートに記入する。	○見た目，味，食感など感じたことや気づいたことなどを記入させる。 ○ニンジンは，下ゆですることによって，食感が柔らかく甘みが増すことを感じ取らせる。 ○ホウレンソウは，下ゆですることによって，えぐ味がとれることに気づかせる。	ホウレンソウ 油 塩 コショウ
10	7　意見交流をする。	○ワークシートに記入した内容について意見交流をして，自分の感覚を確かめたり，考えを広げたりすることができるようにする。 <div align="center">◇調理実験を通して，食材の特性について考えている。 〈思考・判断・表現〉（発言・ワークシート）</div>	
10	8　次時の活動を知る。	○次回の調理計画で自分が活かしていきたいことをまとめ，振り返りとする。	ワークシート

		○本時の学習を次時の調理計画に役立てることを伝える。

⑤　指導の実際

〈調理実験の有用性〉

　同じ野菜であっても，切り方の違いや下ゆでの有無等によって，いためた時の味や食感が異なることは明らかだった。「短冊切りのキャベツの方が，食感がシャキシャキする」「下ゆでしてからいためたニンジンは，甘くてホクホクする」と，意見交流をするなかで，「ゆでる」や「いためる」の調理操作が食材に与える効果を確認することができた。味や食感の好みには個人差がある。どちらがよいということではなく，他の野菜についても，おいしく調理する方法を考えようとする意欲を芽生えさせたい。

〈調理への応用性〉

　実生活につなげるために，家によくある食材を使った野菜いためのレシピを考えさせた。その際，調理実験の経験から「タマネギをいためる場合は，生からとゆでてからのどちらがよいか」といった，他の食材の調理法についての質問が相次いだ。ニンジンでも好みが分かれたため，まず，自分がよいと思った方法を試し，試行錯誤していくなかで好ましい選択をしていくように指導した。それが，自分なりに食材の特性を探究したり，料理のレパートリーに広がりをもたせようとしたりする思考につながったと考えられる。

〈振り返ることの有効性〉

　各時間の学習内容を振り返ったり，題材を通して自分についた力や学習前と比べて変化したことなどを振り返ったりすることで，基礎的・基本的な知識や技能の定着を確認できると同時に，自信や意欲などの気持ちの変化を読み取ることもできた。このような応用の芽ともいうべき力を身につけさせていきたい。

【ワークシート】

```
┌─────────────────────────────────┐
│　　野菜をいためて、味や食感をたしかめよう！　　│
└─────────────────────────────────┘

6年（　　）組（　　）番（　　）班　名前（　　　　　　　）

① 1分30秒いためたキャベツの見た目、味、食感を第1時に食べた湯通ししたキャベ
　ツと比べましょう。

┌──────┬──────────────────────────┐
│キャベツ │　　　　　　　　　　　　　　　　　　　　　　　　│
└──────┴──────────────────────────┘

② ニンジン、ホウレンソウを2通りの方法で、それぞれ別々にいためます。見た目、味、
　食感など感じたことや気付いたことなどを、違いを見つけながら書きましょう。
```

	ニンジン（生）	ニンジン（ゆて）	ホウレンソウ（生）	ホウレンソウ（ゆて）
切り方	短冊切り		4cmの長さ	
ゆでた時間		1分		1分
いためた時間	1分30秒		1分30秒	
感じたこと、気付いたことなど				

```
③ 今日の学習をふりかえって、気づいたこと、分かったこと、考えたことなどを書きま
　しょう。

┌─────────────────────────────────────┐
│　　　　　　　　　　　　　　　　　　　　　　　　　　　　　│
│　　　　　　　　　　　　　　　　　　　　　　　　　　　　　│
│　　　　　　　　　　　　　　　　　　　　　　　　　　　　　│
│　　　　　　　　　　　　　　　　　　　　　　　　　　　　　│
│　　　　　　　　　　　　　　　　　　　　　　　　　　　　　│
└─────────────────────────────────────┘
```

③　第6学年題材「快適な住まい」

① 題材について

「住まい」は家庭生活を行う場であり，児童にとって身近なものである。自分の拠点となる生活の場について理解を深めることは重要であるが，身近であるがゆえ，改めて考える機会は少ない。

児童は住まいにおいて，自分が何もしなくても快適さが得られることが多いため，快適さに鈍感になっている側面がある。学校生活においても，朝，登校して電気もつけぬまま本を読んでいたり，「暑い」と言いながら窓も開けずにいたりする姿もしばしば見られる。

本題材では，快適さについての認識を深めること，快適にするためのさまざまな方法を知ることを通して，住まいにおける快適さについて，主体的に捉え工夫できるようになってほしいと考えた。

そこで，題材の導入で，「快適さ」についてじっくり考える場を設け，その後に学習する「採光」「暑さ・寒さ」「通気・換気」についてもそのつど何を快適とするのかを確認しながら進めていく。また，快適にするための方法については，体験的な学習を取り入れながら，児童がそのよさを実感できるように計画した。

② 題材の目標

・気候や状況に応じた住まい方の大切さがわかる。

・快適に住まうための方法を考えることができる。

③ 指導計画（全5時間）

・住まいにおける「快適さ」について考える―――1【事例1】

・住まいにおける「明るさ」について調べる―――1

・住まいにおける「暖かさ」について調べる―――1【ワークシート1】

・住まいにおける「通気・換気」について調べる―1

・快適なリビングについて考える――――――1【事例2】

④ 本時の展開

【事例1】

〈目標〉　住まいにおける「快適さ」について考え，今後の学習の見通しをもつことができる

児童の活動	指導の方法
○住まいのいろいろな場所を想起する	○住まいについて学習することを伝え，住まいのいろいろな場所をあげさせる
○自分の家の中の「好きな場所」について，その理由を考える	○児童があげた理由を板書し，それらをもとに，住まいの機能について確認する

	・「マンガなど好きなものが置いてあるから自分の部屋が好き」
	・「みんながいるからリビングが好き」
○先を予想しながら絵本の内容を聞く	○絵本『あなたのいえ　わたしのいえ』[※1]の内容を紹介し，住まいの機能を再確認する
○自分の考える「快適な住まい」を記入し，グループで分類する	○「快適な住まい」について考えさせ，記入させた付箋紙をグループで分類させる
○「快適な住まい」について自分の考えを記述する	○「快適な住まい」について自分の言葉でまとめて記述させ，今後の学習内容について話をする

※1　加古里子『あなたのいえ　わたしのいえ』福音館書店，1972年。

〈板書例〉

```
            住まいの「快適さ」について考えよう
○家の中のいろいろな場所            ○家の中の好きな場所
 ・リビング      ・台所            ・自分の部屋：好きなものがあるから
 ・自分の部屋     ・おふろ           ・リビング：家族がいるから
 ・玄関        ・トイレ           ・おふろ：一人でゆっくりできるから
 ・クローゼット    ・ろうか          ○私たちにとっての「快適さ」
                            リラックス　安全　温度　自由
                            楽しさ　家族とのかかわり
```

【事例2】

〈目標〉　家族の生活を想起しながら，「快適さ」「明るさ」「暖かさ」「通気・換気」の学習を活かしたリビングを考える

児童の活動	指導の方法
○自分の家族が使うリビングを自由にデザインする課題を把握する	○切り取って配置できる家具のシートとリビングの枠囲みのみの用紙を配付し，シートの家具を切り，操作しながら配置を考える課題を説明する
○シートの家具を操作しながら，リビングの配置を構想する	○これまでに学習した「快適さ」「明るさ」「暖かさ」「通気・換気」の内容を活かせるよう関係する資料を掲示したり，机間指導したりする
○友だちの説明を聞きながら，自分の構想を確認したり，よい面を取り入れたりして，作業を続ける	○作業の途中で数名の児童の配置を紹介し，そのようにした理由を説明させる
	・「風が通るように窓を対面2か所につけた」
	・「ゆっくりできるようにソファーを置いた」
	・「テーブルで本を読むこともできるように蛍光灯の照明をつけた」
○友だちが考えたさまざまなリビングに目を向け，学習を振り返る	○完成した構想図を数名に説明させ，それぞれのよさを加えて解説し，学習の振り返りを記入させる

⑤　指導の実際

　　　題材の導入とした事例1では，まず「自分の好きな場所」を考え，発表し合うことを通して，住まいに求めているものを浮かび上がらせることができた。その後，絵本やグループでの作業を通して，住まいの快適さを具体的に理解していった。次ページの図は，グループで付箋を持ち寄って分類をしたワーク

シートである。このほかにもグループによって,「安全」「リラックス」「楽しむ」「自然」などの分類名があげられていた。授業後の感想としては,以下のようなものがあった。

- ・家はたくさんのことから自分を守る。また,楽しく過ごすためにあるのだと思いました。
- ・快適な住まいになるには,いろいろなことが必要だと思いました。ふだん家にあって当たり前すぎることが意外に気づけませんでした。
- ・自分の家でも楽しめる場所とリラックスできる場所をつくりたいと思います。

第2〜4時では,ワークシートを用いて住まいの「明るさ」「暖かさ」「通気・換気」を一つずつ取り上げて学習を進めた。児童の授業後の感想には,以下のようなものがあった。

- ・明るい場所は意外と照明より日光の方が明るいということがわかった。
- ・太陽の光が一番強いとわかりました。方角によっても明るさが変わって,へぇと思いました。
- ・同じ部屋でも場所によって温度が変わることがわかった。
- ・いつもは寒かったら暖房だと思い込んでいたが,よく考えるとそれ以外にお金を使わずエコな暖め方があるのだとわかった。
- ・廊下側に座っていて,窓は閉めているのにドアが開いている時に寒いのは5年2組の方の廊下からくる風ということがわかった。
- ・窓の開け方によって風の通り方がかわることがわかった。これから家でももっといい風の通り方をみつけたい。

題材のまとめとして,事例2の家族が過ごすリビングを構想する学習を行った。児童は周囲の友だちと家でのエピソードなどを話しながら,家具のシートを操作して構想していた。学習したことを取り入れながら,明るさや風通しを考えて窓の方角や位置を決めたり,ゆっくり過ごせる空間を工夫したりしていた。また,家族やペットの名前をあげながら,それぞれの好きなことができるように工夫する姿が

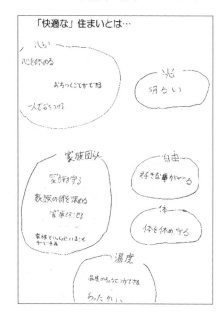

【ワークシート】

快適な住まい〜暖かさ編〜　＿＿組　名前＿＿＿＿＿＿＿

〇自分の家の暖かい場所・寒い場所とその理由

暖かい場所	理由
寒い場所	理由

〇校内の気温の違いを調べよう

調べる場所	予想順位	実際の温度（℃）	メモ

〇寒い日に住まいで暖かく過ごすための方法

〇暖かく過ごす方法をどう使い分けるとよいか（自分の言葉で整理しよう）

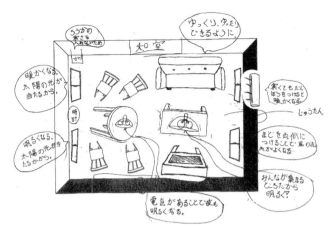

多く見られた。授業後の感想は以下のようなものであった。

　　・いつもは考えていなかったので，意外となんでここに窓があるのかなぁと思いました。もっと考えてお母さんに聞いてみたいです。

　　・家具や窓の場所には意味があるのがわかった。

　　・家でできたらよいなと思うことがありました。でも，できないことがあるので，そこをどうやったらよくなるかを考えたいと思います。

④　解　説

　ここでは新学習指導要領におけるキーワードについて，ここまでにあげられた衣食住の実践と照らして考えてみたい。

① 　新学習指導要領におけるポイント

　新学習指導要領では，指導計画の作成にあたっては，以下の点に留意して学習の充実を図るよう述べられている。

　・児童の主体的・対話的で深い学びの実現

　・生活の営みに係る見方・考え方を働かせ，知識を生活体験等と関連付けてより深く理解する

　・日常生活の中から問題を見いだして様々な解決方法を考え，他者と意見交流し，実践を評価・改善して，新たな課題を見いだす過程を重視

また，内容の取扱いとしては，以下のような活動の充実に言及している。

　・衣食住など生活の中の様々な言葉を実感を伴って理解する学習活動

　・自分の生活における課題を解決するために言葉や図表などを用いて生活をよりよくする方法を考えたり，説明したりするなどの学習活動

　・調理や製作等の手順の根拠について考えたり，実践する喜びを味わったりするなどの実践的・体験的な活動

② 　手洗いの実践（調理や製作等の手順の根拠について考える学習活動）

　この実践は，新学習指導要領での内容の取扱いとして三つめにあげた，「調理や製作等の手順の根拠について考える学習活動」としての側面がよく反映されている。手洗いの「衣服を水につけ洗剤を入れて洗う」という手順に含まれる「洗剤・水・力」という3つの要素に明確に注目させた学習が展開されている。単に「衣服を水につけ洗剤を入れて洗う」という手順を理解することと，その一つひとつの要素にしっかりと向き合う学習活動では，その学習プロセス，学習

の効果ともに大きく異なる。

　「洗剤」という要素一つを取り上げてみよう。「手洗いは洗剤を使うと汚れが
よく落ちます」と伝えたとしても，それは子どもにとってすでに知っているこ
と，または何となくわかっていたことにすぎない。この実践では，試し洗いに
おいて，「汚れは水と力だけでも十分落ちる」というある班の意見を取り上
げ，洗剤が必要かどうかについて話し合いをしている。その結果，におい，時
間，洗剤の量，環境への影響など豊かな広がりをもつ学習へと展開されてい
る。このような学習のプロセスは，新学習指導要領が示す「主体的・対話的な
学び」を構想するための大きなヒントとなるだろう。

③　調理の実践（生活のなかのさまざまな言葉を実感をともなって理解する学
　習活動）

　この実践は，新学習指導要領での内容の取扱いとして一つめにあげた「衣食
住など生活の中の様々な言葉を実感を伴って理解する学習活動」としての側面
が反映されている。学習したことを実生活で活かせるようにするための視点と
して，「おいしさの体験」「科学的に学ぶ」「知識を増やす」ことをあげてい
る。これらの視点は，生活のなかのさまざまな言葉を深く理解することと結び
ついている。

　生活において「おいしい」という言葉はよく用いるが，具体的にどのような
点がおいしいのかまでは話題になりにくい。調理実験や比較などを通して，味
や食感の違いを感じること，それらが切り方や加熱方法によることなどを実感
することは，「おいしい」という言葉を多面的に捉える機会となる。「おいし
い」は，調理への興味や意欲に関係する重要な要素である。また，単に「いた
める」といっても，扱う食材，切り方，下ごしらえなどにより，いため方やい
ためるまでのプロセスは多様である。「自分がよいと思った方法を試し，試行
錯誤していくなかで好ましい選択をしていくように指導した」とあるように，
子どもたちが試行錯誤するための材料を提供したこの実践は，新学習指導要領
が示す「生活の営みに係る見方・考え方」を育むことにつながるだろう。

④　住まいの実践（生活をよりよくする方法を考えたり説明したりする学習活動）

　この実践は，新学習指導要領での内容の取扱いとして二つめにあげた，「言
葉や図表などを用いて生活をよりよくする方法を考えたり，説明したりするな
どの学習活動」としての側面が反映されている。家具のシートを操作しなが
ら，リビングを構想する学習は，それまでに学習した住まいの明るさや風通し
の内容を応用する場である。家具や窓の位置を決めるには理由がともない，吹
き出しを用いて説明されている。児童の感想としてあげられた「家具や窓の場
所には意味があるのがわかった」「できないこともあるので，そこをどうやっ
たらよくなるかを考えたい」という記述は，新学習指導要領が示す「生活の営

みに係る見方・考え方」の育成や「知識を生活体験等と関連付けてより深く理解する」ことを考えるヒントとなり得るだろう。

⑤　授業づくりの論点

「うちにはミシンがないけど，どうしてミシンの学習をするの？」「炊飯器があるのに，どうして鍋でごはんを炊く実習をするの？」といった素朴な疑問が児童から投げかけられた時，答えることができるだろうか。「いつかミシンを使うこともあるかもしれない」「停電になったら炊飯器は使えないでしょう」などという答えで本当によいのだろうか。このような議論をしながら，衣食住の生活に関する学習を「どう学習させるか」に終始しない，「なぜ学習させるか」「何を学習させるべきか」について絶えず検討したいものである。

4　「C　消費生活・環境」の指導事例と解説

1　第6学年題材「エコ　de　わが家の食事」

①　題材について

本題材は，無駄のない食材の扱い方，ごみの分別や減量，エネルギーの消費を抑えるといった環境に配慮した調理ができる人を「エコキング」として位置づけ，小学校家庭科2学年間の食生活学習の総まとめとして「エコキング」を目指していくという設定にした。既習の「ゆでる調理法」「いためる調理法」を振り返る調理実習を行い，基礎的・基本的な知識及び技能の定着度の確認をする。それをもとに環境に配慮した調理に関する知識及び技能へと，スキルアップを目指していく。また，いつも家庭にあるような身近な食材（たまご，ジャガイモ）や，台所での作業を意識した手際のよさの必要性にもふれ，家庭生活とのつながりを感じられるようにする。さらに，他教科や学校給食との関連を図り，手に入りやすい地域の特産物，季節（旬）などにもふれ，自分の生活を総合的に捉えて学習できるようにする。小学校，中学校5学年間の円滑な接続を図っていく観点から，中学校家庭科教師を迎え，中学校での学習について見通しをもたせる学習も取り入れた。

ここでは，家庭科における主体的・対話的で深い学びの一例として，問題解決的な学習を紹介する。付箋紙を活用し，自分たちの実習の様子を振り返り，よい点や課題点に気づかせる。それぞれの意見が書かれた付箋紙を持ち寄り，それを整理しながら，課題点の解決策をグループで話し合う。最後に全体交流し，環境に配慮した「エコキング」の具体的な考え（エコポイント）をもてるようにする。自己→グループ→全体といった段階的な問題解決学習を通して，児童の創意工夫の能力（思考力・判断力・表現力）を伸ばしていくことをねらい

としている。

② 題材の目標

・無駄のない食材の扱い方や，３Ｒを意識したごみの分別や減量，エネルギーの消費を抑えたゆで方やいため方について理解する。〈知識・技能〉

・環境に配慮した調理について自分の考えをもったり，グループで話し合ったりしたことをもとに，創意工夫して調理することができる。

〈思考・判断・表現〉

・地域や季節の特性を活かし，身近な材料の活用や環境に配慮した調理の仕方に関心をもち，自分の生活に活かそうとする。

〈主体的に学習に取り組む態度〉

③ 題材の指導計画（全12時間）

〈第１次〉考えよう　バランスのよい献立　（５時間）

〈第２次〉エコポイントで　おかずづくり（６時間）

〈第３次〉エコポイントで家族と楽しい食事（１時間）

④ 本時の展開（８時間目 /12時間）

〈目標〉　エコキングになるための調理の仕方を考えたり，工夫したりすることができる。　　　　　　　　　　　　　　〈思考・判断・表現〉

時間	学習活動	○指導上の留意点　◇評価 ◎言語活動　☆環境への配慮 ★中学校家庭科教師との連携	資料
1分 1	1　前時までの学習を振り返る。 2　本時のめあてをつかむ。	○前時までに学習した献立について振り返らせる。 ○「エコキング」を目指して，自分たちの実習を見直すことができるようにする。	
	自分たちの調理の仕方を見直そう 〜目指せ！エコキング！〜		
5	3　中学校家庭科教師の話を聞き，「エコキング」のイメージを書く。	★中学校での学習を知り，環境に配慮した調理の必要性を知り，エコキングになるためのイメージをもたせる。	ワークシート（１）
8	4　自分たちの実習の様子を振り返り，よい点（エコポイント），課題点（見なおそう）をみつけ，付箋紙に書く。	○前回の調理実習の様子をビデオで振り返ることができるようにする。 ○２色の付箋紙はよい点（例：ピンク）と課題点（例：青）に使い分ける。 ☆火加減　☆油の処理 ☆節水（野菜の洗い方・後片付け） ☆調理台の整理整頓	ビデオ ワークシート（２） 小さめの付箋紙２色 ホワイトボード マジック
8	5　各自書いた付箋紙をもとに，グループで，よい点，課題点について整理し，改善策を考える。	◎各自書いた付箋紙をグループごとに表に貼り付けて整理する。 ◎改善が必要な点については，改善策を話し合わせ，付箋紙（黄）に書かせる。 ★机間指導をしながら，グループの支援に入る。	大きめの付箋紙１色

15分	6　グループの考えを伝え合う。	◎グループごとに発表する。	ワークシート（3）
		◎よい考えをメモしながら聞かせる。	
5	7　エコキングになるための調理実習（ゆでる・いためる調理，一人調理）に活かすことをワークシートにまとめる。	○「エコキング」になるためのよい点，課題点について整理しまとめてさせていく。	
		○食材の選び方や買い物の仕方についても，環境の視点で考えられるようにする。	
		○実際の調理をイメージし，グループの発表を参考に，具体的な環境に配慮した工夫点を考えさせる。	

○エコキングになるための調理の仕方を考えたり，工夫したりしている。
　　　　　　　　　〈思考・判断・表現〉「行動観察」「ワークシート」
　B　調理実習における環境に配慮した工夫点を3つ以上具体的にまとめている。
（おおむね達成している児童への手立て）
　　→エコキングになるために学習したことからさらに活かせることはないか考えさせる。
　　→調理の準備（買い方・選び方）についても目を向けさせる。
（努力を要する児童への手立て）
　　→エコポイントについて振り返らせる。
　　→実習の写真を提示し，具体的な工夫へのヒントを与える。

2	8　次時の活動を知る。	★授業を振り返り，中学校に向けての意欲につながるような話をする。	
		○次回の実習で自分が活かしていきたいことをまとめ，振り返りとする。	
		○本時の学習を次時の調理計画に役立てることを伝える。	

〈板書計画〉

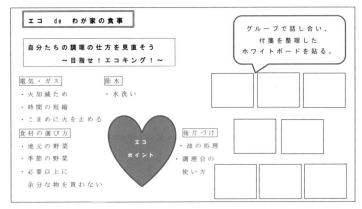

⑤　指導の実際

　「エコキングを目指す」という明確な目標をもち，児童は意欲的に学習を進めることができていた。第1次の「考えようバランスのよい献立」では，自分の家庭での食事や学校給食を通して，栄養，調理法，いろどりなど，「バランスのよい献立」について多面的に考えることができた。第2次「エコポイントでおかずづくり」では，「ゆでる調理法」では粉ふきいもを，「いためる調理

法」ではスクランブルエッグを既習の調理として再度取り上げたことにより，基礎的・基本的な知識及び技能の振り返りと定着度の確認をすることができた。同じ教材を時間をあけて繰り返し調理させることは，技能習得の面からみても大変有効であった。また，たまごやジャガイモといった，いつも家庭にあるような身近な食材を取り上げたことは，技能の定着が十分でなかった児童に対して，家庭での繰り返しの練習を促しやすいといえる。さらには〈第3次〉の「エコポイントで家族と楽しい食事」の家庭実践において，他の身近な食材を考えるよい例となった。本時では自己→グループ→全体といった段階的な問題解決学習を通して，「エコキング」を目指すためにどんなことを考えなくてはいけないのか一人ひとりが自分の考えをもち，活発な話し合いができた。これにより，児童の創意工夫の能力を伸ばしていくことができ，環境に配慮した調理の必要性を実感させることができた。

【ワークシート】

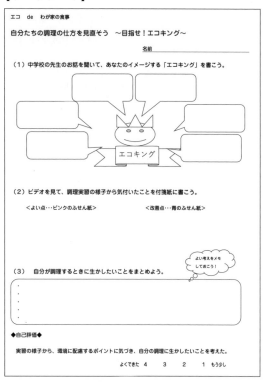

[2]　第5学年題材「野菜いため実習の買い物を計画しよう」

①　題材について

　ここでは授業例として，第5学年「野菜いため実習の買い物を計画しよう」（全3時間）について取り上げる。

　この題材では，調理実習のための材料の購入の場面を取り上げ，「B　衣食住の生活」の「(2)　調理の基礎」とをかかわらせて指導する。また，班内で材料を分担し，それぞれの適切な選び方や買い方を調べて班のなかで伝え合う「ジグソー学習」を展開することで，主体的・対話的で深い学びの実現を図る。

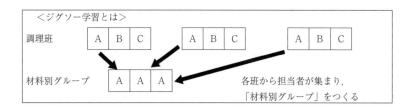

②　題材の目標

・身近な消費生活に関心をもち，身近な物の選択，購入について調べたり学んだりし，進んで活用しようとしている。〈主体的に学習に取り組む態度〉

・野菜や加工食品の選び方，買い方を理解し，必要な情報を収集・整理して目的に合った品質のよい物を選んで購入することができる。　〈知識・技能〉

・購入に必要な情報を活用し，目的に合った品質のよい物の選び方，買い方について考え，工夫している。　　　　　　　　　　〈思考・判断・表現〉

③　題材の指導計画（全3時間）

〈第1次　買い物の計画を立てよう〉

第1時　調理実習に必要な材料を調べて買い物計画を立て，各材料の選び方，買い方について調べるための班内での分担を決める。

〈第2次　品質のよい物の選び方，買い方を調べよう〉

第2時　分担した材料ごとに集まって「材料別グループ」をつくり，グループで品質のよい物の選び方，買い方について調べ学習を行う。

（家庭学習　分担した材料について値段や売られ方，購入の際の留意点などを調べてくる）

第3時　目的に合った品質のよい物の選び方，買い方を学び合おう。

材料別グループで調べた内容を調理班に戻って伝え，学び合う。　〈本時〉

④　題材について

本題材では，新学習指導要領「B　衣食住の生活」の「(2)　調理の基礎」との関連を図り，調理実習で用いる材料を対象として，目的に合った品質のよい物の選び方，買い方について理解し，実践できることをねらいとしている。

また，主体的・対話的で深い学びを実現するために，ジグソー学習を展開する。具体的には，調理班のなかで調べる材料を各自が分担する。次に，その材料ごとに各班から集まって「材料別グループ」をつくり，選び方，買い方についてグループで調べる。最後に材料別グループ内で調べたり学び合ったりしたことを，最初の調理班に戻って他の班員に伝え，学び合う。ジグソー学習の形態を採ることにより，一人ひとりが担当した食材について主体的に調べるだけでなく，同じ材料グループ内での情報共有により幅広く深い知識を得ることができる。また，材料別グループで調べたり，学び合ったりして得た知識を調理班に戻って自分の言葉で説明することにより，得た知識を確かに内面化することができる。

⑤　展　開

小題材名　目的に合った品質のよい物の選び方，買い方を学び合おう。

(1)　本時のねらい

・物の選び方，買い方について進んで伝えたり学び合ったりして，深く学ぼうとしている。　　　　　　　　　　　　〈主体的に学習に取り組む態度〉

・調理実習で用いる各材料の適切な選び方や買い方を理解することができる。

〈知識・技能〉

(2)　展開（3時間目／3時間）

学習過程	主な学習活動	○指導上の留意点　◇評価
導入	1．本時の学習について知る	○材料別グループで調べたことを元の調理班に戻って伝え合うことを話す。
	選び方，買い方について調べたことを伝え合おう	
展開	2．元の調理班に戻って，材料別グループで調べたことを伝え合う。	○ピーマン，ニンジン，キャベツ，ベーコンの各分担についてあらかじめ画用紙に要点を書いたものを用意させ，それを見せながら伝えるように話す。また，聞く側には，メモを取って聞くように促す。 ◇進んで伝えたり学び合ったりしようとしているか（主体的に学習に取り組む態度）
	3．ピーマン，ニンジン，キャベツ，ベーコンの選び方，買い方に共通する事柄をみつけて発表する。 ・地元の物など新鮮なものを選ぶ。 ・手に取って調べる。 ・必要な分量を買う。	○どれも目的に合った新鮮なものを選び，適量購入することが大切であることに気づけるようにする。
	4．各材料に独自なポイントを発表する。 ・ベーコンなどは，品質表示やマークを見て選ぶ。 ・ピーマンなど袋に入っている物の場合は，必要な数があるか確かめて買う。	○品質表示やマークの図を黒板に貼り，野菜のように手に取って調べられないものは，品質表示やマークなどが手がかりになることに気づけるようにする。
まとめ	5．ワークシートに本時の学習のまとめを書き，発表・交流する。	○児童の発表を基に本時のまとめを行う。 ◇目的に合った品質のよいものの選び方，買い方が理解できたか。（知識・技能）

③ 解　説

① 「C　消費生活・環境」の内容を主体的に学ぶ

　小学校の新学習指導要領の「C　消費生活・環境」に関する学習内容は，「物や金銭の使い方と買物」「環境に配慮した生活」の2項目からなる。今回の改訂では，生涯にわたった自立した消費者の育成を意識し，その基礎となる初等家庭科において，消費者教育の内容の一層の充実が図られている。例えば，「物や金銭の使い方と買物」においては，小学校と中学校の内容の系統性を図り，学習内容として「買物の仕組みや消費者の役割」を新設し，中学校における「売買契約の仕組み」や「消費者の基本的な権利と責任」「消費者被害の背景とその対応」の基礎となる学習ができるようにしている。また，「環境に配慮した生活」においては，これまでと同様に，消費生活が環境と密接に関係し，影響を与えていることに気づき，持続可能な社会の構築に向けて主体的に生活を工夫できる消費者としての素地を育てることを意図している。「A　家族・家庭生活」「B　衣食住の生活」などの内容とも関連させながら，児童の身近な具体的な生活と結びつけ，消費生活・環境について実践的に学習できるよう配慮することが望ましい。

【ワークシート】

1	第 14 章	「C消費生活・環境」の授業　ワークシート		執筆者名　勝田映子

題材名		6 年　　1 組　　12 番
		名前
めあて		

2　**1　調理実習の材料の準備**

必要な材料	分量	予算	実際のねだん	調べる人

3　**2　材料について調べたことを書こう（調査ポイントを□にチェックしよう）**

4　□　ねだん　□　良い品の特徴　□　選び方　□　環境を考えて工夫できること

調べた物		材料別グループの人からの情報
調べた日	月　　日（　）	
調べ方		
調べた内容		

5　**3　その他の材料について友だちから学んだことを書こう**

材料名	分かったこと・気づいたこと

6　**4　ふりかえり**

ここでは，児童の主体的・対話的で深い学びを実現するという視点から，先に示した「C　消費生活・環境」の2つの授業実践について解説を行う。両実践ともに，新学習指導要領の「B　衣食住の生活」の「(2)調理の基礎」と，「C　消費生活・環境」領域とを関連させた授業であるが，調理領域以外にも，家族・家庭生活やさまざまな衣食住の生活の内容と関連させ，また児童の生活の実態と合わせながら授業をつくることができるだろう。

②　「エコ　de　わが家の食事」の実践——食領域の内容と関連させた「環境に配慮した生活」の学習活動

この実践は，小学校家庭科2学年間の食生活学習の総まとめとして，調理実習を通じて，既習の「ゆでる調理法」「いためる調理法」を振り返り，基礎的・基本的な知識及び技能の定着度を確認するとともに，私たちの身近な食生活や食材の買物などの消費生活行動が，環境に影響を与えていることに気づかせる工夫がなされている。食領域の内容と「環境に配慮した生活」の内容とを関連させた授業実践であり，児童の身近な具体的な生活と結びつけ，環境領域に関しても，実践的に学習できるような工夫がなされていることが特徴である。

例えば，調理実習の際，無駄のない食材の扱い方，ごみの分別や減量，エネルギー消費の抑制，環境に配慮した食材の選び方や買物の仕方といった，環境に配慮した調理について検討を行うが，その学びをより主体的にするために，この実践では，環境に配慮した調理ができる人を「エコキング」，環境に配慮した具体的な考え方を，「エコポイント」と称している。「エコキングを目指す」という明確な目標を共有することで，児童の意欲的な学習につながっている。

また，この実践では，単に環境に配慮した調理の内容を知識・技能として一方的に教えるのではなく，子どもたち自らの体験の振り返りや，話し合いから，そのポイントを導き出しているという特徴がある。児童の実際の調理実習の様子を録画し，それらに基づいて，まず児童一人ひとりが，自らの実習のよい点や課題点を付箋に書き出して振り返る。そのうえで，課題解決策をグループで話し合い，クラスで発表し全体交流するという手法を用いている。このように自己→グループ→全体と段階的な問題解決学習を取り入れ，環境に配慮し

た調理とはどういうことなのか，どうしたら実践できるのかを，主体的に「自分ごと」として捉えるとともに，グループやクラスと議論することで，より深い学びへとつなげる工夫がなされている。「自分ごと」として学ぶことができれば，その後の一人ひとりの家庭生活での実践にもつながっていく。児童の主体的な取り組み，創意工夫の能力を伸ばしていく授業実践が，環境に配慮した持続可能なライフスタイルの創出につながるといえるだろう。

③　「野菜いため実習の買い物を計画しよう」の実践——食領域の内容と関連
　　させた「物や金銭の使い方と買物」の学習活動

　この実践では，食領域の内容と「物や金銭の使い方と買物」の内容を関連させ，調理実習で用いる材料を対象として，目的に合った品質のよい物の選び方，買い方について理解し，実践できることをねらいとしている。また，班内で材料を分担し，それぞれの適切な選び方や買い方を調べて，班のなかで伝え合う「ジグソー学習」を展開することで，身近な消費生活に関心をもち，主体的に学び，その知識・技能を実際の生活に活用する力を育てる。

　ジグソー学習では，自身の担当の材料について，責任をもって説明することにより，得た知識を内面化し，より「自分ごと」として捉えることができる。また，同じ材料グループ内での情報共有により，他の材料を担当したグループメンバーの意見を尊重し，意見交流しながら，一人だけでは得られなかった幅広く深い知識を得ることができる。児童の主体的な学び合いを大切にするとともに，質の高い学びの内容を確保するためには，教師からの声かけや，児童の様子に合わせた適切な指導が不可欠であろう。例えば，この実践でも示されているが，担当した材料についての値段や販売方法，購入の際の留意点などの事前調査を家庭学習として指示する，品質表示やマークなどに気づかせ検討の幅を広げるなど，児童の学びの様子に応じて，話し合いを活発にさせる手立てを考えておくとよいだろう。食材の旬や産地などに目を向け，環境に配慮した消費生活との関連を図ることもできる内容だといえるだろう。

5　「家庭との連携・地域との連携」の授業づくりの
　　ポイントと解説

1　地域とつながる（地域の教材化）

①　地域を教材化するわけ

　児童にとって生活にかかわりの深い地域を教材化することで，教科書に載っている知識を学ぶのではなく，自分の生活を見直し，そこから生活課題を見出し，「自分の生活をよりよくしたい」という意欲が生まれ，「生活で活用する

力」を育成することになると考えた。

　学習プログラムのモデルとして埼玉県羽生市の地域教材を例に，地域の教材化のプロセスをみていく。

② 　地域の教材をつくる

　「地域」を教材化するまでを図14-5のStepを踏んで考えた。

③ 　「地域」を教材化するまでの実際

〈教材を選ぶ4つのポイント〉

　地域には，さまざまなものが存在しているが，そのすべてが教材となり得るわけではない。「地域」を教材化するためには，数多い地域素材のなかから教材としてふさわしいものを選び出さなくてはならない。

　授業者が所属する羽生市の，地域のものを教材化するにあたり，図14-5のStep2を用いて選んだ教材は「宝蔵寺みそ」である。

Step 1	「地域」に関する情報を収集する
	ポイント①　資料からの情報を収集する ポイント②　公共機関へ取材する ポイント③　広く地域で催されている体験に参加する

Step 2	教材を選ぶ
	ポイント①　その地域に昔からあり，そこに住んでいる人々の生活と密接にかかわり，人々の手を通して脈々と受け継がれているもの ポイント②　その地域との間に何らかの密接な関係（気象・地理的条件など）があるもの ポイント③　①および②について語れる人がいること ポイント④　児童にとって，知らなかったもの（こと）だが，実は身近なもの

Step 3	教材化に向けて情報を収集する
	ポイント①　携わっている人へインタビューする ポイント②　関連書籍を読む ポイント③　対象の教材を他の地域のものと比較する ポイント④　関連品を購入する ポイント⑤　実際に教材にかかわる体験をする

Step 4	教材を授業へ組み込む
	ポイント①　こと，人，歴史などといった「地域」についての理解を深める工夫をする ポイント②　家庭の実践を重視する ポイント③　ワクワクする出会いをつくる ポイント④　児童が新しい文化の担い手になる取り組みを入れる ポイント⑤　体験を多く取り入れる

Step 5	指導案を作成する（授業を計画する）

図14-5　「地域」を教材化するための5つのStep
出所：筆者作成。

Step 2	教材を選ぶ
	ポイント①　その地域に昔からあり，そこに住んでいる人々の生活と密接にかかわり，人々の手を通して脈々と受け継がれているもの
	・昔からみそを作っている人が多い。 ・昔はどこの家でも自分の家で米・麦・大豆・野菜を作っていて，それらを用いてみそや醤油を作っていた。
	ポイント②　その地域との間に何らかの密接な関係（気象・地理的条件など）があるもの
	・羽生市は，もともと穀倉地帯。利根川流域で土壌がよかったため，おいしい米がとれる。 ・米こうじを使用するのは，麦こうじになる大麦より米の収穫の方が多かったから。 ・羽生あたりでは，麦は大麦ではなく，小麦が主流。（麦こうじは大麦）
	ポイント③　①および②について語れる人がいること
	・昔の羽生のみそについての事柄や宝蔵寺みそその成り立ちを知っていて，かつ実際にコスモス工房（宝蔵寺みそを製造）で働いている人
	ポイント④　児童にとって，知らなかったもの（こと）だが，実は身近なもの
	・本校児童5年生73名中，宝蔵寺みそが羽生産のみそであると知っていたのは，1名しかいなかった。しかし，学校給食には毎月1回宝蔵寺みそを使った料理がでており，献立表にも記載されている。

〈教材を授業へ組み込む5つのポイント〉

　教材として選んだ「宝蔵寺みそ」を実際の授業のなかへ組み込むために，図

14－5 Step 4 を用いてそのポイントを考えた。

Step 4	教材を授業へ組み込む
	ポイント①　こと，人，歴史などといった「地域」についての理解を深める工夫をする
	いきなり宝蔵寺みそについて語ってもらうのではなく，導入として「昔の羽生の様子や昔食べていたもの」についてまず語ってもらい，児童の気持ちを「地域のもの」に向かせ，その後，教材として扱う宝蔵寺みそについて語ってもらうことで核に触れる，という2段構成にした。 　そのため，それぞれの話に別々のゲストティーチャーをお呼びして，話をしていただいた。
	ポイント②　家庭の実践を重視する
	児童と地域を直接つなぐものとして，「家族」を登場させ，児童にとって地域をより自分のこととして捉えさせるため，家庭実践を2度設けた。 　児童は，授業の導入で昔の様子を聞き，今の自分の生活とは違うことに気づく。授業を進めるにあたり，自分の生活についてよりはっきりと認識する必要があったため，まず，自分の家のみそ汁について調べる家庭実践を設けた。 　2度目の家庭実践は宝蔵寺みそを家の人と一緒に試食し，宝蔵寺みそを使ったメニューを開発することである。この点は，Step 4 ポイント③にもつながっている。
	ポイント③　ワクワクする出会いをつくる
	事前アンケートの結果から，ほとんどの児童が宝蔵寺みそを知らないことがわかった。そこで，宝蔵寺みそを使った献立の写真や宝蔵寺みそと書かれた献立表を見せ，「実はね…」という形で，「みんなは食べたことがあるんだよ！」という事実を知らせ，宝蔵寺みそとの出会いに驚きが加わる出会い方をさせた。さらに，実際に宝蔵寺みそを作っている方から話をしていただいた。 　その他，Step 4 ポイント⑤にもある試食や食べ比べなどといった実習・実験や実物を見るという体験を多く取り入れた。このことは，児童にとって未知のことをワクワクしながら，新しい知識と出会う機会になるだろう。
	ポイント④　児童が新しい文化の担い手になる取り組みを入れる
	宝蔵寺みそを作っているゲストティーチャーからのお願いという形で，地域の味をより多くの人に，そして，この先もずっと伝えるために，宝蔵寺みそを使ったメニューを考えさせた。 　地域の一人として未来を託されたことで，学んだ基礎的な理解とそれに係る技能をここで活用できると考えた。

	ポイント⑤　体験を多く取り入れる
	実際に見たものや体験したことは，記憶にはっきりと残ることが多い。今回のこの授業では，昔の様子から学習に入っているので，話を聞くだけでは弱いと考えた。 　そこで，ごはんに関しては，実物の羽釜などを見せたり，麦飯を実際に食べさせたり，浸水時間の違う2種類の米粒を観察させたり，水加減の違うごはんの食べ比べといった体験を行った。また，みそ汁に関しては，煮干しだけではなく，かつお節を見せ，削るところを見せたり，こんぶや粉末のだしの実物を紹介したりした。さらに，宝蔵寺みそを使ったみそ汁（だしあり・だしなし）と豆みそを使ったみそ汁（だしあり）の飲み比べを行ったり，宝蔵寺みそを試食する機会も設けた。

〈授業を計画する〉

　　　Step 4 のポイントを組み込み，実際に授業を計画したものが表14-1である。

表14-1　「教材を授業へ組み込む5つのポイント」を用いた授業計画

	時間	学習活動	ポイント番号	具体的な学習内容	検証のためのデータ
	0	事前アンケート　実施			
授業	1	ゲストティーチャーA 昔の食べ物について	①③⑤	羽生の様子や昔の食べものについて対話を交えながら話を聞く。麦飯を試食する。	
	2	日本の伝統的な日常食の理解 ごはんの作り方	③⑤	主食・汁物を理解する。炭水化物の働きを理解する。浸水時間の違う米粒を観察したり，水加減の違う2種類のごはんを食べ比べてそれらの違いを理解する。炊飯のポイントを理解する。	
	3・4	炊飯実習		ガラス鍋で米を炊く。	
	家庭実践Ⅰ	みそ汁についての聞き取り調査 （わが家のおいしいみそ汁自慢!!）	②	みそ汁の作り方，実の種類，家で使っているみそなどについて聞いてくる。	
	5	みそ汁の飲み比べ みそ汁の作り方 宝蔵寺みそとの出会い	③⑤	だしあり・だしなし・みその違いといった3種類のみそ汁を試飲し，その違いを理解する。みそ汁作りのポイントを理解する。実は宝蔵寺みそを全員が食べたことがあるという事実を知る。	
	6	ゲストティーチャーB 宝蔵寺みそについて	①③⑤	宝蔵寺みそと羽生の関係について話を聞く。みそ汁の実の取り合わせから脂質・たんぱく質・無機質・ビタミンの働きについて理解する。	
	7・8	みそ汁実習		ゲストティーチャーのおすすめの実の取り合わせでみそ汁を作る。	⑦活かしたいこと身についたこと
	家庭実践Ⅱ	宝蔵寺みそスペシャルメニューの開発	②④	授業で使った宝蔵寺みそを持ち帰り，家の人と試食をし，宝蔵寺みそを使ったメニューを考える。	
	9	メニューの改善	④	友だちの意見を参考にし，よりよいみそ料理になるよう考える。	
	10	メニュー表の作成	④	完成したメニューをパーフェクトガイドとしてまとめる。	④学習後の家庭実践
	11	事後アンケート　実施			

出所：筆者作成。

④　地域を学ぶことの意義

　「『地域』を教材化するための５つの Step」を用いれば，誰でも，そして，いかなる地域においても，地域を教材化して家庭科の授業を展開することができる。

　地域のものを教材化し，地域を学ぶことは，基礎的な理解とそれに係る技能を生活で活かす力につなげることに有効であるだけではなく，地域のものや文化をつくり支える人々の営みを理解し，自分の生活とつなげて考えることができる。

　地域を教材化し，家庭科の授業を展開してほしいと願う。

┃2┃　家庭との連携

①　児童一人ひとりの家庭生活につなげる

　新学習指導要領（家庭科）では，身につけた資質・能力を活用し，家族や地域の人々とかかわり，家庭生活をよりよくしようと工夫する実践的な態度を養うことが示されている。そこで指導上の配慮事項として外せないのは家庭や地域との連携である。家庭科の学習を通して身につける知識及び技能は，繰り返して学習したり，日常生活で活用したりして定着を図ることができる。学習したことを家庭生活に活かし，継続的に実践できるようにするためには，家庭との連携を積極的に図る必要がある。そこで，家庭との協力で行われた例を以下に示す。

②　家庭へ家庭科の取り組みを周知し，協力を求める

　現代は，家族の形態や働き方などが多様化し，家庭生活も各家庭によって差が大きいことから，一人ひとりの家族の実態を把握したうえで人権に配慮し，学習計画や発問を考える必要がある。調査や家庭実践もある程度の期間を設定し，家庭の協力が得られるように配慮する必要がある。まず，題材に入る前に，学年・学級便りや家庭科便り，懇談会等で，題材でのめあてや家庭で協力していただく内容について周知させておく必要がある。

③　一つの題材のなかで繰り返し家庭生活を意識させる

　一つの題材のなかでも自分の家庭生活を何度も意識させることで，自分の生活をよりよくしようとする実践力につなげることが必要である。

　次の学習計画は，第５学年の「毎日の食事を見つめてみよう」で，自分の食べているものを振り返り，食べ物のはたらきを知ったうえで，日本の伝統的なご飯とみそ汁について学習する題材である。この題材では，自分の家庭の食について家庭での調査を２回（①②），実習を１回（③）入れている。

　〈家庭調査①〉　第１時に入る前に，児童が自分の家庭での食事について調べる活動を行い，自分の食生活をよりよくしたいという気持ちにつなげる。どん

なものを食べているのかは家庭により差があるため，発表などには配慮が必要である。同じ条件で考えさせるには，給食などの献立を活用するとよい。

〈家庭調査②〉　みそ汁の学習に入る前に行う家庭での調査では，みそ汁に使うだしや実，家族の思いなどをインタビューさせている。この調査では，みそ汁の学習の後半に家族に食べてもらう自分のオリジナルみそ汁を考えるため，家族の好みなども聞くようにした。最近では，みそ汁を毎日食べる家庭が少なくなっていることや，外国籍児童は家庭でみそ汁を調理して食べる習慣がないことから，実態調査では，個に応じた課題を提示する配慮も必要である。また，食物アレルギー等にも注意し，食材選びには養護教諭との連携も重要である。

〈調理実習③〉　家庭での調理では，学校での調理をもとに自信をもって行えるようにしたい。

【学習計画】題材名：毎日の食事を見つめてみよう（全13時間）

時間	小題材・目標	学習活動	指導上の留意点
①家庭		・家庭での自分の食事について調べる。	・家庭の実態を把握したうえで，個に応じた配慮をするようにする。
1	どんなものを食べているのだろう○毎日の食事や食事に使われている食品に関心をもつことができるようにする。	・他教科（理科・保健体育・食育等）とのかかわりをもたせながら，食事の役割を知り，食事の大切さについて考える。	・給食の献立等を利用し，同じ条件で食事を見直すことができるように配慮する。
2・3	食べ物のはたらきを知ろう○食品の栄養的な特徴や体内での主なはたらきがわかり，食生活に活かすことができるようにする。	・給食の献立表をもとにして，食べている食品のグループ分けをし，気づいたことを話し合うとともに，食品の栄養的な特徴と組み合わせについて考え，自分の食事を見なおす。	・班活動による給食献立表食品グループ分けおよび話し合いの経験を元に，自分の食事について食べている食品をグループ分けして気づいたことを個々にまとめさせ，家庭実践につなげさせる。
4・5	ご飯とみそ汁を作ってみよう○手順を考えてご飯とみそ汁の調理計画を工夫してたてることができるようにする。○ご飯とみそ汁の調理ができる。（1）ごはんを炊いてみよう	・米飯の特徴について関心をもって調べる（米の種類，一人分の分量とその変化，米とご飯の違い，吸水の様子　等）。・ご飯の炊き方を調べ，調理計画を立てる（米の洗い方，水の量，炊く手順，火加減，時間，ご飯になっていく様子　等）。	・給水実験等，調べた結果からおいしいご飯の炊き方を考えさせるようにし，調理計画に活かすようにする。
6		・炊飯の調理実習を通し，ご飯の炊き方を理解する。	・透明の炊飯鍋等を用いて，米の変化について観察をさせ，実感をともなわせながら炊飯について理解させる。・ご飯を試食しておいしいご飯の炊き方について話し合い，まとめさせる。

②家庭		・自分の家のみそ汁について調べる。	・みそ・だし・実等，みそ汁に必要な内容について家族にインタビューする。
7・8	（2）みそ汁を作ってみよう	・比較実験等を通し，みその特質や種類，おいしいみそ汁の作り方を知る。 ・みそ汁の作り方を確認し，簡単なみそ汁の調理実習をする。	・みその種類や栄養的な特徴，原料などについて調べる。 ・だしのとり方，みそ・実の入れ方を確認し，みそ汁の作り方の手順をまとめる。
9		・家族のためのオリジナルみそ汁の実習計画を立てる。	・家族から聞いたみそ汁の実を発表し合い，組み合わせを考えさせるようにする。
10・11・12		・実習計画に沿って衛生安全に気をつけ，手際よく調理する。 ・調理実習の気づきを意見交換し，自分のオリジナルみそ汁実習計画を見なおす。	・ペア学習や少人数での調理を実施し，家庭実践の際に活かせるように配慮する。
③家庭		・オリジナルみそ汁実習計画を元に家庭で家族のためにみそ汁の調理をする。	・家族からオリジナルみそ汁の試食の感想をワークシートに記入してもらう。
13		・家庭実践発表会を実施し，それを元に意見交換を行い，よりよい実習計画への見なおしを行う。	・家族の感想も参考にさせながら，見なおしを行わせるようにする。

　家庭での実習計画を作成する際，自分の思いや調理の工夫などをワークシートに明確にさせることで，家族がそれに対しての感想や賞賛の言葉をコメントしやすいようにした。そのことが，「また家族のために調理したい」「もっと工夫したみそ汁を作りたい」などの意欲や実践力につながるようにしたい。下の図は，ワークシートと感想例である。

【ワークシート】

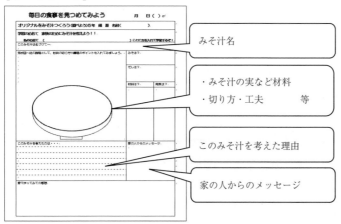

・みそ汁名

・みそ汁の実など材料
・切り方・工夫　　　　等

このみそ汁を考えた理由

家の人からのメッセージ

【感想例】

みそ汁名	材料	このみそ汁を考えた理由	家の人からのメッセージ
食べやすいみそ汁	油揚げ，豆腐，ホウレン草，卵	私はみそ汁があまり好きではないので，自分の好きな実を入れて，少しでも好きになれればいいなと思って考えました。	ホウレン草を切る手つきなどまだ怖いものですが，少しずつ上手になっていってほしいものです。
栄養たっぷりみそ汁	なめこ，葱，豆腐，わかめ	栄養がたっぷり（いっぱい）入っていて，いいんじゃないかなと思います。バランスよく入れられたかなと思います。	みそがちょうどいい。おいしかったです。また作ってね。
スペシャルみそ汁	玉ネギ	父に，玉ネギだけで，結構甘みが出るからと教えてもらい，玉ねぎにしました。	最近料理に興味があるようで，今まで以上に手伝いをしてくれています。みそ汁は，とても上手に作れるようになりました。
実だくさん豚汁	大根，葱，コンニャク，ちくわ，肉	久しぶりに食べたくなったので，家にたまたま実があったので作りました。	野菜を切るところから，仕上げまで，一人で全部上手にできました。自信になったと思います。他にも挑戦してみてください。
おいしいみそ汁	葱，油揚げ，玉ネギ	作ったことがある材料に作ったことがない材料を使ってチャレンジしようと思ったから。	ほんのり甘くて，みその割合もちょうどよくておいしかったです。また作ってほしいです。
栄養いっぱいみそ汁	しいたけ，小松菜，葱，ニンジン	色合いをよくしたかったのもあったけど，1つの料理でたくさんの栄養をとれたらいいなと思ったので考えました。	ちゃんと手順ができていて，包丁の使い方も思っていたよりできていたとおもいました。おいしかったです。姉より

　家庭では，多くの家庭で煮干しだしの代わりに顆粒の化学調味料等を使用している。また，最近ではだし入りみそを使用している家庭も多い。煮干しのだしのよさは学校での実習で体験しているため，家庭での実践は煮干しだし以外のだしも認めるようにし，実践しやすいようにすることも必要である。

　実際の家庭での実践の結果を発表し，それをもとに話し合い学び合うことで，自分の視野を広げ，新たな課題を見出すようにすることが実践力へつながることからも，振り返りの時間を確保することが重要である。

④　家庭での実践を年間指導計画に位置づける

　普段は家庭で「やっていない」「やらせてもらえない」家庭の仕事も「宿題としてやらないといけない」ならば，家庭の協力も得ながら行うことができる。とくに夏休み前や冬休み前などの長期休業前に実施した題材は，児童にとって意欲もあり，宿題としての課題も楽しみながら行うことができる。そのことから，年間指導計画では，長期休業中にどんなことができるかを考え，題材の設定を行うことが必要である。夏休み前に洗濯の学習をすれば夏休みに家庭で洗濯の家庭実践が行え，涼しい住まい方を学習すればエコロジーを考えた

過ごし方を実践できる。家庭実践を通し，家族から感謝されることで，家族の一員として自分のできることは自分でやろうとする気持ちも育むことができる。そのため，教師は家族からのコメントが書き込めるようなワークシートの作成をする必要がある。実際に，上記に示した「毎日の食事を見つめてみよう」は２学期末の学習であったため，冬休みにみそ汁の調理を家族のために行った児童が多い。

⑤　家族との時間を大切にする心情を育てる

　学校で団らんの工夫を考えたり，お茶の淹れ方の知識や技能を身につけたりしても，家族との時間を大切にする心情は，実際に家族とともに家庭で体験しなければ感じることができない。そのため，家族のために児童ができる家庭実践を意図的に設定していくことが必要である。学校での学習後の休業日に宿題として取り組ませ，学習が活かされるよさを実感させることが大切である。

⑥　学校での家庭科学習を家庭と共有化する

　学校での家庭科の学習の取り組みをホームページや学年・学級便り等で知らせていくことで家庭での実践により理解を得られるようにする。また，家庭での取り組みや家族のコメントなども紹介していくことで，家族としての児童の姿を意識化させるようにしたい。

　家庭との連携は，自分の生活をよりよくしようと工夫する実践的な態度を養うには必要不可欠のものである。そのため，積極的に情報発信し，家庭との協力で児童を育むことが重要である。

［3］　解説——家庭や地域とつながることの意味

①　家庭や地域とつながる

　家庭科教育は，学習内容を家庭生活で活用し，生活の改善を図るということが最終目標といってよい。ただし，個々の児童の家庭背景は多様であり，各家庭の生活上の課題が一律に解決できるような手立てを示すことはできない。家庭科の授業では，一般的な知識や技能を身につけ，多くみられる課題の解決方法を学びながら，児童が自身の家庭生活の課題の解決に活かしていくという段階を踏むことになる。

　このように学習の成果を家庭生活で活用するということは，実は高度な営みであり，それぞれの家庭の事情からすれば，小学生が学んだことを家庭で活用することが難しい場合もある。

　そのため家庭（保護者）との連携を図ることが家庭科では重要となるのである。さらに，家庭が地域の暮らしのなかに位置づくということや，児童がその地域で育ち暮らしているということ，ひいては地域に暮らす大人たちみんなで子どもを育てるという考え方からすれば，地域の生活について学ぶために，地

域の資源を家庭科の授業で活用するということも重要になる。このように家庭科の学習で切っても切れない「家庭や地域とつながること」の意味を順に考えてみたい。

② 学校での学びを家庭での実践に活かすために

小学校の児童は中学生・高校生に比べると家庭で学校の話や友だちの話をしているとされている。ただし，それら情報の伝わり方は断片的であったり，児童の偏った解釈が入っていたりする可能性もある。

そこで，家庭の協力を仰ぐためには，家庭科の授業の内容や子どもたちの取り組みの様子を便りにして定期的に知らせることや，保護者会の設定に合わせて授業で製作した作品やレポートを展示するなど，家庭科の学習を知ってもらうことから始めたい。学校によっては家庭の協力が得られにくい地域もあると考えられるが，まずは学校から子どもたちの学びの様子を繰り返し発信していくことが肝要であろう。

さらに，第5節 2 の実践（181～185ページ）のように家庭生活を調査対象として調べ，家庭での実践を計画するということを通して，家庭を巻き込んでいくという積極的な方法も有用である。この実践でも家庭と共有することの重要性が言及されているように，家庭を巻き込んだ場合には必ずその結果を家庭に還元するということが大切である。

このように家庭を巻き込み協力を仰ぐ場合には，児童の取り組みに濃淡がみられるが，これは家庭の協力体制の濃淡によることも多いので，厳密に家庭の協力を求めるのではなく可能な範囲で行うような指導が求められる。あわせて評価も緩やかに行うようにしたい。

③ リアリティをもった地域から学ぶ

さらに，家庭科の授業を効果的に行うために，子どもたちが自分のこれまでの生活を見つめなおすということも有用である。具体的には家庭生活を振り返るとともに，自分の育ってきた地域または現在生活している地域について，日常では見過ごしているようなことに目を向けるということである。

第5節 1 の実践（177～181ページ）では，地域の歴史や暮らしの営みに目を向ける方法として，地域の人にお話を聞く授業が提案されていた。その際に地域のモノとヒトとのつながりを子どもたちが実感できるような地域資源の教材化について詳細に示されていた。教材の選び方と教材を授業に組み込む方法が最も重要であることが示されたのである。

教材を選ぶということは，教師自身がその地域の歴史を知り，そこにかかわる人を理解して実際にかかわる人とつながることに意義がある。すなわち，教師が地域の資源に対して興味関心をもつということが教材化の大前提であるということであろう。さらに，教師のワクワクした気持ちを子どもにも伝えるよ

うな出会いを設定したり，家庭での実践を重視したりしながら，児童自身に地域の生活文化の担い手であるということを自覚させることも重視していた。

　この実践で提案されていたように，地域の何かに愛着をもって取り組んでいる人に出会うことは，子ども自身が具体的に地域の生活を知るということになり，その後の生活のなかで身のまわりの人や生活に目を向けるきっかけになるのではないだろうか。

④　教師も丁寧に生活する

　以上のように家庭や地域とのかかわりを大切にしていくことが家庭科の授業をよりよくすることにつながると考えられる。そのためには，まず教師が丁寧に毎日の生活を営むことである。教職と家庭生活の両立は困難なことも多いであろうが，家庭生活を大切に営むということは，私たちの社会生活の基本であり，生活のなかにあるさまざまな事象に自覚的になるということでもある。このことを今一度確認したい。

6　家庭科の実践を生み出す教師

　本章の授業実践に関する説明や指導計画，指導案を読んで，学校現場で行われている家庭科の授業実践にはさまざまな思い，仕掛け，工夫，ねらいがあることが理解できたであろう。

　これらは教師の授業実践のなかから生み出されたた実践の知 Living Theory をもとに形づくられたといってもよい。数々の授業の経験を省察することによっっ導き出された授業の提案には，リアリティのある説得力がある。ただし多くの場合，このような Living Theory は授業者には感覚的にはよく理解されているものの，十分には言語化されていないことが多い。本章ではあえてその点を言語化し，授業者が経験と省察から導いた考えをわかりやすく示している。

　日常の授業実践も繰り返しや実践を重ねるなかで，省察を繰り返し，よりよい授業とするための工夫を行うという営みによって成り立っている。また，一つの指導案は多様な教師の指摘や助言を取り入れて，あらゆる方向から検討を加えてよりよくすることも行われている。このようなクリティカルな授業づくりは，日本の教育の世界では長く続けてきた普遍的な方法であるが，世界的にみるととても稀有な教師の学びだといえる。

　家庭科という授業は，小学校の場合，多くは担任の教師が担当するが，第5・6学年を担当しなければ教える機会はほとんどない。第5・6学年の教師は，他教科の学習の準備にも時間をとられることが多く，家庭科の授業研究にまで十分な時間がとれない，という話をよく聞く。そこで重要なのは，同僚から学び，他校の教師から学ぶということである。他の教師が準備している指導

案やワークシートには多様な取り組みがあり，ヒントになることも多い。そのため，教材や学習方法の事例，ワークシートを共有するということも大切にしたいものである。

Exercise

① 小学校家庭科の学習内容「Ａ　家族・家庭生活」「Ｂ　衣食住の生活」「Ｃ　消費生活・環境」について，それぞれ１つ題材を設定し，指導計画とその目標を考え，書きだしてみよう。

② ABC の学習内容について，「Ａ　家族・家庭生活」「Ｂ　衣食住の生活」「Ｃ　消費生活・環境」を合わせた複合型の題材を考えて指導計画とその目標を考え，書きだしてみよう。

📖次への一冊

家庭科教育研究者連盟『家庭科の授業——実習ガイドブック』大月書店，2005年。
　　料理する，編む，織る，縫う，染める，しらべる・表現するなど，家庭科の実習を考える際のヒントが掲載されている。
勝田映子『スペシャリスト直伝！　小学校家庭科授業成功の極意』明治図書，2016年。
　　小学校家庭科の授業づくりの極意を具体的な事例をもとに説明し，授業がイメージしやすいものとなっている。

第Ⅲ部

資料編

1　指導案の実践事例とワークシート

1　題材名　「いためて作ろう　野菜のおかず」

① 題材について（児童の実態・題材について・指導方法）

　　厚生労働省が定める，成人１人が１日に摂取すべき野菜は350g。しかし，平成29年「国民健康・栄養調査」によると，野菜の摂取量が350g以上の者の割合は，成人の約３割ということである。野菜摂取量が少ない一つの要因として，調理の必要性をあげる。つまり，野菜をおいしく食べようとする時，調理を必要とするが，そのような手間をかける時間のない家庭も多い。そこで，本題材を通じて，野菜を調理することを身近に感じ，実生活に生きて働く力を身につけさせたいと考えた。

　　まず，第１時の導入では，１人が１年あたりに消費する野菜摂取量が減少してきている現状に触れる。摂取することは大切であると理解していても，なかなか目標値に達しない状況から，加熱することでたくさんの量を食べられることに気づかせる。そして，第５学年では，「ゆでる」調理を経験したことを振り返らせ，第６学年では，「いためる」調理に挑戦することを知らせる。週末には，第２時（本時）までに各家庭でインタビューをしてくるという課題を提示した。内容は，いため料理をどのような手順で作っているかである（ワークシート）。第２時は，各家庭で作っているいため料理を紹介し合いながら，「いためる」調理への理解を深めていく。

② 題材の目標

・１日に必要な野菜の量を知り，おいしく摂取するための方法を考えることができる。〈知識・技能〉

・いためる料理の手順がわかり，工夫しながら調理することができる。〈思考・判断・表現〉

・身近な食材を用いたいためる調理に関心をもち自分の生活に活かそうとする〈主体的に学習に取り組む態度〉

③ 題材の指導計画（全８時間）

時間	方法	指導内容
1	講義1	「野菜をおいしく食べる方法を考えよう」 （食味体験・野菜料理と調理法）
2 （本時）	講義2	「いためる調理について考えよう」 （調理の科学的な説明）
3・4	調理実験	「野菜をいためて，味や食感をたしかめよう」 （比較検討する調理実験）
5	講義3	「家によくある野菜で，野菜いためを作ろう」 （制約ある食材での計画）
6・7	調理実習	「家によくある野菜で，野菜いためを作ろう」 （制約ある食材での実習）
8	講義4	「自分の生活に活かす」 （児童の振り返り）

④ 本時の学習指導（2時間目／8時間）

　(1)　目標　いためて加熱する調理の仕方やよさがわかる。〈知識・技能〉

（2）　展開

段階	学習活動	時間	指導上の留意点（評価）	資料
導入	1　野菜にはいろいろな調理法があることを確認する。	5分	・身近な料理を例にしながら確認する。 ・第5学年での調理実習を振り返らせる。	ワークシート
展開	2　「ゆでる」と「いためる」の違いを科学的に説明する。	3	・「いためる」の定義，調理の効果などを「ゆでる」と比較しながら説明する。	Power Point 資料
	3　インタビュー調査をもとに，「いためる調理」について話し合う。	20	・Power Point 資料で例を紹介した後，ワークシートの内容を発表させていく。 （料理名，調理時間，食材，調味料，手順，おいしく作るための工夫や秘けつ　等）	
	4　「いためる調理」のメカニズムについて説明する。	7	・「いためる調理」について，図（Power Point 資料）を用いて科学的に説明する。 （調理時間，火加減，油をひく意味，いためる順番，かき混ぜる理由　等）	
まとめ	5　振り返りをする。	8	・学習を振り返って，気づいたことや考えたことなどを書かせる。 ○いためる調理のよさや方法を理解している。 　　　　　　　　　　　　　　　　　　（知識・技能）	ワークシート
	6　次時の予告	2	・本時で学んだことを，調理実験で確かめることを告げる。	

【Power Point 資料】

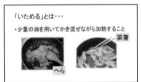

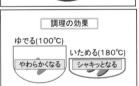

★授業者のこの授業への考え，想い

　まず，第2時では，各家庭でのインタビュー調査をもとに，いためる調理のメカニズムを解明していくというスタイルをとっている。講義形式の学習は，児童にとっては退屈な時間になってしまうことが多い。しかし，わが家のいため料理について発表するとなれば，意欲的に取り組む児童が多くなる。また，他の家庭で作られているいため料理と比較することができ，食材の組み合わせや味付け方法などの多様性に気づくこともできる。

　もう一つは，「ゆでる」調理法と比較しながら科学的に説明していることである。経験したことをもとに，「いためる」調理法の意味を一つひとつ考えていくことは，児童にとっても合点のいく説明となる。

【ワークシート】

いためてつくろう朝食のおかず②（宿題プリント）

「いため料理名人」めざしてインタビューしよう！

6年　　　組　　　番　　名前（　　　　　　　　　　　　　　　　）

① 家でよく作る野菜を使ったいため料理の名前と絵（または、写真）をかいてください。また、この料理を
作るのにかかった時間を（　　）に、使った材料を □ に書いてください。

料理名（　　　　　　　　　　　　　　）　調理時間（　　　）分

〈料理に使っている材料〉
例）・キャベツ

② 材料の切り方を教えてください。（絵でもよい）　　③ 味つけを教えてください。

④ おいしく作る工夫や秘けつがあったら教えてください。（点線内のキーワードを参考にしてください）

下ごしらえ（下味、下ゆで等いためる前にすること）、いためる方法や順番、火加減、加熱時間、
かくし味、食材の選び方、食材の組み合わせ方、盛りつけ方、調味料、野菜の切り方　など

[2]　題材名　「エコ　de　わが家の食事」

① 題材について

　　本学級の児童は，これまでに第5学年でゆでる調理，米飯とみそ汁作り，第6学年で油を使った
いためる調理を行ってきた。学習のなかで，包丁の使い方や加熱の仕方を学んだことにより，自分
で調理することの楽しさや喜びを感じ，進んで家庭実践を積んでいる児童がみられた。さらに，学
習したことを活かす場として，長期休暇時の家庭実践に取り組ませた。実践したことに対する保護
者の返信欄を設けることで，家庭との連携を図ることもできてきている。

　　本題材は小学校家庭科2学年間の食生活に関する学習の総まとめとして位置づけ，身につけた調
理に関する基礎的・基本的な知識および技能を活かして1食分の献立を整えること，さらに身近な
環境に配慮した調理の仕方を創意工夫することができる題材である。児童が食生活を総合的に捉
え，生涯にわたって健康で安全な食生活を送るために，学んだことを活かして創意工夫し，日常生
活のなかで主体的に活用できることをねらいとしている。

　　調理の実習材料を無駄なく使うことや，エネルギーの消費を抑える工夫をすること，また環境に
配慮した後片づけができることを通して，環境に負荷をかけすぎない持続可能な社会を目指し，実
践しようとする態度が身についていくと考える。さらに献立を立てる際に，身近な食材や手軽に手
に入る食材をもとに計画を立てることで，家庭実践へつながりやすくなるものと考える。

　　そのため地域の特性や季節など生活を総合的に捉えて学習できるように，他教科や学校給食との
関連を図るようにする。そして中学校技術・家庭科での学習への円滑な接続ができるようにしていく。

② 題材の目標

・無駄のない食材の扱い方や，3Rを意識したごみの分別や減量，エネルギーの消費を抑えたゆで方
　やいため方について理解する。　　　　　　　　　　　　　　　　　　　　　〈知識・技能〉

・環境に配慮した調理について自分の考えをもったり，グループで話し合ったりしたことをもとに，
　創意工夫して調理することができる。　　　　　　　　　　　　　　　　　〈思考・判断・表現〉

・地域や季節の特性を活かし，身近な材料の活用や環境に配慮した調理の仕方に関心をもち，自分の
　生活に活かそうとする。　　　　　　　　　　　　　　　　　〈主体的に学習に取り組む態度〉

③ 題材の指導計画（全12時間）

〈第1次〉考えよう　バランスのよい献立（5時間）/〈第2次〉エコポイントで　おかずづくり（6
時間）/〈第3次〉エコポイントで家族と楽しい食事（1時間）

④ 本時の学習指導（9時間目/12時間）

　(1)　目標　地域や季節の特性を活かし，身近な材料の活用や環境に配慮した調理の仕方に関心をも
　　　　ち，調理計画を立てることができる。　　　　　　　　　〈主体的に学習に取り組む態度〉

　(2)　展開

段階	学習活動	時間	○指導上の留意点　◇評価 ☆環境への配慮	資料
導入	1　前時の学習を振り返る。	3分	○前時に考えた「自分が調理する時に活かしたいこと」について振り返らせる。	前時のワークシート

	2　本時のめあてをつかむ。	1分	○振り返りから学んだことを意識させ，実際の調理に活かせるようにする。	
	学んだことを活かして，調理計画を立てよう。～なれるぞ！　エコキング～			
	3　調理の条件を確認する。	1	○調理法や食材について確認する。 ・調理法→「ゆでる」「いためる」 ・食材→身近な食材（たまご，ジャガイモ）※生の肉，魚は使わない。	
展開	4　自分で調理計画を立てる。	15	○「エコキング」を目指すことから，環境に配慮した調理計画を立てることができるようにする。 　　☆食材の選び方・使い方 　　☆資源（水・ガスなど）の使い方 　　☆手際のよさ 　　☆整理整頓 ○自分一人で計画と立てることにより，家庭でもできるようにする。	ワークシート
展開	5　同じおかずの児童と交流しながら，調理計画を完成させる。	20	○同じおかずの児童の話を聞くことで，自分で気づけなかった視点に気づくことができるようにする。 ○さまざまな視点のなかから，自分が大切にしたい視点を絞り込めるようにする。	
	○地域や季節の特性を活かし，身近な材料の活用や環境に配慮した調理の仕方に関心をもち，調理計画を立てようとしている。 〈主体的に学習に取り組む態度〉「行動観察」「ワークシート」 B　環境に配慮した視点をもって，調理計画を立てている。 （おおむね達成している児童への手立て） 　　→エコキングを目指し，他にもできることがないか考えさせる。 　　→自分がどの視点を一番大切にしたいか考えさせる。 （努力を要する児童への手立て） 　　→エコポイントを提示し，自分ができそうなことを取り入れるようにアドバイスする。 　　→友だちの話を聞き，いいと思ったところを自分の計画に取り入れるようにアドバイスする。			
まとめ	6　全体交流する。	3	○いろいろなおかずを作ることができることを知り，調理実習への意欲化を図る。	
	7　本時の学習の振り返りを行う。	2	○自分の力で計画を立てられたことを振り返り，自己の成長を感じ自信をつけることができるようにする。	

★授業者のこの授業への考え，想い

　本題材では，小学校家庭科2学年間の食生活に関する学習の総まとめとして，まず日常生活を振り返り，食材，ごみ，資源などのさまざまな視点から環境に配慮した調理ができる人を「エコキング」として位置づける。次に既習の調理実習の反復を通して，基礎的・基本的な知識及び技能のスキルアップをしていく。また自分たちの調理実習を振り返るという問題解決的な学習を通して，児童の創意工夫する力を伸ばしていく。さらに本時では，これまでの学習を活かし，学んだことを生かして一人ひとりに自分の調理計画を立てさせる。そして次時に一人で調理を行わせ，「自分もなれるぞ！　エコキング」という実感を一人ひとりにもたせたい。自分でできたという自信は，今後の家庭生活のなかでの実践化，日常化につながっていくと考える。

【ワークシート】

エコ　de　わが家の食事

学んだことを活かして、調理計画を立てよう　〜なれるぞ！　エコキング〜

名前＿＿＿＿＿＿＿＿＿＿＿＿＿＿＿

（１）食材と調理法を決めよう。

	中心となる食材	調理法
選んだもの		
選んだ理由		

エコポイントを意識して、えらべるといいね！

（２）選んだ食材と調理法で作るおかずを決め、調理計画を立てよう。

おかずの名前

準備	材　料	分量（１人分）	用　具	盛りつけ図

	調　理　の　手　順	環境に配慮した調理の仕方（エコポイント）
①		
②		
③		
④		
⑤		

◆自己評価◆
　身近な食材の活用や環境に配慮した調理の仕方を考え、調理計画を立てることができた。

よくできた　４　　　３　　　２　　　１　もう少し

3 　題材名 「羽生発！ 　わが国の伝統的な日常食～ご飯とみそ汁～」

① 　題材について

　　本学級は，明るく，活発な児童が多い。アンケートを実施したところ，児童は家庭科の学習が好きであることがわかった。また，「羽生での有名なものを使って学習したい」と答えた児童は 9 割を超えており，児童は地域（羽生）に関心があるといえよう。家庭科の授業において，子どもたちの生活に密着している「地域」を教材化すれば，興味・関心を高く持続したまま授業が展開でき，授業で習得した基礎的・基本的な知識及び技能を「家でもやってみたい」と思う家庭実践へとつなげることができ，「活用する力」を育成することができるであろうと考える。

　　本題材は，学習指導要領の内容「B　衣食住の生活」の「(1)　食事の役割」ア，イ，「(2)　調理の基礎」ア(ｱ)(ｲ)(ｳ)(ｵ)，「(3)　栄養を考えた食事」ア(ｱ)との関連を図っている。ご飯とみそ汁は，わが国の伝統的な日常食である。みそはみそ汁にすると，実の取り合わせから栄養のバランスや旬などを考えることができ，工夫することができる。

　　本題材において，地域のものとして「宝蔵寺みそ」に焦点を当てる。そして「宝蔵寺みそ」を通して，炊飯の仕方やみそ汁の作り方の基礎的・基本的な知識及び技能を身につけさせたい。かつ，そのなかで，調理のよさや楽しさを感じさせ，さらに，先人の知恵や思い，和食のすばらしさにも気づかせたいと考える。

② 　題材の目標

(1) 　日本の伝統的な日常食としてのご飯とみそ汁，五大栄養素の種類と働きや米飯およびみそ汁の調理の仕方について理解するとともに，米飯およびみそ汁の調理ができる。

(2) 　おいしいみそ汁の作り方やおいしいみそ料理を考え，自分なりに工夫したりする。

(3) 　ゲストティーチャーの話から，日本の伝統的な日常食である米飯およびみそ汁に関心をもち，食事の役割を考えて食事を大切にしようとする。

③ 　題材の指導計画（全10時間）

時間	○ねらい・学習活動	評価規準・評価方法		
		知識・技能	思考・判断・表現	主体的に学習に取り組む態度
1	○羽生の昔の食べ物の様子を聞き，食事について関心をもつ。 ・普段の食事で気にしていることや家族に言われていることを振り返る。 ・ゲストティーチャーの話を聞き，昔の羽生の食糧事情や昔の人の知恵や食べ物に対する思いを知る。			地域の食べ物について歴史的に理解し，食事の役割を考えて食事を大切にしようとしている。 （行動観察・ワークシート 1）
2	○日本の伝統的な日常食としてのご飯（主食）とみそ汁（汁物）を知る。 ○おいしいご飯について知る。 ・前時のゲストティーチャーの話か	日本の伝統的な日常食としてのご飯（主食）とみそ汁（汁物）を理解している。 炭水化物の働きについて理解している。		

	・ら食事は主食，汁物，おかずの組み合わせで食べていることを知る。 ・主食の栄養素（炭水化物）の働きについて知る。 ・吸水していない米粒と吸水した米粒を見比べ，吸水の必要性を知る。 ・適切な水の量で炊いたご飯と少ない水の量で炊いたご飯を食べ比べ，水加減を知る。 ・その他のポイントについて知る。 ・おいしいご飯の作り方についてまとめる。	おいしいご飯を作るためのポイントを理解している。 ＊米の洗い方 ＊水加減 ＊浸水時間 ＊加熱の仕方 （ワークシート２）	
3 ・ 4	○おいしいご飯を炊くことができる。 ・米がご飯になるプロセスを理解する。	ご飯の作り方を理解している。 炊飯について科学的に理解している。 ご飯の調理ができる。 調理に必要な用具や食器の安全で衛生的な取り扱いおよび，こんろの安全な取り扱いができる。 （行動観察・ワークシート３）	
	〈家庭実践　その１〉：みそ汁についての聞き取り調査（ワークシート４） 　　＊聞き取り対象…お父さん，お母さん，おじいちゃん，おばあちゃん 　　＊聞き取り項目…①みそ汁の作り方 　　　　　　　　　　②家で使っているみそ 　　　　　　　　　　③おじいちゃん・おばあちゃんが小さい時，みそはどうしていたか。		
5	○おいしいみそ汁について知る。 ・みそ汁についての聞き取り調査から，みそ汁作りのポイントを知る。 ・だしなしとだしありのみそ汁の食べ比べから，だしの必要性を知る。 ・おいしいみそ汁の作り方についてまとめる。 ・みそは地方によって特徴があることを知る。	おいしいみそ汁を作るためのポイントを理解している。 ＊だしの取り方 ＊実の切り方 ＊実の入れ方 ＊みその種類 （行動観察・ワークシート５）	
6 （本時）	○宝蔵寺みそに隠された秘密を知る。 ・ゲストティーチャーの話から宝蔵寺みそと羽生の関係を知る。 ・みそ汁の実の取り合わせから脂質，たんぱく質，無機質，ビタミンの働きについて知る。	みそ汁とご飯を基本に考える日本食のメニューについて知り，脂質，たんぱく質，無機質，ビタミンのそれぞれの働きや，いろいろな食品を組み合わせて食べることが大切であることについて理解する。 （ワークシート６）		ゲストティーチャーの話からみそができた背景を知り，羽生と食文化の関係や人々の願いに関心をもち，食事の役割を考えて食事を大切にしようとしている。 （行動観察・ワークシート６）

7・8	○おいしいみそ汁を作るこができる。	みそ汁の作り方を理解している。 みそ汁の調理ができる。 調理に必要な用具や食器の安全で衛生的な扱いおよびこんろの安全な取り扱いができる。 （行動観察・ワークシート7）		

〈家庭実践　その2〉：宝蔵寺みそを使ったおいしい食べ方を考える。（ワークシート8）
＊宝蔵寺みそを持ち帰り，家の人と試食をし，宝蔵寺みそがおいしいと思う食べ方を考える。

| 9 | ○宝蔵寺みそを使ったみそ料理について工夫することができる。
・前時までの学習を活かし，友だちの意見を参考にしながら，よりおいしいみそ料理を考えることができる。 | | 栄養的なバランスや調理法などを考えながら，みそ料理を工夫している。
（行動観察・ワークシート8） | |
| 10 | ○宝蔵寺みそのおいしい食べ方のパーフェクトガイドを作る。 | 五大栄養素の種類と働きについて理解している。
（パーフェクトガイド） | | 日本の伝統的な日常食に関心をもち，食事の役割を考えて食事を大切にしようとしている。
（パーフェクトガイド） |

④　本時の学習指導（6時間目 /10時間）

(1)　目標

・みそ汁とご飯を基本に考える日本食のメニューについて知り，脂質，たんぱく質，無機質，ビタミンのそれぞれの働きや，いろいろな食品を組み合わせて食べることが大切であることについて理解する。　　　　　　　　　　　　　　　　　　　　　　　　　　　　〈知識・技能〉

・ゲストティーチャーの話から，みそができた背景を知り，羽生と食文化の関係や人々の願いに関心をもち，食事の役割を考えて食事を大切にしようとしている。〈主体的に学習に取り組む態度〉

(2)　展開

段階	学習活動	時間	指導上の留意点（評価）	資料
導入	1　宝蔵寺みそを食べたことがあるかを確認する。 2　課題を把握する。 宝蔵寺みそに隠された秘密を知ろう。	5分 1	・実は，毎月1回給食に出ていて，みんな食べたことがあることを知らせる。 ・なぜ，宝蔵寺みそだけ，みその種類が書いてあるのかを考えさせる。	・献立表 ・宝蔵寺みそ
展開	3　宝蔵寺みそについて知る。	15	・ゲストティーチャーの話から宝蔵寺みそと羽生の関係を知る。 【地域教材ポイント：宝蔵寺みそ】 ①宝蔵寺みそとは，どういうみそか。	・ゲストティーチャー ・キャッセ羽生の写真 ・コスモス工房の写真 ・宝蔵寺沼の写真

			②いつ頃からあるのか。	・ムジナモの写真
			③なぜ，昔はどこの家でもみそを作っていたのか。	・実の写真
			④どうして，米こうじなのか。	
			⑤どうして，この味なのか。	
			⑥なぜ，スーパーで売られていないのか。	
			⑦どんな思いをこめて作っているのか。	
			⑧ゲストティーチャーがすすめるおいしいみそ汁の実は何か。	
	4　ご飯とみそ汁の実の取り合わせから脂質，たんぱく質，無機質，ビタミンの働きについて知る。	10分	・みそ汁の実から脂質，たんぱく質，無機質，ビタミンの働きについて知る。 （みそ汁の実から脂質，たんぱく質，無機質，ビタミンのそれぞれの働きや，いろいろな食品を組み合わせて食べることが大切であることについて理解する。〈知識・技能〉）	・食べ物の消化・吸収と体内での栄養素の主な働きの図 ・ワークシート6
	5　宝蔵寺みそに隠された秘密をまとめる。	7	・「宝蔵寺みそには○○がつまっている。だから，△△にしたい」という言葉でまとめさせる。 （ゲストティーチャーの話から，みそができた背景を知り，羽生と食文化の関係や人々の願いを大切にしようとしている。〈主体的に学習に取り組む態度〉）	・ワークシート6
	6　ゲストティーチャーからの願いを聞く。	5	・「郷土の味をずっとつなげていきたい」という思いを受け止めさせる。 ・家の人と一緒に「宝蔵寺みそスペシャルメニュー」を考えてくることを伝える。	・宝蔵寺みそ（もち帰り用）
まとめ	7　今日の学習について振り返り，学習カードに記入する。	2	・本時の学習を振り返り，自己評価を記入させる。 ・次時の学習を知らせる。	・ワークシート6

【ワークシート】

羽生発！わが国の伝統的な日常食
〜　ご飯　と　みそ汁　〜

ワークシート⑥

5年　　　組　　　番 名前

宝蔵寺みそにかくされた秘密を知ろう。

メモ
　※ゲストティーチャーの話を聞いて、メモをとる。

　※事前に、ゲストティーチャーには、以下の8点について話をしていただく
　　よう、お願いをしていた。
　　①宝蔵寺みそとは、どういうみそか。
　　②いつごろからあるのか。
　　③なぜ、昔はどこの家でもみそを作っていたのか。
　　④どうして、米こうじなのか。
　　⑤どうしてこの味なのか。
　　⑥なぜ、スーパーで売られていないのか。
　　⑦どんな思いをこめて作っているのか。
　　⑧ゲストティーチャーがすすめるおいしいみそ汁の実は何か。

　※⑧で紹介があった実（組み合わせ①：じゃがいも、油あげ、ねぎ）
　　（組み合わせ②：豆腐、わかめ、きのこ）に付いて下記の表にまとめ、
　　栄養バランスの確認を行った。

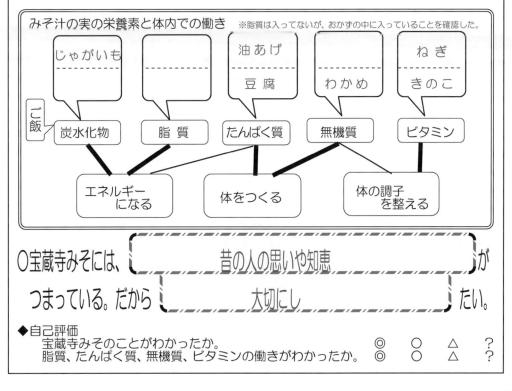

みそ汁の実の栄養素と体内での働き　※脂質は入ってないが、おかずの中に入っていることを確認した。

○宝蔵寺みそには、　　　　昔の人の思いや知恵　　　　　が
つまっている。だから　　　　大切にし　　　　たい。

◆自己評価
　　宝蔵寺みそのことがわかったか。　　　　　　　　　　◎　　○　　△　　？
　　脂質、たんぱく質、無機質、ビタミンの働きがわかったか。　◎　　○　　△　　？

4 題材名 「毎日の食事を見つめてみよう」

① 題材について

　　普段食べている食事に使われる食品を調べることで食事の大切さに気づかせるとともに，日本の伝統的な食事の基礎となる米飯とみそ汁の調理について関心をもち，調理の基礎的・基本的な知識及び技能を身につけさせることができる。

② 題材の目標

・食事の役割や大切さ，栄養を考えた食事のとり方を理解しているとともに，米飯とみそ汁の調理が適切にできる。　　　　　　　　　　　　　　　　　　　　　　　　　　　　　　　　〈知識・技能〉

・栄養を考えた食事の仕方やおいしい米飯の炊き方やみそ汁の作り方について考え，調理計画を工夫している。　　　　　　　　　　　　　　　　　　　　　　　　　　　　　　　〈思考・判断・表現〉

・自分や家族のことを考えたみそ汁づくりについて工夫し，実践しようとしている。

〈主体的に学習に取り組む態度〉

③ 題材の指導計画（全13時間）

④ 本時の学習指導（1時間目 /13時間）

　(1)　目標　毎日の食事や食事に使われている食品について関心をもち，その役割と大切さについて理解している。

　(2)　展開

段階	学習活動	時間	指導上の留意点（評価）	資料
導入	1　家庭の食事について想起する。	8分	・家庭学習で調べた食事をもとに，自分の食事について振り返らせる。 ・友だちの発表を聞きながら家庭によっていろいろな食事の献立があることを知る。各家庭の状況に配慮するため，事前にワークシートに目を通し，配慮する児童がいる場合は，教師の食事の写真から自分の食事を比較させるようにする。	ワークシート 教師の食事の献立写真
展開	2　本時の学習内容を知る。	2	・本日の給食を教材にしながら，調べ学習をすることを知らせる。 給食の献立からどんなものを食べているか調べよう。	今日の給食献立 （配膳図　等） ・掲示用・児童用
	3　献立表からどんな食品を使っているか，分類する。	5	・ワークシートに本日の給食の献立をはり，どんな食品が使われているか確かめさせる。	・ワークシート1
	4　給食の献立をもとに気づいたことを話し合う。	10	・献立に使われている食品のイラストをグループごとに表に分類させ，たくさんのいろいろな食品がバランスよく使われて作られていることに気づかせる。	・ワークシート2 ・食品分類表
	5　学校栄養士さんの話を聞く。	5	・ゲストティーチャーとして給食を作る栄養士さんを招き，どんなことに配慮し，どんな思いで給食を作っているかを話していただく。	・発表ボード（短冊黒板　等）
	6　食事の役割について話し合う。	10	・食事を用意してくれる家族の思いにも触れな	

			がら，食事の役割について話し合わせる。	
ま と め	7　役割について発表し，そのよさ 　に気づく。 8　振り返り 9　次時について	5分	・班で話し合った食事の役割について発表ボー 　ドを用いながら発表させ，その役割について 　整理させる。 ・ワークシートに本時の振り返りを行う。	 ワークシート3

★授業者のこの授業への考え，想い

　家庭の状況は一人ひとり異なるため個に応じた配慮しながらも，子どもたちが自分の食生活は多くの人の思いによって支えられていることに気づき，自分も家族の一員としてできることをしていきたいと思う心を育みたい。

　映像が終わると自然に拍手が起こり，子どもたちは口々に「すごい」「びっくりした」と声を上げた。

その後の話し合い

Ｔ：「Ａさんのどこがすごいと思いましたか」

Ｃ：「料理や縫うことなど，いろいろなことができるようになった」

Ｃ：「家族のことを考えている」

Ｃ：「お母さんが作るみたいな，見た目も考えたお弁当が作れる」

Ｃ：「いろんなことができるのに，さらに頑張ろうとしているところがすごい」

Ｔ：「皆さんは，2年間家庭科を学習して，6年の終わりにどんな自分でいたいですか」

Ｃ：「家族にごはんを作ってあげられるようになりたい」

Ｃ：「作りたいと思ったデザインのバッグとかが作れるようになりたい」

Ｃ：「Ａさんのように，周りの人を笑顔にできるようになりたい」

Ｔ：「なりたい自分になるためには，2年間，どのように家庭科を学べばいいと思いますか」

Ｃ：「うまくできないことがあったら，できるまで繰り返しやってみる」

Ｃ：「学校でやったことは，忘れないうちに家でやってみる」

Ｃ：「例えば縫って何か作るとしても，自分の分だけじゃなくて家族にもプレゼントしたりすると喜ん
　　でもらえて，自分もやる気が出ると思う」

　子どもたちから出なかった学び方の視点として「役立つノートのとりかた」については，教師からポイントを話し，ガイダンスの最後には，個々がなりたい自分と，そのための学び方をまとめた。

【ワークシート】

どんなものを食べているのだろう

5年　　組　　名前（　　　　　　　　　　）

★自分の食事を調べよう。

【調べてこよう！】

| 調べた日〜 | 月　日（　）　朝食　・　昼食　・　夕食 |

献　　立	食　　品

| | 月　日（　）の給食 |

1　給食を調べよう！

今日の給食			
〜献立表をはりましょう〜			

2　給食の献立を調べて、どんなことに気づきましたか。

3　食事の役割や大切さについてわかったことを書きましょう。

2　小学校学習指導要領　家庭

第1　目　標

　生活の営みに係る見方・考え方を働かせ，衣食住などに関する実践的・体験的な活動を通して，生活をよりよくしようと工夫する資質・能力を次のとおり育成することを目指す。

(1)　家族や家庭，衣食住，消費や環境などについて，日常生活に必要な基礎的な理解を図るとともに，それらに係る技能を身に付けるようにする。

(2)　日常生活の中から問題を見いだして課題を設定し，様々な解決方法を考え，実践を評価・改善し，考えたことを表現するなど，課題を解決する力を養う。

(3)　家庭生活を大切にする心情を育み，家族や地域の人々との関わりを考え，家族の一員として，生活をよりよくしようと工夫する実践的な態度を養う。

第2　各学年の内容
〔第5学年及び第6学年〕
1　内　容
　A　家族・家庭生活

　次の(1)から(4)までの項目について，課題をもって，家族や地域の人々と協力し，よりよい家庭生活に向けて考え，工夫する活動を通して，次の事項を身に付けることができるよう指導する。

(1)　自分の成長と家族・家庭生活

　ア　自分の成長を自覚し，家庭生活と家族の大切さや家庭生活が家族の協力によって営まれていることに気付くこと。

(2)　家庭生活と仕事

　ア　家庭には，家庭生活を支える仕事があり，互いに協力し分担する必要があることや生活時間の有効な使い方について理解すること。

　イ　家庭の仕事の計画を考え，工夫すること。

(3)　家族や地域の人々との関わり

　ア　次のような知識を身に付けること。

　　(ア)　家族との触れ合いや団らんの大切さについて理解すること。

　　(イ)　家庭生活は地域の人々との関わりで成り立っていることが分かり，地域の人々との協力が大切であることを理解すること。

　イ　家族や地域の人々とのよりよい関わりについて考え，工夫すること。

(4)　家族・家庭生活についての課題と実践

　ア　日常生活の中から問題を見いだして課題を設定し，よりよい生活を考え，計画を立てて実践できること。

　B　衣食住の生活

　次の(1)から(6)までの項目について，課題をもって，健康・快適・安全で豊かな食生活，衣生活，住生活に向けて考え，工夫する活動を通して，次の事項を身に付けることができるよう指導する。

(1)　食事の役割

　ア　食事の役割が分かり，日常の食事の大切さと食事の仕方について理解すること。

　イ　楽しく食べるために日常の食事の仕方を考え，工夫すること。

(2)　調理の基礎

　ア　次のような知識及び技能を身に付けること。

　　(ア)　調理に必要な材料の分量や手順が分かり，調理計画について理解すること。

　　(イ)　調理に必要な用具や食器の安全で衛生的な取扱い及び加熱用調理器具の安全な取扱いについて理解し，適切に使用できること。

　　(ウ)　材料に応じた洗い方，調理に適した切り方，味の付け方，盛り付け，配膳及び後片付けを理解し，適切にできること。

　　(エ)　材料に適したゆで方，いため方を理解し，適切にできること。

　　(オ)　伝統的な日常食である米飯及びみそ汁の調理の仕方を理解し，適切にできること。

　イ　おいしく食べるために調理計画を考え，調理の仕方を工夫すること。

(3)　栄養を考えた食事

　ア　次のような知識を身に付けること。

　　(ア)　体に必要な栄養素の種類と主な働きについて理解すること。

　　(イ)　食品の栄養的な特徴が分かり，料理や食品を組み合わせてとる必要があることを理解すること。

　　(ウ)　献立を構成する要素が分かり，1食分の献立作成の方法について理解すること。

イ　1食分の献立について栄養のバランスを考え，工夫すること。

(4)　衣服の着用と手入れ

　　ア　次のような知識及び技能を身に付けること。

　　　(ア)　衣服の主な働きが分かり，季節や状況に応じた日常着の快適な着方について理解すること。

　　　(イ)　日常着の手入れが必要であることや，ボタンの付け方及び洗濯の仕方を理解し，適切にできること。

　　イ　日常着の快適な着方や手入れの仕方を考え，工夫すること。

(5)　生活を豊かにするための布を用いた製作

　　ア　次のような知識及び技能を身に付けること。

　　　(ア)　製作に必要な材料や手順が分かり，製作計画について理解すること。

　　　(イ)　手縫いやミシン縫いによる目的に応じた縫い方及び用具の安全な取扱いについて理解し，適切にできること。

　　イ　生活を豊かにするために布を用いた物の製作計画を考え，製作を工夫すること。

(6)　快適な住まい方

　　ア　次のような知識及び技能を身に付けること。

　　　(ア)　住まいの主な働きが分かり，季節の変化に合わせた生活の大切さや住まい方について理解すること。

　　　(イ)　住まいの整理・整頓や清掃の仕方を理解し，適切にできること。

　　イ　季節の変化に合わせた住まい方，整理・整頓や清掃の仕方を考え，快適な住まい方を工夫すること。

　　Ｃ　消費生活・環境

　次の(1)及び(2)の項目について，課題をもって，持続可能な社会の構築に向けて身近な消費生活と環境を考え，工夫する活動を通して，次の事項を身に付けることができるよう指導する。

(1)　物や金銭の使い方と買物

　　ア　次のような知識及び技能を身に付けること。

　　　(ア)　買物の仕組みや消費者の役割が分かり，物や金銭の大切さと計画的な使い方について理解すること。

　　　(イ)　身近な物の選び方，買い方を理解し，購入するために必要な情報の収集・整理が適切にできること。

　　イ　購入に必要な情報を活用し，身近な物の選び方，買い方を考え，工夫すること。

(2)　環境に配慮した生活

　　ア　自分の生活と身近な環境との関わりや環境に配慮した物の使い方などについて理解すること。

　　イ　環境に配慮した生活について物の使い方などを考え，工夫すること。

2　内容の取扱い

(1)　内容の「A家族・家庭生活」については，次のとおり取り扱うこと。

　　ア　(1)のアについては，AからCまでの各内容の学習と関連を図り，日常生活における様々な問題について，家族や地域の人々との協力，健康・快適・安全，持続可能な社会の構築等を視点として考え，解決に向けて工夫することが大切であることに気付かせるようにすること。

　　イ　(2)のイについては，内容の「B衣食住の生活」と関連を図り，衣食住に関わる仕事を具体的に実践できるよう配慮すること。

　　ウ　(3)については，幼児又は低学年の児童や高齢者など異なる世代の人々との関わりについても扱うこと。また，イについては，他教科等における学習との関連を図るよう配慮すること。

(2)　内容の「B衣食住の生活」については，次のとおり取り扱うこと。

　　ア　日本の伝統的な生活についても扱い，生活文化に気付くことができるよう配慮すること。

　　イ　(2)のアの(エ)については，ゆでる材料として青菜やじゃがいもなどを扱うこと。(オ)については，和食の基本となるだしの役割についても触れること。

　　ウ　(3)のアの(ア)については，五大栄養素と食品の体内での主な働きを中心に扱うこと。(ウ)については，献立を構成する要素として主食，主菜，副菜について扱うこと。

　　エ　食に関する指導については，家庭科の特質に応じて，食育の充実に資するよう配慮すること。また，第4学年までの食に関する学習との関連を図ること。

　　オ　(5)については，日常生活で使用する物を入れる袋などの製作を扱うこと。

　　カ　(6)のアの(ア)については，主として暑さ・寒さ，通風・換気，採光，及び音を取り上げること。暑さ・寒さについては，(4)のアの(ア)の日常着の

　　快適な着方と関連を図ること。
(3) 内容の「Ｃ消費生活・環境」については，次のとおり取り扱うこと。
　ア (1)については，内容の「Ａ家族・家庭生活」の(3)，「Ｂ衣食住の生活」の(2)，(5)及び(6)で扱う用具や実習材料などの身近な物を取り上げること。
　イ (1)のアの(ア)については，売買契約の基礎について触れること。
　ウ (2)については，内容の「Ｂ衣食住の生活」との関連を図り，実践的に学習できるようにすること。

第3　指導計画の作成と内容の取扱い
1　指導計画の作成に当たっては，次の事項に配慮するものとする。
(1) 題材など内容や時間のまとまりを見通して，その中で育む資質・能力の育成に向けて，児童の主体的・対話的で深い学びの実現を図るようにすること。その際，生活の営みに係る見方・考え方を働かせ，知識を生活体験等と関連付けてより深く理解するとともに，日常生活の中から問題を見いだして様々な解決方法を考え，他者と意見交流し，実践を評価・改善して，新たな課題を見いだす過程を重視した学習の充実を図ること。
(2) 第2の内容の「Ａ家族・家庭生活」から「Ｃ消費生活・環境」までの各項目に配当する授業時数及び各項目の履修学年については，児童や学校，地域の実態等に応じて各学校において適切に定めること。その際，「Ａ家族・家庭生活」の(1)のアについては，第4学年までの学習を踏まえ，2学年間の学習の見通しをもたせるために，第5学年の最初に履修させるとともに，「Ａ家族・家庭生活」，「Ｂ衣食住の生活」，「Ｃ消費生活・環境」の学習と関連させるようにすること。
(3) 第2の内容の「Ａ家族・家庭生活」の(4)については，実践的な活動を家庭や地域などで行うことができるよう配慮し，2学年間で一つ又は二つの課題を設定して履修させること。その際，「Ａ家族・家庭生活」の(2)又は(3)，「Ｂ衣食住の生活」，「Ｃ消費生活・環境」で学習した内容との関連を図り，課題を設定できるようにすること。
(4) 第2の内容の「Ｂ衣食住の生活」の(2)及び(5)については，学習の効果を高めるため，2学年間にわ

たって取り扱い，平易なものから段階的に学習できるよう計画すること。
(5) 題材の構成に当たっては，児童や学校，地域の実態を的確に捉えるとともに，内容相互の関連を図り，指導の効果を高めるようにすること。その際，他教科等との関連を明確にするとともに，中学校の学習を見据え，系統的に指導ができるようにすること。
(6) 障害のある児童などについては，学習活動を行う場合に生じる困難さに応じた指導内容や指導方法の工夫を計画的，組織的に行うこと。
(7) 第1章総則の第1の2の(2)に示す道徳教育の目標に基づき，道徳科などとの関連を考慮しながら，第3章特別の教科道徳の第2に示す内容について，家庭科の特質に応じて適切な指導をすること。

2　第2の内容の取扱いについては，次の事項に配慮するものとする。
(1) 指導に当たっては，衣食住など生活の中の様々な言葉を実感を伴って理解する学習活動や，自分の生活における課題を解決するために言葉や図表などを用いて生活をよくする方法を考えたり，説明したりするなどの学習活動の充実を図ること。
(2) 指導に当たっては，コンピュータや情報通信ネットワークを積極的に活用して，実習等における情報の収集・整理や，実践結果の発表などを行うことができるように工夫すること。
(3) 生活の自立の基礎を培う基礎的・基本的な知識及び技能を習得するために，調理や製作等の手順の根拠について考えたり，実践する喜びを味わったりするなどの実践的・体験的な活動を充実すること。
(4) 学習内容の定着を図り，一人一人の個性を生かし伸ばすよう，児童の特性や生活体験などを把握し，技能の習得状況に応じた少人数指導や教材・教具の工夫など個に応じた指導の充実に努めること。
(5) 家庭や地域との連携を図り，児童が身に付けた知識及び技能などを日常生活に活用できるよう配慮すること。

3　実習の指導に当たっては，次の事項に配慮するものとする。
(1) 施設・設備の安全管理に配慮し，学習環境を整備

するとともに，熱源や用具，機械などの取扱いに注意して事故防止の指導を徹底すること。

(2) 服装を整え，衛生に留意して用具の手入れや保管を適切に行うこと。

(3) 調理に用いる食品については，生の魚や肉は扱わないなど，安全・衛生に留意すること。また，食物アレルギーについても配慮すること。

索　引

《監修者紹介》

よしだたけお
吉田武男 (筑波大学名誉教授／関西外国語大学英語国際学部教授)

《執筆者紹介》(所属, 分担, 執筆順, ＊は編著者)

かわむらみほ
＊河村美穂 (編著者紹介参照：はじめに・第1章・第7章・第10章・第12章・第13章・

　　　　　第14章第1節, 第5節 ③, 第6節)

せがわあきら
瀬川　朗 (鹿児島大学教育学系講師：第2章)

にしはらなおえ
西原直枝 (聖心女子大学現代教養学部准教授：第3章・第14章第4節 ③)

かつたえいこ
勝田映子 (帝京大学教育学部教授：第4章・第11章・第14章第4節 ②)

いとうようこ
伊藤葉子 (千葉大学教育学部教授：第5章・第8章)

いぶかしょうこ
伊深祥子 (浦和大学こども学部特任准教授：第6章)

よこやま
横山みどり (筑波大学附属小学校教諭：第9章第1〜第5節・第14章第2節)

よしだ
吉田みゆき (新座市立陣屋小学校教諭：第9章第6節)

よしおかともよ
吉岡知世 (所沢市立西富小学校教諭：第9章第6節)

ふるしげなお
古重奈央 (千葉大学教育学部附属小学校教諭：第9章第7節・第14章第3節 ③ ④)

すぎやまあい
杉山　愛 (埼玉県所沢市立荒幡小学校教諭：第14章第3節 ①)

いしかわまきこ
石川万記子 (埼玉県伊奈町立小針北小学校教諭：第14章第3節 ② ・資料編1-①)

よしかわ
芳川りえ (埼玉県鴻巣市立鴻巣中央小学校教頭：第14章第4節 ① ・資料編1-②)

おくともこ
奥　知子 (埼玉県加須市立原道小学校教諭：第14章第5節 ① ・資料編1-③)

たなむら
棚村かおり (埼玉県深谷市立岡部西小学校教頭：第14章第5節 ② ・資料編1-④)

《編著者紹介》

河村美穂（かわむら・みほ／1961年生まれ）
　埼玉大学教育学部教授
　『生活をつくる家庭科（第1巻）──個人・家族・社会をつなぐ生活スキル』（共編著，ドメス出版，2007年）
　『家庭科における調理技能の教育──その位置づけと教育的意義』（単著，勁草書房，2013年）
　『市民社会をひらく家庭科』（共編著，ドメス出版，2015年）
　『新版　授業力ＵＰ──家庭科の授業』（共編著，日本標準，2018年）
　『未来の生活をつくる──家庭科で育む生活リテラシー』（共編著，明治図書，2019年）

MINERVA はじめて学ぶ教科教育⑧
初等家庭科教育

2020年3月10日　初版第1刷発行　　　　　〈検印省略〉
2022年3月30日　初版第2刷発行

定価はカバーに
表示しています

編著者　河　村　美　穂
発行者　杉　田　啓　三
印刷者　藤　森　英　夫

発行所　株式会社　ミネルヴァ書房
607-8494　京都市山科区日ノ岡堤谷町1
電話代表　（075）581-5191
振替口座　01020-0-8076

ⓒ河村美穂ほか，2020　　　　　　亜細亜印刷

ISBN978-4-623-08781-5
Printed in Japan

MINERVA はじめて学ぶ教科教育

監修　吉田武男

新学習指導要領［平成29年改訂］に準拠　　全10巻＋別巻1

◆　B5判／美装カバー／各巻190～260頁／各巻予価2200円（税別）　◆

① 初等国語科教育
塚田泰彦・甲斐雄一郎・長田友紀 編著

② 初等算数科教育
清水美憲 編著

③ 初等社会科教育
井田仁康・唐木清志 編著

④ 初等理科教育
大高　泉 編著

⑤ 初等外国語教育
卯城祐司 編著

⑥ 初等図画工作科教育
石﨑和宏・直江俊雄 編著

⑦ 初等音楽科教育
笹野恵理子 編著

⑧ 初等家庭科教育
河村美穂 編著

⑨ 初等体育科教育
岡出美則 編著

⑩ 初等生活科教育
片平克弘・唐木清志 編著

別 現代の学力観と評価
樋口直宏・根津朋実・吉田武男 編著

【姉妹編】

MINERVA はじめて学ぶ教職　全20巻＋別巻1

監修 吉田武男　B5判／美装カバー／各巻予価2200円（税別）～

① 教育学原論　　　　　　　　滝沢和彦 編著
② 教職論　　　　　　　　　　吉田武男 編著
③ 西洋教育史　　　　　　　　尾上雅信 編著
④ 日本教育史　　　　　　　　平田諭治 編著
⑤ 教育心理学　　　　　　　　濱口佳和 編著
⑥ 教育社会学　　　　飯田浩之・岡本智周 編著
⑦ 社会教育・生涯学習　手打明敏・上田孝典 編著
⑧ 教育の法と制度　　　　　　藤井穂高 編著
⑨ 学校経営　　　　　　　　　浜田博文 編著
⑩ 教育課程　　　　　　　　　根津朋実 編著
⑪ 教育の方法と技術　　　　　樋口直宏 編著
⑫ 道徳教育　　　　　　　　　田中マリア 編著

⑬ 総合的な学習の時間
　　　　　　佐藤　真・安藤福光・緩利　誠 編著
⑭ 特別活動　　　　　吉田武男・京免徹雄 編著
⑮ 生徒指導　　　　　花屋哲郎・吉田武男 編著
⑯ 教育相談
　　　高柳真人・前田基成・服部　環・吉田武男 編著
⑰ 教育実習　　　　　三田部勇・吉田武男 編著
⑱ 特別支援教育
　　　　小林秀之・米田宏樹・安藤隆男 編著
⑲ キャリア教育　　　　　　　藤田晃之 編著
⑳ 幼児教育　　　　　　　　　小玉亮子 編著
別 現代の教育改革　　　　　　徳永　保 編著

ミネルヴァ書房
https://www.minervashobo.co.jp/